Autobiografia

FUNDAÇÃO EDITORA DA UNESP

Presidente do Conselho Curador
Mário Sérgio Vasconcelos

Diretor-Presidente
Jézio Hernani Bomfim Gutierre

Superintendente Administrativo e Financeiro
William de Souza Agostinho

Conselho Editorial Acadêmico
Carlos Magno Castelo Branco Fortaleza
Henrique Nunes de Oliveira
João Francisco Galera Monico
João Luís Cardoso Tápias Ceccantini
José Leonardo do Nascimento
Lourenço Chacon Jurado Filho
Paula da Cruz Landim
Rogério Rosenfeld
Rosa Maria Feiteiro Cavalari

Editores-Adjuntos
Anderson Nobara
Leandro Rodrigues

NORBERTO BOBBIO

Autobiografia
Uma vida política

Organizado por Alberto Papuzzi

Tradução
Luiz Sérgio Henriques

© 1997, Gius. Laterza & Figli, Todos os direitos reservados
© 2017 Editora Unesp

Título original: *Autobiografia – A cura di Alberto Papuzzi*

Direitos de publicação reservados à:
Fundação Editora da Unesp (FEU)
Praça da Sé, 108
01001-900 – São Paulo – SP
Tel.: (0xx11) 3242-7171
Fax: (0xx11) 3242-7172
www.editoraunesp.com.br
www.livrariaunesp.com.br
feu@editora.unesp.br

Dados Internacionais de Catalogação na Publicação (CIP)
Odilio Hilario Moreira Junior CRB-8/9949

A939
    Autobiografia: uma vida política / organizado por Alberto Papuzzi; traduzido por Luiz Sérgio Henriques. – São Paulo: Editora Unesp, 2017.

    Tradução de: Autobiografia.
    ISBN: 978-85-393-0709-8

    1. Biografia. 2. Bobbio, Norberto, 1909-2004. 3. Política. I. Papuzzi, Alberto. II. Henriques, Luiz Sérgio. III. Título.

2017-829   CDD 920
                                                                                      CDU 929

Editora afiliada:

Sumário

I   Pré-história   7

II   Resistência   45

III   Descobrindo a democracia   83

IV   Diálogo com os comunistas   105

V   O professor   131

VI   Batalhas políticas   171

VII   Paz e guerra   215

VIII   Despedida   245

Bibliografia   261

Índice onomástico   267

I
PRÉ-HISTÓRIA

Em dado momento de nossa vida – os vinte meses que correm entre 8 de setembro de 1943 e 25 de abril de 1945 –,[1] fomos envolvidos em eventos maiores do que nós. Da total falta de participação na vida política italiana, a que nos forçara o fascismo, encontramo-nos, por assim dizer, moralmente obrigados a nos ocupar de política em circunstâncias excepcionais, que eram as da ocupação alemã e da guerra de Libertação. Nossa vida foi posta de ponta-cabeça. Todos nós conhecemos vicissitudes dolorosas: medo, fugas, detenções, prisões e a perda de pessoas queridas. Por isso, *depois* não fomos mais como éramos *antes*. Nossa vida dividiu-se em duas partes, um "antes" e um "depois", que em meu caso são quase simétricos, porque em 25 de julho de 1943, quando caiu o fascismo, eu tinha 34 anos: chegara *nel mezzo del cammin* de minha vida. Nos vinte meses entre setembro de 1943 e abril de 1945 nasci para uma nova existência, completamente diferente da anterior, que considero como pura e simples antecipação da vida autêntica, iniciada com a Resistência, da qual participei como membro do Partido de Ação.

---

1 Na primeira data, o governo Badoglio anuncia o armistício com americanos e ingleses; a segunda data marca o Dia da Libertação, com a derrota dos ocupantes nazistas e dos bolsões fascistas. (N. T.)

8 NORBERTO BOBBIO

Quando digo "nós", refiro-me a uma geração de intelectuais que, como eu, viveu a passagem entre duas realidades italianas contrapostas. A essa geração foi dedicada minha coletânea de retratos e testemunhos *Italia civile* [Itália civil], publicada em 1964, por iniciativa da jovem editora Lacaita, de Manduria. O título me fora sugerido, por antítese, pelo livro de Curzio Malaparte publicado por Gobetti em 1925, *Italia barbara* [Itália bárbara]. Como expliquei na nova edição (Florença, Passigli, 1986), os personagens que povoam *Italia civile* – e aqueles que se encontram em outras duas coletâneas de retratos editadas pela editora Passigli: *Maestri e compagni* [Mestres e companheiros] (1984) e *Italia fedele* [Itália fiel] (1986) – pertencem a um país ideal, representam outra Itália, imune aos vícios tradicionais da velha Itália real, que pensamos sempre superada e com a qual, no entanto, sempre temos de nos haver. Uma Itália marcada – dizia – por prepotência em cima e servilismo embaixo, opressão e indolência, astúcia como suprema arte de governo e esperteza como pobre arte de sobrevivência, a grande intriga e o pequeno expediente. Os homens sobre quem testemunhei representam outra Itália e até outra História.

Norberto Bobbio nasceu em Turim, em 18 de outubro de 1909. Um vento de protesto, com passeatas, comícios, moções parlamentares, apelos de intelectuais, agitações sindicais, incidentes diplomáticos, soprava havia uma semana na Europa, depois do fuzilamento, em Barcelona, do revolucionário catalão Francisco Ferrer, acusado pelo governo espanhol de fomentar uma revolta e condenado em um processo sem provas. Em nosso país, a Confederação do Trabalho proclamara a greve geral em Roma e Turim. As tensões políticas não haviam serenado, alimentadas pela hostilidade dos socialistas e dos anarquistas contra a chegada, no Paço Real de Racconigi, do imperador Nicolau II, ou *Czar*, ou *Tsar*, como preferiam escrever os jornais.

Na segunda-feira, 18 de outubro, o cartório de Turim registrou 22 nascimentos, 12 homens e 10 mulheres. O dia mostrava-se úmido e nublado. No Teatro Carignano se apresentava a companhia de Emma Gramatica. A Fiat fora fundada em 1899 e produzia cerca de 1.800 viaturas por ano. A aviação era um esporte da moda, a tal ponto que o *La Stampa* de segunda-feira, 18, publicava na rubrica "Busca de emprego": "Jovem, distinto, apaixonado por aviação, quer pilotar aparelhos aéreos". Piero Gobetti, que Bobbio jamais encontrará, tinha 8 anos e frequentava a escola primária Pacchiotti. No dia seguinte ao do nascimento de Bobbio, terça-feira, 19, morreria Cesare Lombroso, desde 1876 professor de Medicina Legal e de Higiene Pública na Universidade de Turim.

Meu pai, Luigi Bobbio, médico-cirurgião, originário da província de Alexandria, chefe do serviço médico do Hospital San Giovanni, era um dos mais conhecidos cirurgiões da cidade. Meu avô paterno, Antonio, era professor primário, depois diretor pedagógico, católico liberal, que colaborou no jornal alexandrino *La Lega* e se interessou por filosofia, publicando dois livros críticos sobre os pensadores positivistas Roberto Ardigò e Herbert Spencer, além de um livro manzoniano, com um título que hoje faz sorrir: *Il Vero, il Bello e il Buono nei "Promessi Sposi"* [A verdade, a beleza e a bondade em *Os noivos*]. Há não muito tempo, um jovem estudioso alexandrino, Cesare Manganelli, organizou uma seleção de diários inéditos que meu avô escreveu durante toda a vida. O livro, publicado pela editora Il Piccolo, de Alexandria, saiu com o título *Memorie* [Memórias] e um prefácio meu, em que, entre outras coisas, escrevia: "Do avô, em nós, meninos, restou a imagem de um velho venerando e venerado, que nos inspirava submissão e de quem os próprios filhos falavam com admiração e reverência".

Minha mãe se chamava Rosa Caviglia, de Rivalta Bormida, uma aldeia a oito quilômetros de Acqui, aonde ainda vou, sempre com muita emoção, terra da família de Giuseppe Baretti. Um primo arquivista encontrou há anos o lugar da Ca' d' Barett [casa dos Baretti]. Veio-me à lembrança que a primeira revista que assinei, quando frequentava a universidade, foi *Il Baretti*, fundada por Gobetti, na qual escreviam Croce e Cecchi, Montale e Saba.

Dediquei uma curiosa divagação a minhas raízes piemontesas, publicada em *O tempo da memória: De senectute e outros escritos autobiográficos*, em que vêm à tona, sob registro brincalhão, os traços de meu piemontismo consciente das próprias virtudes, mas também dos próprios vícios:

10 NORBERTO BOBBIO

E começo pelo nome: *nomen omen*, como se dizia antigamente. Ou, parodiando um célebre título, "Da importância de se chamar Norberto". Herdei esse nome estranho – o nome de um bispo alemão que viveu entre o século XI e o XII – de meu avô materno, nascido em 1847 em uma pequena aldeia da margem direita do Bormida entre Acqui e Alexandria. As crônicas familiares narram que a meu avô, último rebento de uma família numerosa, os genitores, não tendo mais à disposição os sete ou oito nomes de família, decidiram dar o nome de um poeta piemontês então em grande voga: Norberto Rosa. Como pôde esse não excelso poeta do Vale de Susa ser tão célebre no Vale do Bormida para mim sempre foi um mistério, sobretudo depois que, em homenagem ao nome, tentei várias vezes reler suas poesias, sem jamais conseguir ir além das primeiras cinquenta páginas. As mesmas crônicas familiares me transmitiram a notícia (falsa) de que a fama de Norberto Rosa em terras alexandrinas se devesse ao fato (verdadeiro) de que promovera a subscrição para a aquisição dos Cem Canhões que deveriam munir os chamados "fortes externos" da cidade. Mas o fato aconteceu em 1857, ao passo que meu avô nascera dez anos antes. Não, Norberto Rosa era, pois, célebre por suas poesias. Como e por que se tornou célebre, a ponto de forçar um menino ignaro, nascido em 1847, e seu netinho ainda mais ignaro, nascido setenta anos depois, a portar um nome tão estranho à onomástica de Monferrato – passo a pergunta aos cultores da história literária piemontesa.[2]

Tive uma infância e uma adolescência felizes porque vivia em uma família abastada, em uma bela casa, com dois empregados, um motorista particular, a serviço de meu pai nos anos mais afortunados, entre 1925 e 1940, dois automóveis. Tinha um irmão, Antonio, dois anos mais velho, diferente de mim: extrovertido, de inteligência excepcional, sempre o primeiro da turma. Conseguira cursar a

---

2 Bobbio, *De senectute e altri scritti autobiografici*, p.53-4. Originalmente, La cultura a Torino nei primi anni del secolo, palestra no Seminário Nacional "Piemonte e letteratura nel '900", San Salvatore Monferrato, 19-21 out. 1979.

segunda e a terceira série do liceu durante o mesmo ano, estudando todo o verão. Escolhera a carreira médica, na trilha de nosso pai. Tornou-se professor de Clínica Cirúrgica na Universidade de Parma. Infelizmente, ainda não tinha 60 anos quando foi colhido por uma grave doença que o levou à morte dois anos mais tarde. Em minha adolescência, bastante normal, manifestou-se, porém, uma veia melancólica. Adoeci na infância por causa de um mal que me marcou por toda a vida. Ainda que meu pai fosse médico, eu jamais soube exatamente a natureza do mal. Passei toda a primeira série do ginásio com o braço em uma tipoia, como se tivesse caído e o tivesse quebrado. Uma lembrança inesquecível. Comecei muito cedo a escrever poesias, que há não muito tempo rasguei. Escrevi as primeiras quando cursava o quarto ano ginasial, em 1923, e todas eram poesias que ficavam entre o pessimismo leopardiano e o crepuscularismo gozzaniano. Lembro ainda de memória a última estrofe dos *Coloqui* de Gozzano:

> *Menino serei antigo e terno*
> *A suspirar ao raio das estrelas*
> *Que meditavam Artur e Frederico*
> *Mas deixava a página rebelde*
> *Para enterrar andorinhas insepultas*
> *E pôr o talo de capim na pata*
> *De desesperados besouros revirados.*

Artur é Schopenhauer e Frederico é Nietzsche. Recordo a poesia ainda agora porque, no fundo, ela espelha um estado de alma em que me reconheço.

A paixão pela leitura começou tarde, mas logo se tornou intensa e onívora. Ficaram vestígios disso nas listas de livros que lia todo mês, redigidas nas folhas do receituário de meu pai. A lista de dezembro de 1929, primeiro ano de universidade, compreende dezoito títulos: G. B. Angioletti, *Il giorno del giudizio* [O dia do juízo]; C. Formichi, *Il Buddhismo* [O budismo]; B. Croce, *Elementi di politica* [Elementos de política]; P. B. Shelley, *Liriche* [Lírica]; G. B.

12 NORBERTO BOBBIO

Shaw, *Homem e super-homem*; P. Géraldy, *Le prélude* [O prelúdio]; G. Baretti, *La rivista letteraria* [A revista literária] (tomo II); A. de Musset, *Poésies nouvelles* [Nova poesia]; L. Chiarelli, *La maschera e il volto* [A máscara e o vulto]; G. Carle, *La vita del diritto* [A vida do Direito]; I. Valetta, *Chopin. La vita. Le opere* [Chopin. A vida. As obras]; D. Lattes, *Ebraismo* [Judaísmo]; P. Géraldy, *La guerre, madame* [A guerra, madame]; P. Géraldy, *Aimer*; Stendhal, *A cartuxa de Parma*; Sun-Sun-Ku, *Il Confucianesimo* [O confucionismo]; G. Rensi, *L'Ateismo* [O ateísmo]; B. Croce, *Teoria e storia della storiografia* [Teoria e história da historiografia]. Dezoito livros em trinta dias (aproveitando evidentemente as férias de Natal), entre os quais até as poesias de Géraldy, um autor francês ao gosto dos enamorados, como testemunho da dispersiva variedade de interesses típica do leitor voraz. A propósito de *Liriche*, de Shelley, eu havia estudado francês na escola, como todos naquele tempo, mas, chegado o tempo da universidade, comecei a estudar inglês.

Um de meus amigos daquele tempo era Cesare Pavese, que aprendera inglês frequentando, em vez do liceu clássico no qual se estudava grego, o liceu moderno, cuja "modernidade" consistia no fato de que, em lugar de grego, se estudava inglês. Tendo sabido que me pusera a estudar inglês por conta própria, propôs-me ler juntos alguns clássicos. Por certo período nos encontrávamos em minha casa pela manhã. Refugiávamo-nos, para não sermos perturbados, na sala de espera do consultório de meu pai, que clinicava de tarde. Ele era o professor, eu o aluno. Lia, em seguida traduzia e comentava. Entre as poesias de Shelley, recordo muito bem "A uma cotovia". Recordo-a porque tentei fazer uma tradução pessoal. É o que se conclui da transcrição da poesia feita no mesmo receituário algumas páginas adiante.[3]

Nunca fui um grande leitor de romances. Li muito Balzac porque na casa de campo tínhamos a coleção *La Pléiade*, em que os romances de Balzac ocupam muitos volumes, e naturalmente os grandes

---

3 Cf. *L'Indice dei Libri del Mese*, XII, n.8, set. 1995, p.19.

romancistas oitocentistas – que eram então leituras obrigatórias, quando agora, parece-me, não o são mais –, de Stendhal a Flaubert, de Dostoievski a Tolstói. O escritor que li quase todo em diversas épocas de minha vida, inclusive como escritor político, foi Thomas Mann. Como esquecer, em *A montanha mágica*, o famoso diálogo entre Settembrini e Naphta? E na última página o adeus a Hans Castorp, "cândido filho da vida". E as últimas palavras: "Da festa universal da morte, da perniciosa febre que em torno de nós incendeia o céu desta noite chuvosa, um dia surgirá o amor?".

Em minha família, jamais tive a sensação do conflito de classes entre burgueses e proletários. Fomos educados para considerar todos os homens iguais e pensar que não existe nenhuma diferença entre quem é culto e quem não é culto, quem é rico e quem não é rico. Recordei essa educação para um estilo de vida democrático em uma página de *Direita e esquerda*, em que confesso ter sempre me sentido desconfortável diante do espetáculo das diferenças, entre ricos e pobres, entre quem está em cima e quem está embaixo na escala social, enquanto o populismo fascista pretendia arregimentar os italianos em uma organização social que cristalizasse as desigualdades.

Essas diferenças eram evidentes sobretudo durante as longas férias no campo onde nós, vindos da cidade, brincávamos com os filhos dos camponeses. Entre nós, para dizer a verdade, havia afetivamente uma perfeita sintonia e as diferenças de classe eram irrelevantes, mas não podia nos escapar o contraste entre nossas casas e as deles, nossos alimentos e os deles, nossas roupas e as deles (no verão caminhávamos descalços). Todo ano, ao voltar para as férias, ficávamos sabendo que um de nossos companheiros de brincadeiras havia morrido de tuberculose durante o inverno. Ao contrário, não me lembro de uma só morte por doença entre meus companheiros da cidade.[4]

---

4 Bobbio, *Destra e sinistra*, p.129.

14 NORBERTO BOBBIO

No entanto, não foi no âmago da família que amadureci a aversão ao regime mussoliniano. Fazia parte de uma família filofascista, como o era, de resto, grande parte da burguesia. Lembro muito bem os discursos que se faziam em nossa casa quando o fascismo tomou o poder: em outubro de 1922, na época da Marcha sobre Roma, eu já tinha 13 anos. Conservo recordações muito vivas até das últimas eleições democráticas, as de 1921, porque o jornal turinense *La Gazzetta del Popolo* organizou um concurso cujos prêmios seriam dados a quem fizesse os prognósticos sobre os resultados eleitorais mais próximos da realidade. Meu irmão e eu participamos do concurso, seguindo com paixão todas as peripécias da campanha eleitoral. Então não havia a propaganda televisiva, nem sequer a radiofônica. Muito intensa era a campanha nos muros. Toda a comprida Via Sacchi, em que morávamos, ficava atapetada de folhetos eleitorais: o partido dos combatentes exortava a votar nos advogados Bardanzellu e Villabruna, enquanto o partido dos camponeses apresentava como único candidato o deputado Stella. Graças a esse concurso, que não vencemos, apaixonamo-nos pela competição eleitoral, como se se tratasse de uma partida de futebol ou da Volta da Itália de ciclismo.

Recordo ainda muito bem a grande greve do verão de 1922: a discutida "greve legalista" de 1º a 3 de agosto, último ato de resistência popular às violências fascistas. Voltávamos de trem das férias na praia, em Spotorno, na costa lígure, com papai e mamãe, mas tivemos de interromper a viagem em Novi Ligure. Revejo nitidamente a estação envolta pelas sombras da noite, o trem parado nos trilhos, os esquadristas de camisa negra convocados para proteger a ferrovia. Parece que ouço de novo as reações dos bons burgueses como meu pai: diziam que, se não nos defendêssemos, seríamos engolfados pelos "subversivos", ou bolcheviques, como eram chamados sem distinção socialistas e comunistas. Minha família, como tantas outras famílias burguesas, saudou a Marcha sobre Roma como um evento afortunado, inclusive porque estava difundida a ideia de que o fascismo seria só um fogo de palha. Era considerado útil para deter aqueles que queriam "fazer como na Rússia". Que

AUTOBIOGRAFIA **15**

a Revolução Russa representava para as camadas médias um perigo, o "grande medo" – sobre isso não havia dúvida. Metiam medo também os esquadristas, mas em relação a estes prevalecia uma atitude mais benévola.

Tive a sorte de estudar, de 1919 a 1927, no Ginásio-Liceu Massimo D'Azeglio, no qual a maior parte de nossos professores era antifascista. Recordo dois deles: Umberto Cosmo, colaborador literário do jornal *La Stampa*, de Alfredo Frassati, quando o jornal, durante a Primeira Guerra Mundial, adotara posições giolittianas e defendera o neutralismo. Foi nosso professor só nos primeiros dois anos. Era um grande dantista, autor de conhecidas obras de interpretação e crítica de Dante, como *Vita di Dante* [Vida de Dante] (1930) e *L'ultima ascesa* [A última ascensão] (1936), publicadas pela editora Laterza. Acusado de derrotismo e antinacionalismo, denunciado em maio de 1926 como "hostil às diretrizes do governo nacional", denunciado no Parlamento por Vittorio Cian, o conhecido professor de Literatura Italiana da universidade turinense, nacionalista e fascista, convocado para justificar-se pelo então ministro Pietro Fedele, foi suspenso do ensino em outubro e destituído no ano seguinte da docência universitária.[5]

O segundo era o professor de filosofia Zino Zini, primeiro socialista, depois comunista, colaborador da revista *L'Ordine Nuovo*, amigo de Antonio Gramsci, detestado pelos fascistas porque escrevera, logo depois da guerra, um então escandaloso *Congresso dei morti* [Congresso dos mortos], no qual finge que os grandes líderes e os grandes criminosos do passado se encontram no além para justificar a guerra e o crime. Exalta, em contraposição, o soldado de Lambessa que abandona as armas, declarando ser cristão.[6] Fre-

---

5 Cf. Brescacin, *Umberto Cosmo e la pratica della libertà*, p.88 ss.
6 Cf. o comentário de Bergami sobre as páginas inéditas do *Diario* de Zini publicadas com o título *La tragedia del proletariato in Italia*, n.28, p.35. Bergami também organizou as páginas do mesmo diário relativas à cultura em Turim: Zini, *Pagine di vita torinese. Note del Diario (1894-1937)*. *Il soldato di Lambessa* é o título dado por Franco Antonicelli a uma coletânea de suas palestras

16 NORBERTO BOBBIO

quentei a casa de Zini mesmo depois do D'Azeglio, sendo amigo da filha, um pouco mais velha do que eu, e de seu primo, Carlo Zini, jovem advogado: ambos estão entre os personagens mais queridos de minha juventude.

Minha educação política não ocorreu na família, mas sim na escola. Na seção B ensinava Augusto Monti, posteriormente autor de romances de ambiente piemontês, em parte autobiográficos: *I Sansôssì* [Os despreocupados], *Quel Quarantotto* [Aquele Quarenta e Oito], *L'iniqua mercede* [A recompensa iníqua], reunidos depois pela editora Einaudi em volume único, intitulado *Tradimento e fedeltà* [Traição e fidelidade]. Era conhecido então como amigo de Piero Gobetti e assíduo colaborador da revista gobettiana *La Rivoluzione liberale*. Mas alguns companheiros também foram importantes. O primeiro entre todos é Leone Ginzburg. Era um homem que parecia vindo de outro mundo. Tinha origem russa. Pertencia a uma família judaica de Odessa, que deixara a Rússia depois da Revolução e se transferira para Berlim. Tinha o hábito de passar as férias na Itália, na praia. Quando eclodiu a Primeira Guerra Mundial, os pais decidiram deixar o menino, que então tinha 5 anos, com uma querida amiga italiana, pensando como todos que a guerra terminaria em um ano. Assim, Leone ficara só em Viareggio: falava italiano melhor do que todos nós, porque tinha o sotaque toscano. Terminada a guerra, fora para a Alemanha com a família. Em seguida, em 1924, a mãe e os filhos voltaram à Itália para que Nicola, o irmão mais velho, estudasse no Politécnico de Turim. Assim, tornamo-nos colegas de escola no primeiro ano de liceu. Tinha uma inteligência prodigiosa: os *Scritti giovanili* [Escritos juvenis], recentemente publicados, bastam para demonstrar sua precocidade.[7] Já era então um antifascista absoluto, embora não recorde que entre os

---

radiofônicas. Em uma delas recorda Zino Zini e seu livro maldito, "que se tornou raríssimo e mereceria ser reeditado" (p.112).

7 Os *Scritti giovanili inediti* de Leone Ginzburg foram publicados em apêndice ao volume *Da Odessa a Torino: Conversazioni con Marussia Ginzburg*.

AUTOBIOGRAFIA **17**

colegas se fizessem grandes discussões políticas. Foi a convivência com Leone Ginzburg e, nos anos de universidade, com Vittorio Foa, que estava na seção de Monti, ele também inteligentíssimo e antifascista desde sempre, o que me fez sair, pouco a pouco, do filofascismo familiar.

O que era o Ginásio-Liceu Massimo D'Azeglio está narrado no capítulo "Turim, 1923-32. Escola de resistência", do livro de crônicas escolares de Augusto Monti, *I miei conti con la scuola* [Minhas contas com a escola], volume 360 dos *Saggi* [Ensaios] einaudianos. São páginas povoadas de personagens familiares a Bobbio: Cesare Pavese, "de face emaciada, que ninguém sabia nunca se estava atento ou distraído"; Giulio Einaudi, apelidado Giulietta, porque "dado a rubores e a lágrimas"; Massimo Mila, "um lourinho de olhos ainda sonhadores e já firmes"; Renzo Giua, morto em 1938 na Guerra de Espanha; Emanuele Artom, guerrilheiro do Giustizia e Libertà assassinado pelos fascistas; Gian Carlo Pajetta, expulso de todos os liceus do Reino por difundir panfletos "marxistas"; Vittorio Foa, "um 'fenômeno' que na segunda série disparou feito um raio, passando para a terceira em julho com oito de média no conselho e obtendo aprovação em outubro no exame de maturidade entre os primeiros classificados"; Felice Balbo, "um rapazinho compungido, evidentemente muito mimado pela mãe"; Tullio Pinelli, "com quem havia boas discussões a propósito de Veltro e das alegorias dantescas". Monti escreve: "De fato, o Massimo D'Azeglio foi uma forja de antifascistas naqueles anos, não por culpa ou mérito deste ou daquele professor, mas sim por efeito do ar, do chão, do ambiente turinense e piemontês. Aquele liceu era como uma dessas casas em que 'há passos', em que os sucessivos inquilinos são visitados ao dormir – e também ao despertar – pelos espíritos, pelas almas".[8]

Embora tivesse frequentado a seção A, enquanto Monti ensinava na B, assim que entrei na universidade me tornei membro do grupo que o professor formara com seus estudantes mais fiéis:

---

8 Monti, *I miei conti con la scuola*, p.232 e 243.

18 NORBERTO BOBBIO

o "bando", como era chamado, ou a "confraria", como rebatizado por Mila. Durante as reuniões, sucedia que Monti lesse em voz alta, capítulo por capítulo, páginas de seu *Sansôssì*, romance autobiográfico de um pai que renasce no filho, assim como a geração de democratas derrotada pelo fascismo renasce na geração que combate o fascismo. Tais leituras me ficaram impressas na memória.

Quando leio Monti, é como se continuasse a escutá-lo. Por trás de cada palavra está o personagem vivo por cuja voz fôramos encantados tantas vezes, severo, tolerante, mas não condescendente, que parecia sombrio e sabia também ser hilariante, e tinha o gosto de narrar com ar despreocupado, às vezes quase moleque, os fatos cotidianos e, ao mesmo tempo, dar sem parecer a lição que deles se devia extrair, e era sempre uma lição de seriedade, de respeito aos outros por meio do respeito a si mesmo, de firmeza, de dignidade.

[...] Carlo Mussa Ivaldi, um dos alunos de Monti que nunca o esqueceu, ao se perguntar qual era o segredo de uma lição, respondeu que era, esse segredo, saber traduzir os valores literários em valores interiores e de civilização. E recorda este episódio. Monti foi preso. O funcionário da Ovra [Organização para a Vigilância e a Repressão do Antifascismo], aludindo aos outros detidos, quase todos seus alunos, pergunta-lhe: "Mas o que é que o senhor ensina na escola?". E Monti: "A respeitar as ideias". "Mas quais ideias?" E Monti, lapidar: "As ideias deles".[9]

O modelo de educação política naquele mundo de amigos foi representado, como eu disse, pela forte personalidade de Leone Ginzburg, o primeiro da classe no liceu, que lia de tudo, os escritores clássicos e o último romance recém-lançado. Comprava dois jornais todo dia, o *La Stampa* e o *Corriere della Sera*, e os lia com grande compulsão. Frequentava nossa casa na Via Montevecchio, 1, no bairro de San Secondo, e entabulava longas conversações com

---

9 Cf. Bobbio, *Maestri e compagni*, p.162-3.

meu pai e meu irmão sobre os fatos do dia e os livros que o encantavam. Quando ainda estávamos no liceu, traduziu *Taras Bulba*, de Gogol, para a jovem editora turinense Slavia, de Alfredo Polledro. Logo em seguida encarou *Anna Kariênina*, de Tolstói. Era também muitas vezes hóspede de nossa casa de campo, em Rivalta Bormida, como testemunha uma fotografia feita no terraço. Leone cultuava a amizade.

A moralidade de sua natureza também se mostrava no fato de que o rigor não era um fim em si mesmo, não tinha nada a ver com o pedantismo moralista, com a obstinada observação dos deveres pessoais, mas só estava voltado para o aperfeiçoamento de si mesmo como caminho de melhoramento das relações com os outros. O habitual escrúpulo no cumprimento dos próprios deveres podia levar a crer que ele seguia uma ética da perfeição; mas, em contato com os outros, sobretudo no círculo dos amigos, compreendia-se que ele tinha em mente um ideal mais amplo, mais compreensivo, mais humano e, até diria, uma ética da comunhão. Amava a conversação, a companhia, o mundo: era também um homem de sociedade. Não era solitário: ao contrário, precisava expandir-se, comunicar-se, conhecer muita gente para trocar ideias, impressões sobre fatos, livros, pessoas, para dar e receber notícias do dia (e por isso estava sempre muito informado sobre qualquer coisa). A rede de suas relações era vasta e muito densa. Tinha prazer em conhecer sempre pessoas novas, que em seguida analisava, sopesava, catalogava e acrescentava à galeria de seus tipos. As coisas sobre as quais era mais curioso, no fundo, eram precisamente os homens vivos, com suas virtudes, vícios e estranhezas (sua ambição secreta foi sempre tornar-se escritor de narrativas psicológicas). Amava a companhia dos coetâneos, mas também a dos mais velhos, os quais em geral o admiravam e o tinham em grande conta, estupefatos com sua sensatez, o equilíbrio de seus juízos e suas opiniões. Deixava-se estar de bom grado com as jovens de nossa idade, companheiras de escola, amigas de férias, moças da boa sociedade: tratava-as de igual para igual, sem timidez nem orgulho,

20 NORBERTO BOBBIO

sem complexo de inferioridade nem espírito de conquista; confidenciava-se com elas e recebia-lhes as confidências. Era um enamorado de sua graça e gentileza e daquela sensibilidade feminina para as coisas do coração, que torna menos grosseira, intratável e áspera a vida de um adolescente. Com os amigos era muito afável: a prática contínua da amizade representou parte importante de sua vida.[10]

Terminado o liceu, matriculei-me em 1927 na Faculdade de Direito, na Universidade de Turim. O ambiente universitário também contribuiu para minha lenta educação política, seja pela lição de mestres como Francesco Ruffini, Luigi Einaudi e Gioele Solari, seja pelos conflitos com o regime que envolviam professores e estudantes. Recordo apenas dois episódios muito conhecidos. Em 1928, uma manifestação em favor de Ruffini, que no Senado se opusera à lei eleitoral liberticida, transformou-se em uma pancadaria com universitários fascistas. Em 1929, uma carta de solidariedade a Croce, definido por Mussolini "desertor da história" por sua oposição aos Pactos Lateranenses, levou à detenção de Antonicelli, Mila e outros amigos meus. Não tive partipação nisso.

Estava inscrito no GUF (Grupo Universitário Fascista). Entre um exame e outro, enfrentei um concurso promovido pela ATU (Associação Turinense Universitária) para uma revista goliárdica, junto com alguns amigos das temporadas de férias. Entre estes estava Riccardo Morbelli, que alguns anos mais tarde se tornaria conhecido por compor para a rádio italiana (então Eiar), com Angelo Nizza, uma história em capítulos, *Os três mosqueteiros*, que alcançou estrondoso sucesso a ponto de os principais personagens terem se tornado figurinhas de álbuns, das quais a mais célebre por sua raridade foi "o feroz Saladino". Para grande surpresa minha, nossa revista, *Fra gonne e colonne*, musicada por meu primo Norberto Caviglia, foi a vencedora: a comissão julgadora era presidida pelo maestro Blanc, autor da canção "Giovinezza", que se torna-

---

10 Ibid., p.174-5.

AUTOBIOGRAFIA   **21**

ria em seguida, com letra modificada, o hino fascista. A revista foi representada por uma companhia de estudantes (que faziam também os papéis femininos, com exceção da *soubrette*, que personificava a *Madonnina degli Sleepings*, conhecido romance de Maurice Dekobra).

O fascismo, na verdade, já fazia parte da vida cotidiana dos italianos. Imaginam-se conflitos pessoais por razões políticas, que na realidade não existiam. O colega de banco escolar de Leone Ginzburg, nos anos de liceu, era Ludovico Barattieri di San Pietro, o mais fascista de todos nós. Uma das casas em que nos encontrávamos muitas vezes para conversar era a de Barattieri no Corso Re Umberto.

Remonta à época dos estudos universitários o primeiro escrito que publiquei: uma resenha anônima, não mais do que uma ficha, sobre *Sansôssi*, de Monti, publicado pela editora Ceschina, no *Giornale di Acqui* de 16-17 de novembro de 1929. Em 1931, diplomei-me com uma tese em Filosofia do Direito orientada por Gioele Solari, com quem, em 1922, Gobetti obtivera a láurea; e depois dele diversos protagonistas do antifascismo piemontês: Mario Andreis, Dante Livio Bianco, Aldo Garosci, Renato Treves. Comigo, em 1931, diplomaram-se também Alessandro Galante Garrone, Giorgio Agosti e Franco Antonicelli (já formado em Letras). O ensinamento de Solari se inspirava na função civil da Filosofia do Direito.

A função civil daquele ensinamento residia justamente em manter desperta a atenção dos jovens sobre os problemas gerais do Estado e do Direito, que eram muito mais complexos e profundos do que dava a entender a ortodoxia pública, em elevar o problema político a problema filosófico e definitivamente, portanto, a problema de consciência, em tornar, em suma, altamente dramático o que na conduta de muitos se tornara um exercício de cômodo conformismo. Ali naquela sala no térreo do velho edifício universitário, do alto daquela cátedra que se assemelhava a um púlpito, a autoridade, a obediência, o poder não eram dogmas, mas problemas, a política não era um oráculo, mas uma ciência, o Estado não

22 NORBERTO BOBBIO

era um ídolo, mas um conceito. Assim se celebrava o decoro e a continuidade de uma tradição de cultura desinteressada.[11]

Não tendo tido jamais verdadeira vocação para a política, muito forte, ao contrário, em Vittorio Foa, decidi continuar os estudos, matriculando-me, com a aprovação de meu pai, no terceiro ano de Filosofia com o objetivo de conseguir um segundo diploma. Em 1933, formei-me com uma tese sobre a fenomenologia de Husserl, orientada por Annibale Pastore, que dava cursos sobre a filosofia husserliana assiduamente frequentados por mim. Tinha a intenção de estudar os primeiros escritos, então publicados, de juristas que se inspiraram na fenomenologia. A paixão pela Filosofia do Direito representa, na verdade, o único laço entre o *antes* e o *depois* de minha vida.

Em 1932, fui à Alemanha com Renato Treves e Ludovico Geymonat, depois de algumas aulas de alemão com Barbara Allason,[12] conhecida escritora, germanista, autora de uma monografia sobre Bettina Brentano, publicada pela editora Laterza. Inicialmente ficamos, cada qual, em uma cidade diferente: Treves em Colônia, onde conheceu Hans Kelsen; Geymonat em Göttingen, universidade famosa pelo ensino de Matemática; e eu em Heidelberg, onde ensinava um dos mais conhecidos filósofos do direito naquele tempo, Gustav Radbruch, que fora ministro da Justiça na República de Weimar. Em Heidelberg estava também Jaspers, que vi uma vez durante uma de suas aulas. Dessa estadia longínqua, que durou cerca de um mês, ainda conservo uma belíssima recordação. Encontrei-me de novo com Treves e Geymonat no mês de agosto, em um curso de verão da Universidade de Marburg, cidade que dá título ao último livro de Nuto Revelli, *Il disperso di Marburg* [O desaparecido de Marburg]. Hospedávamo-nos na casa de uma senhora. Lembro que na sala de refeições havia a grande fotografia de um

---

11 Cf. L'insegnamento di Gioele Solari. In: Bobbio, *Italia civile.*
12 Filha do general Ugo Allason e mãe do físico Giancarlo Wick, Barbara Allason morreu em 1968 com 91 anos.

jovem morto na guerra, não saberia dizer se marido ou filho da dona da casa. No final, aprendemos a falar um pouco o alemão.

Depois do segundo diploma, escrevi meu primeiro ensaio acadêmico – *A orientação fenomenológica na filosofia social e jurídica*[13] – e obtive em 1934 a livre-docência, junto com Treves. Do estudo de Husserl, ao qual está dedicado o primeiro ensaio de minha colaboração na *Rivista di Filosofia*[14] – que já dura sessenta anos –, nasceu minha amizade diletíssima com Antonio Banfi, que se ocupara pioneiramente da fenomenologia aplicada ao direito. Ia visitá-lo em Milão, em sua casa da Via Magenta, 50.

Naquela época, primeira metade dos anos 1930, era um dos frequentadores assíduos da casa de Barbara Allason, uma construção senhoril da Via Cesare Balbino que dava para o Pó. Era um dos salões em que se encontravam intelectuais turinenses que se opunham ao regime. Desses encontros restam traços no livro da própria Barbara Allason, *Memorie di un'antifascista* [Memórias de uma antifascista] (1946).

Frequentando o ambiente antifascista, também fui detido na vaga repressiva de maio de 1935, com a qual o regime tentou liquidar o grupo do Giustizia e Libertà no interior do país. Não era um militante. Não tive participação ativa no antifascismo turinense daqueles anos, como tiveram Leone ou Massimo Mila. O que significa participação ativa? Mila explicou-o muito bem em seus *Scritti civili* [Escritos civis] (Turim, Einaudi, 1995): significava, por exemplo, levar notícias do movimento aos exilados na França, trazer para a Itália material clandestino, livros, opúsculos, manifestos de propaganda antifascista, fazer chegar artigos dos militantes italianos para publicar nos cadernos do Giustizia e Libertà que

---

13 Publicado pelo Instituto Jurídico da Universidade de Turim, em 1934. No mesmo ano, Bobbio iniciou sua colaboração em revistas acadêmicas, com o ensaio "Aspetti odierni della filosofia giuridica in Germania (F. Kaufmann e Schreier)", publicado na *Rivista Internazionale di Filosofia del Diritto*, XIV, fasc. 4-5, jul.-out. 1934.

14 Bobbio, La filosofia di Husserl e la tendenza fenomenologica, *Rivista di Filosofia*, XXVI.

24 NORBERTO BOBBIO

eram impressos em Paris. Portanto, precisava-se de pessoas que, precisamente como Mila, soubessem ir às montanhas e passar escondidas pela fronteira. Naturalmente, no comissariado de polícia sabiam muito bem tudo sobre todos; sabiam quem eram os responsáveis. De fato, fui condenado à pena mais leve, a de advertência; só poucos terminaram diante do Tribunal Especial. Eu fazia parte do grupo de amigos que se encontrava na esquina do Corso Sommeiller, em frente ao café Strocco (que depois se tornou Varesio). A polícia escutava nossos telefonemas e vigiava nossos passeios, mesmo quando não tinham nada a ver com a política. Recordo que estávamos todos fascinados por Giorgina Lattes, alguns anos mais nova do que nós, que morava no Corso Sommeiller, no mesmo edifício de Antonicelli. Giorgina era aluna de Casorati e nos deixou um belíssimo retrato de Leone. A polícia espionava nossos vaivéns, mas não conseguia compreender qual era o personagem político que servia de catalisador em nosso grupo. Era Giorgina: não por razões políticas, mas porque era bonita e simpática, além de ter, com seus jovens pais, uma casa acolhedora.[15]

Encontrei um trecho bastante vívido sobre esse ambiente, a despeito de certa pátina burocrática, em um relatório redigido sobre mim, em 1935, pela polícia fascista. Além de algumas cincadas gramaticais, existem várias inexatidões: Vittorio Foà, em vez de Foa, Guido Solari, em vez de Gioele. Uma é bastante ridícula: refere-se à alcunha Bindi, com que os velhos amigos sempre me chamaram. Nesse relatório, porém, Bobbio e Bindi aparecem como duas pessoas diversas. Como se vê, a polícia fascista não brilhava pela eficiência.[16]

Foi constatado que Bobbio frequentava em 1933-1934 o notório círculo antifascista da conhecida professora Barbara Allason,

---

15 O episódio é narrado detalhadamente através dos papéis da polícia por De Luna, *Una cospirazione alla luce del sole. Giustizia e Libertà a Torino negli anni trenta.* In: VV. AA., *L'itinerario di Leone Ginzburg*, p.12-39.

16 Cf. ACS, Ministério do Interior, Direção Geral de Segurança Pública, Divisão AA.GG.RR, cat. G1, pasta 281, fasc. 756-24, subfasc. 3.

AUTOBIOGRAFIA **25**

em que se reuniam notórios adversários do Regime, entre os quais o dr. Mario Levi, foragido, o dr. Leone Ginzburg, o dr. Sion Segre, condenados pelo Tribunal Especial por atividades contrárias ao Regime, e também o advogado Vittorio Foà e o dr. Giulio Muggia, atualmente expoentes do movimento G. e L. de Turim. A afiliação do dr. Bobbio a tal movimento, além da frequência no círculo de Allason, foi evidenciada pela assiduidade com a qual frequenta os expoentes do próprio movimento, como os aludidos Vittorio Foà, Giulio Muggia etc. E, de fato, o comissário 282, com os relatórios de 4 e 24 de fevereiro de 1935, ratifica os frequentes contatos entre Bobbio, Vittorio Foà, Alberto Levi, o prof. Franco Antonicelli, Carlo Luigi Zini e Piero Luzzatti. Tais relatórios encontram suporte na interceptação telefônica n. 1166 de 3 de março de 1935, da qual se destaca a seguinte declaração feita por Vittorio Foà a um desconhecido (talvez Alberto Levi, veja-se a interceptação telefônica n. 1167 do mesmo dia): "Vou sair para tomar um pouco de sol com Bobbio, Antonicelli e Muggia – (Aonde vou) ... não sei, não posso dizer. Darei alguma notícia mais tarde".

Colabora com a conhecida revista *La Cultura*. Do relatório de fevereiro de 1935 do Comissariado de Turim sobre G. e L. se destaca:

– Bobbio, dr... identificado como: BOBBIO, Norberto, filho de Luigi e Rosa Caviglia, nascido em Turim em 18 de outubro de 1909, aqui residente na Via Sacchi, n. 66. Não foram constatados até agora contatos com o prof. Antonicelli. Do controle da correspondência se observa que em 23 de fevereiro, através de Solari (Guido), recebeu uma carta de certo Piero Martinetti, residente em Castellamonte (Aosta), na qual se diz textualmente:

"Nós, os velhos, é que devemos intimamente nos alegrar por ver surgir depois de nós forças novas e promissoras que continuarão, talvez melhor do que nós, nossa obra. Acreditamos ter feito coisa útil mantendo em vida a *Rivista* como expressão do pensamento desinteressado e independente. [...] Espero que o grupo de jovens, que já coopera conosco, possa em breve assumir completamente sozinho esse sacrifício que, seja qual for seu resultado exterior, tem valor por si e pode ser, em certas circunstâncias, um alto dever".

26 NORBERTO BOBBIO

E Solari, ao transmitir a carta de Martinetti, acrescentava: "Estou cada vez mais convencido de que você fez bem ao aceitar a companhia de pessoas que sentem o amor desinteressado pelo dever".

Do relatório sobre G. e L. do Comissariado de Turim, no mês de março de 1935, destaca-se:

– Bobbio, Norberto: em 3 de março participou de um encontro com Vittorio Foà, Antonicelli, Muggia e um quarto indivíduo ainda não identificado. No dia 19 seguinte, na casa de Vittorio Foà, participou de uma reunião com Zini, Martinetti, Bindi e Foà. No dia 24, dito indivíduo na casa do escrivão Germano Annibale, com as mesmas pessoas e outra não identificada.

Da interceptação telefônica n. 1530, com data de 19 de março de 1935, destaca-se:

No aparelho n. 51244 (Vittorio Foá) telef. o próprio.

Id. n. X telef. o sr. Carlo Zini

F. – Decidimos ir à casa de Barovero às 21h30.

Z. – Nas minhas condições atuais de saúde, não posso sair. Venham à minha casa; como Bobbio virá, eu o seguro aqui.

F. – Está bem.

Tal reunião foi confirmada por uma sucessiva interceptação telefônica do mesmo dia 19 de março, n. 1529:[17]

No aparelho n. 51244 (Vittorio Foà) telef. o próprio.

Id. n. X telefona um senhor não identificado.

F. – Estou livre nesta noite, então podemos nos encontrar com Bindi, Piero, Carlo Zini e Bobbio na casa de Barovero (embaixo) às 21h30.

X. – Você disse alguma coisa ao Bindi?

F. – Não. Mas deve ter entendido.

O grupo turinense do Giustizia e Libertà foi o mais exposto à repressão da polícia, mas sempre conseguira reconstituir um embrião de organização. Sofre

---

17 A incongruência entre os números de ordem das duas interceptações está no texto original.

AUTOBIOGRAFIA **27**

o primeiro duro golpe entre dezembro de 1931 e janeiro de 1932, quando foi detido um dirigente histórico, Mario Andreis, espancado e maltratado para que falasse; o Tribunal Especial condena-o a oito anos de cárcere, junto com um jovem assistente universitário, Luigi Scala, enquanto Aldo Garosci se põe a salvo em Paris; na capital francesa também se encontra Franco Venturi, no exílio com o pai, o historiador de arte Lionello Venturi, que se recusara a prestar juramento de fidelidade ao fascismo. Com Andreis e Scala são detidos diversos estudantes, entre os quais Renzo Giua, um dos alunos de Monti: o tribunal julga-os "agitados", mas recuperáveis, e os absolve. Em *Escola de resistência* recorda-se que Giua, em estado febril, levantou-se protestando: "Hoje à tarde há aula de Dante". O aficionado de Dante – nas primeiras chamadas Monti se obstinava em dizer Gina por um erro de leitura – irá parar também na França e morrerá na Estremadura, em 17 de fevereiro de 1938, à frente de um batalhão da XII Brigada Garibaldi. Mas, nesse meio-tempo, atraíra para a atividade conspirativa do Giustizia e Libertà o pai Michele.

Dois anos mais tarde, a polícia acerta um segundo golpe: Sion Segre e Mario Levi, irmão de Natalia Ginzburg, representante do Giustizia e Libertà, são surpreendidos em 11 de março de 1934 na passagem de fronteira em Ponte Tresa, ao voltarem da Suíça com um pacote de folhetos antifascistas. Levi se lança ao Tresa e foge. Segre é detido. A polícia turinense realiza uma onda repressiva, encarcerando inclusive Leone Ginzburg, eixo da ligação com os exilados parisienses, Barbara Allason, o jovem físico Carlo Mussa Ivaldi, o famoso professor de Anatomia Giuseppe Levi, pai de Mario. O comunicado com a lista dos detidos diz: "Judeus antifascistas a soldo dos exilados". Como observou Luigi Salvatorelli, é um dos primeiros casos em que a repressão às conspirações antifascistas alimenta um comportamento antissemita.[18] O Tribunal Especial, com uma sentença que declara o Giustizia e Libertà uma associação revolucionária com finalidade subversiva, só condena Ginzburg e Segre, a quatro e três anos de cárcere, dos quais dois são perdoados graças a uma anistia-indulto. Cumprida a pena, Ginzburg ficará em liberdade vigiada de 1936 a 1940, quando, deflagrada a guerra, será confinado em uma aldeia de Abruzos até a queda do fascismo. Morrerá em Roma na enfermaria do cárcere de Regina Coeli, em 5 de fevereiro de 1944.

---

18 Cf. Salvatorelli; Mira, *Storia d'Italia nel periodo fascista*, p.218.

A ficha de Bobbio não tem data, mas é muito provável que tenha sido redigida na véspera da operação policial de 15 de maio de 1935: interceptações, rastreamentos, controle de correspondência faziam parte da investigação contra o Giustizia e Libertà, que se valeu da delação de Dino Segre, nome artístico Pitigrilli, agente da Ovra. Entre os detidos estavam Franco Antonicelli, Norberto Bobbio, Giulio Einaudi, Vittorio Foa, Michele Giua, Carlo Levi, Piero Martinetti, Massimo Mila, Augusto Monti, Cesare Pavese, Carlo Zini e dois dos "agitados" estudantes absolvidos em 1932: Vindice Cavallera e Alfredo Perelli, além do pai deste, Giannotto, funcionário provincial de Cuneo.

A polícia, na realidade, agira de modo um tanto desleixado, colocando em cela de custódia verdadeiros ativistas que mantinham a ligação com os antifascistas exilados, como faziam Foa e Mila, mas também intelectuais que só opunham ao regime uma resistência moral, como era o caso do filósofo Piero Martinetti. Em 1931, aos 59 anos, fora, com Lionello Venturi, um dos onze acadêmicos italianos, entre 1.200 professores, que se subtraíram ao juramento fascista, e abandonara seus cursos de Filosofia Teórica e Filosofia Moral, retirando-se entre os livros da casa paterna povoada de gatos em Castellamonte, no Canavese. Afável debaixo da capa áspera de piemontês, tinha olhos cintilantes sob a testa muito alta. Era o diretor efetivo, e não nominal, da *Rivista di Filosofia*, porque aparecia, por razões de oportunidade, a assinatura de um amigo fiel, Luigi Fossati. Dera seu *placet* a meu artigo sobre Husserl, só o considerando "um tanto abstruso". É ele o "certo Martinetti", de quem uma carta está parcialmente reproduzida no relatório da polícia sobre mim como prova de envolvimento antifascista. Na realidade, tratava-se de um cartão-postal em que se alegrava com meu ingresso no conselho diretivo da *Rivista di Filosofia*.

Castellamonte, 22/2/35

Ilustre Doutor,
Agradeço sua gentil carta. Nós, os velhos, é que devemos intimamente nos alegrar por ver surgir depois de nós forças novas

AUTOBIOGRAFIA 29

e promissoras que continuarão, talvez melhor do que nós, nossa obra. Acreditamos ter feito coisa útil mantendo em vida a *Rivista* como expressão do pensamento desinteressado e independente. Em si, isso é pouco ou nada; mas, dados os tempos, foi algo apreciável. Espero que o grupo de jovens, que já coopera conosco, possa em breve assumir completamente sozinho esse sacrifício que, seja qual for seu resultado exterior, tem valor por si e pode ser, em certas circunstâncias, um alto dever.

Queira aceitar, ilustre doutor, cordiais saudações e obséquios.

Seu,

P. Martinetti

O esforço em prol da independência da *Rivista di Filosofia* fora interpretado como indício, se não como prova, de atividade conspirativa. Sobre a detenção de Martinetti obtive um belo testemunho direto da viúva de Solari. O filósofo era esperado na casa dos Solari na manhã de 15 de maio: deveria ficar para a primeira refeição. As circunstâncias da detenção são dignas de um enredo cinematográfico:

Naquela manhã chegaram na casa dos Solari os agentes de polícia (por volta das seis) e começaram uma busca. Entre outras coisas, encontraram uns "pedregulhos" na gaveta da cômoda da sra. Solari. Era um punhado de terra do túmulo de Gobetti, trazido por algum amigo proveniente de Paris. Às dez chega Martinetti do campo com um molho de aspargos. Não percebe a confusão. Em seguida, Solari chega perto dele, recebe-o rumorosamente e, passando na frente do comissário que está dirigindo a busca, diz: "Apresento--lhe meu caro amigo, o prof. Piero Martinetti"; "Ah, mas é justamente ele que estávamos procurando", diz o comissário muito satisfeito. Martinetti, segundo a sra. Solari, explode em uma invectiva, dizendo entre outras coisas a frase que já ouvira muitas vezes: "Sou um cidadão europeu, por acaso nascido na Itália". A sra. Solari argumenta resolutamente com o comissário que Martinetti

30 NORBERTO BOBBIO

não pode ser detido na casa deles. De comum acordo, Martinetti é levado até Castellamonte e lá detido oficialmente.[19]

O sereno autor de *Introduzione alla metafisica* [Introdução à metafísica] (1904) e do volume *La Libertà* [A liberdade], publicado em 1928, durante o fascismo, permaneceu alguns dias encerrado em Le Nuove, de Turim, sem saber a razão por que fora parar na cadeia. Como todos os intelectuais que conheceram o cárcere por razões políticas, sendo estranhos a essa experiência, também Martinetti tornou-a objeto de uma reflexão crítica que revela uma espécie de candura moral diante daquilo que a reclusão representa, documentada em breve nota confiada a Gioele Solari:

Em minha breve passagem pelo cárcere, tive oportunidade de fazer várias observações. A primeira é que, em geral, o pessoal da custódia é mais humano do que se crê: não vi sinal de maus-tratos; o diretor me pareceu pessoa humaníssima. A segunda é que existem lá dentro, entre os reclusos, pelo menos tantos homens íntegros quanto cá fora. Vi muitos rostos repugnantes, faces próprias da prisão, especialmente nos velhos, mas também vi muitos rostos que tinham expressão de humanidade e bondade, sobretudo nos jovens. A primeira pena deveria ser cumprida em estabelecimentos especiais: os reincidentes deveriam ser separados. Creio que metade dos condenados se salvaria.

[...] O instrumento principal da crueldade é o regulamento – um verdadeiro fetiche que impera inconscientemente e muitas vezes paralisa a bondade. Só deveria redigir o regulamento quem tivesse passado um mês como recluso. É verdade que com frequência, em muitas coisas, ele não é aplicado.

[...] A própria privação da liberdade é, por si só, uma pena cruel. No cárcere se sente a vida escorrer vazia, inútil: vive-se como mortos em um caixão de cimento. A pena de cárcere deveria ser

---

19 Bobbio, L'arresto di Martinetti in casa Solari il 15 maggio 1935, *Rivista di Filosofia*, LXXXIV, n.3, p.372.

AUTOBIOGRAFIA 31

cominada com menor liberalidade. Mas, sobretudo, deveria ser eliminada uma das maiores causas de sofrimento, que é o isolamento do mundo exterior.[20]

Martinetti foi solto alguns dias depois, Bobbio safou-se com uma advertência, sanção administrativa que obrigava quem por ela fosse atingido a ficar em casa das 21h às 6h. Alguns sofreram a punição do confinamento (Antonicelli, Pavese, Carlo Levi). No processo de 27-28 de fevereiro de 1936, diante do Tribunal Especial, foram condenados Vittorio Foa (15 anos), Vindice Cavallera (8 anos), Alfredo Perelli (8 anos), Massimo Mila (7 anos), Augusto Monti (5 anos), Giannotto Perelli (5 anos). A dureza das penas foi atribuída à irritação de Mussolini pelo fato de que "em plena campanha etíope" se deviam "julgar intelectuais antifascistas irredutíveis".[21] Em todo caso, a repressão fascista havia efetivamente retirado o chão sob os pés da organização turinense Giustizia e Libertà; os dirigentes e os ativistas estavam majoritariamente no cárcere ou no exílio. Restaram poucos, entre os quais o magistrado Giorgio Agosti e o advogado Dante Livio Bianco, "esforçando-se por manter um movimento extenuado".[22] Uma época declinava, ainda que o antifascismo fosse sobreviver como atitude intelectual e moral.

A imagem talvez mais fiel, e mais tocante, da inextricável mistura entre vida privada e compromisso público, entre relações pessoais e posições políticas, que caracterizava o mundo dos antifascistas turinenses de extração burguesa, na primeira metade dos anos 1930, foi estabelecida por Franco Antonicelli – o "suplente" do Liceu D'Azeglio ligado a Bobbio por uma amizade que durou por toda a vida – em uma página de reminiscências, escrita em memória de um velho amigo, Gustavo Colonnetti, professor de Ciência das Construções no Politécnico: "Houve um tempo, difícil de esquecer, em que um pequeno grupo de amigos fiéis se encontrava com o prazer mais espontâneo para libertar o espírito do odioso peso da suspeita, do silêncio prudente, das preocupações e dos perigos repentinos. Isso acontecia em muitas casas e cidades. O tempo a que aludo

---

20 Martinetti, Riflessioni sul soggiorno nelle carceri "Nuove" di Torino, ibid., p.373.
21 Salvatorelli; Mira, op. cit., p.316.
22 De Luna, Introdução. In: Agosti; Bianco, Un'amicizia partigiana, p.13.

32 NORBERTO BOBBIO

foi o do fascismo".[23] Uma de tais casas hospitaleiras pertencia ao escrivão Annibale Germano, que se tornou sogro de Franco Antonicelli: a filha Renata, de fato, casou-se com o elegante literato quando este se encontrava confinado em Agropoli, no Salernitano. Restaram divertidas fotografias daquelas núpcias: o esposo de impecável fraque e cartola, a esposa de vestido branco com cauda, na paisagem pobre e entre os meninos curiosos da pequena aldeia. O palacete do escrivão, no Corso Galileo Ferraris, assim como a vila em Sordevolo, no Biellese, eram lugares de encontro familiares, e mesmo mundanos, para intelectuais de geração e formação diversas – entre os quais o próprio Benedetto Croce, que tinha uma casa de férias em Pollone, a poucos quilômetros de Sordevolo –, unidos pela hostilidade ao regime. A imagem de Antonicelli evoca o ambiente de uma burguesia no exílio, que tomava distância dos aspectos sinistros da vida fascista e alimentava a pequena corrente de uma oposição que se expandirá com as leis raciais e a entrada na guerra.

Depois da obtenção da livre-docência em Filosofia do Direito, consegui em 1935 uma função substituta na então Universidade Livre de Camerino. Remonta a essa época uma carta que, recuperada nos arquivos quase sessenta anos depois, acendeu uma polêmica jornalística que durou vários dias. Trata-se de uma carta registrada, diretamente endereçada a "S. Exa., o *Cavalier* Benito Mussolini, chefe de Governo, Vila Torlonia".[24]

Turim, 8 de julho 1935, XIII

Excelência,
Perdoe-me se ouso dirigir-me diretamente a Vossa Excelência, mas o fato que me diz respeito é de tal e tão grande importância que não acredito haver outro meio mais adequado e mais seguro para encontrar uma solução.

---

23 Cf. *Ci fu un tempo:* ricordi fotografici di Franco Antonicelli, p.24.
24 O texto que publicamos é a cópia conservada no ACS, Ministério do Interior, Direção Geral de Segurança Pública, Divisão AA.GG.RR., seção I, Confinamento, registrada em 18 de julho de 1935, protocolo n. 710-11647, com o título "Petição de Norberto Bobbio a S. Exa., o chefe de Governo".

AUTOBIOGRAFIA **33**

Eu, Norberto Bobbio, filho de Luigi, nascido em Turim em 1909, diplomado em Direito e Filosofia, sou atualmente livre-docente em Filosofia do Direito nesta Universidade; estou inscrito no PNF [Partido Nacional Fascista] e no GUF desde 1928, isto é, desde que entrei na Universidade, e me inscrevi na Vanguarda Juvenil em 1927, isto é, desde que foi instituído o primeiro núcleo de Vanguardistas no Liceu D'Azeglio por missão confiada ao companheiro Barattieri di San Pietro e a mim; por causa de uma enfermidade infantil, que me anquilosou o ombro esquerdo, fui dispensado do serviço militar e nunca pude inscrever-me na milícia; cresci em um ambiente familiar patriótico e fascista (meu pai, cirurgião-chefe do Hospital S. Giovanni desta cidade, está inscrito no PNF desde 1923, um de meus dois tios paternos é general do corpo do Exército em Verona, o outro é general de brigada na Escola de Guerra); durante os anos universitários, participei ativamente da vida e das atividades do GUF de Turim com revistas goliárdicas, números especiais e viagens estudantis, de modo que fui encarregado de proferir discursos comemorativos da Marcha sobre Roma e da Vitória para os estudantes das escolas médias; por fim, nestes últimos anos, depois de conseguir o diploma em Direito e Filosofia, dediquei-me totalmente aos estudos de Filosofia do Direito, publicando artigos e ensaios que me valeram a livre-docência, estudos dos quais extraí os fundamentos teóricos para a firmeza de minhas opiniões políticas e a maturidade de minhas convicções fascistas.

Em 15 de maio deste ano fui investigado pela polícia política (investigação que também foi estendida a meu pai e minha mãe) e, embora a investigação não tenha encontrado nada de importante, fui detido e mantido em prisão por sete dias à espera de interrogatório; depois de um interrogatório de poucos minutos, registrado em relatório, fui imediatamente liberado. Tudo isso aconteceu sem que jamais me dissessem quais eram os motivos que conduziram a essas providências contra mim, uma vez que no interrogatório não fui confrontado com acusações específicas, mas me foram simplesmente pedidas informações sobre o conhecimento que tivesse de pessoas não fascistas, pergunta à qual respondi, como está escrito

34 NORBERTO BOBBIO

no relatório, que, "sendo meus companheiros de escola ou meus coetâneos, não poderia deixar de conhecê-los"; em seguida, me foi perguntada a razão pela qual havia colaborado na revista *La Cultura*, fato para o qual dei justificativa em carta de 27 de junho, requerida por S. Exa. Starace, através da Federação de Turim.

Tinha legítimas razões para crer que a lamentável questão estivesse resolvida, quando hoje recebo intimação para me apresentar no dia 12 do corrente diante da Comissão Provincial para apresentar minha defesa, "depois de examinar a notificação de advertência [...], de ver os respectivos atos dos quais se evidencia que, com sua atividade desenvolvida em associação com pessoas recentemente remetidas ao Tribunal Especial por filiação à seita 'justiça e liberdade', tornou-se perigoso para a ordem jurídica do Estado".

Ignoro quais sejam os atos de que possa se evidenciar todo esse conjunto de acusações, uma vez que deram resultado negativo a meu respeito seja a investigação, seja o interrogatório; e não posso crer que possa constituir válido argumento de acusação a apreensão que me foi feita de uma fotografia do dr. Leone Ginzburg com data de 1928 (quando ambos tínhamos 19 anos, no período em que éramos colegas de escola); muito menos a colaboração por mim prestada (colaboração que se reduz a uma resenha publicada no número de março deste ano) à revista *La Cultura*, que é uma das mais antigas e conhecidas revistas literárias italianas, uma vez que essa colaboração não podia encobrir, por evidentes motivos, nem de minha parte nem da parte daqueles que me convidaram a colaborar, nenhuma alusão política, mas demonstrava simplesmente em mim o desejo de cooperar modesta e honestamente com uma atividade cultural publicamente valorizada e controlada.

Declaro em perfeita boa-fé que a acusação acima referida, que não só é nova e inesperada mas também injustificada, dadas as conclusões da investigação e do interrogatório, me atinge profundamente e ofende intimamente minha consciência de fascista, de que pode constituir válido testemunho a opinião das pessoas que me conheceram e comigo convivem bem como dos amigos do GUF e da Federação.

Renovo meu pedido de desculpas por deliberar fazer-lhe chegar minhas palavras, mas o que me impeliu foi a certeza de que V. Exa., com seu elevado senso de justiça, haverá de querer afastar de mim o peso de uma acusação a que minha atividade de cidadão e de estudioso não pode ter dado fundamento e que contrasta com aquele juramento que prestei com perfeita lealdade.

Expresso-lhe o sentimento de minha devoção.

Norberto Bobbio
Turim, Via Sacchi, 66

Nesta carta, vi-me subitamente face a face com um outro eu, que acreditava ter derrotado para sempre. Não me perturbaram tanto as polêmicas sobre minha pessoa quanto a carta em si e o fato mesmo de tê-la escrito. Ainda que fizesse parte, em certo sentido, de um ato burocrático, aconselhado pela própria polícia fascista, era um convite à humilhação: "Se o senhor escrever ao *Duce*...".

Quase sessenta anos depois, a carta de Bobbio sai dos arquivos e aparece nas páginas de uma revista semanal: o jornalista Giorgio Fabre publica-a na *Panorama* de 21 de junho de 1992, como documentação de um artigo sobre as fraquezas dos intelectuais antifascistas. Título: "Ao pé da letra". Nele se lembra como Cesare Pavese havia escrito duas cartas "de submissão" ao *Duce* e como Giulio Einaudi, durante os interrogatórios de 1935, havia confirmado o antifascismo de alguns detidos. Citam-se também cartas ao *Duce* de Antonicelli e Mila. A revista publica uma breve entrevista de Bobbio a Fabre, em que o filósofo declara:

Quem viveu a experiência do Estado ditatorial sabe que é um Estado diferente de todos os outros. E essa minha carta, que agora me parece vergonhosa, também o demonstra. Por que uma pessoa como eu, que era um estudioso e pertencia a uma família de bem, devia escrever uma carta desse tipo? A ditadura corrompe o espírito das pessoas. Obriga à hipocrisia, à mentira, ao servilismo. E esta é uma carta servil. Embora reconheça que aquilo que escrevi é verdade, forcei a mão sobre meus méritos fascistas para daí obter vantagem. E não é de modo algum uma justificação, a minha. Para salvar-se, em um Estado ditatorial, são necessários espíritos fortes, generosos e corajosos, e reconheço que então, com essa carta, não fui um deles. Não tenho nenhuma dificuldade em fazer mais uma vez um exame de consciência que, de resto, fiz infinitas vezes.

A carta ao *Duce*, antecipada pela revista *Panorama* aos jornais diários, transforma-se em polêmica na imprensa nacional. O comentário recorrente, entre os intelectuais entrevistados em vários jornais, é que a carta não tem sentido se não se reconstrói o contexto em que foi escrita. "Especialmente entre os jovens", explica o filósofo Eugenio Garin nas páginas do *La Repubblica*, "quem escolheu ficar na Itália tinha de aceitar todas as consequências dessa escolha. Ainda que no íntimo fosse contrário ao regime, ainda que participasse de forma clandestina de tentativas de abatê-lo, devia ter um comportamento exterior que lhe permitisse continuar a exercer a própria atividade. O que importa – dizia Croce – é comentar bem um soneto de Petrarca. Não se tratava de uma atitude olímpica. Era tentativa de legítima defesa, a única margem deixada por um ato pleno de dificuldades cotidianas, como é aquele de viver sob uma ditadura. Se alguém não optou por viver no exílio, deve operar em uma situação objetivamente ambígua. Deve mentir, colocar a máscara. *Larvatus prodeo*, caminho sob disfarce, dizia Descartes".[25] Contra a publicação da carta vibra golpes polêmicos, como de costume, o jornalista Giorgio Bocca: "Estes tais não sabem o que é uma ditadura, não sabem que te mandavam para a cadeia e tiravam sua possibilidade de trabalhar. Nas mesmas condições eu mesmo teria escrito ao *Duce*: não uma, mas dez cartas! Em 1935, até os comunistas no exílio escreveram uma carta aos 'companheiros de camisa negra' porque era o ano da fundação do Império e o próprio Togliatti tinha a sensação de que não havia mais nada a fazer contra o fascismo. E não esqueçamos que só onze professores recusaram o juramento. Agora acusam Bobbio: não há respeito por uma das poucas pessoas de bem hoje".[26]

---

25 Cf. Ajello, Macché scandalo, è un pezzo di storia, *La Repubblica*, 16 jun. 1992.
26 Cf. Strategia, compromesso o eccesso di zelo?, *Corriere della Sera*, 16 jun. 1992.

O *La Stampa* entrevista Vittorio Foa. Na carta, Bobbio se apresenta como um bom fascista; o que pensa disso o velho amigo que jogava tarô com Bobbio? "Não vamos confundir. Uma coisa era ser fascista, outra ser inscrito no partido fascista. Muitos amigos meus e até meu irmão se inscreveram no partido, mesmo sem ser fascistas, muitas vezes sendo francamente antifascistas. A carteirinha do partido era em muitos casos uma condição para poder trabalhar de modo adequado às próprias capacidades, às vezes para poder simplesmente trabalhar". Também para Foa, a carta foi uma legítima defesa: "Digo logo que esta carta é, de qualquer ponto de vista, político ou moral, absolutamente irrelevante. A advertência era uma violência contra ele, era uma medida administrativa que punha limites à liberdade pessoal e à capacidade de viajar e trabalhar. Era uma violência contra a qual Bobbio tinha o direito de se defender: posso falar de legítima defesa. Defendia-se como era seu direito, com sagacidade, estendendo ao presente seus antigos sentimentos fascistas. Aquela carta deve ser lida como um recurso diante de uma medida administrativa".[27] Ao mesmo tempo, o historiador do Partido de Ação, Giovanni De Luna, se interroga sobre a utilização da carta no âmbito da luta política em curso na Itália, nos últimos dois anos do gabinete Cossiga, depois do fim do Partido Comunista: "Pode também ser lida no quadro do projeto político que visa a deslegitimar a Primeira República em seu DNA constitutivo, herdado do antifascismo. Historicamente fora de cena o ramo comunista, permanecia como antifascismo 'respeitável' o ramo democrático de GL e do Partido de Ação. Uma vez destruído tudo isso, não restaria mais nada do antifascismo, abandonando-se assim um fardo incômodo de valores morais e de compromisso civil".[28]

O caso, na realidade, ultrapassa a pessoa de Norberto Bobbio. Ele diz respeito "à abolição da distância entre passado e presente", como adverte o historiador turinense Marco Revelli, que em um artigo em *Il Manifesto* reflete sobre o episódio, subtraindo-se à vaga emotiva que o envolve e avaliando seus significados mais gerais. "A organicidade do passado é decomposta, reduzida a 'achados' isolados e suscetíveis de ser consumidos por parte de um público voraz, mas distraído: estilhaços de história podem em cada momento escapar de um

---

27 Cf. Papuzzi, Bobbio, il diritto di difendersi, *La Stampa*, 16 jun. 1992.
28 De Luna, Quella caduta di Bobbio, *L'Unità*, 16 jun. 1992.

38   NORBERTO BOBBIO

fundo de arquivo". Nessa operação, o passado se resolve no presente, cancelando-se o hiato que os separa, confundindo a linguagem de ontem e a de hoje "em um murmúrio indistinto". Tudo é contextual. Mas tal uso da história anula também outra diferença fundamental: "O aspecto mais típico e inquietante do uso da história para fins de escândalo é a abolição", escreve Revelli, "de toda diferença entre esfera pública e privada. A atribuição, sem mediações, de relevância pública até aos atos mais íntimos, aqueles mais diretamente ligados à esfera interior das pessoas. Com efeito, o 'escândalo' é precisamente este: a submissão de aspectos radicalmente privados ao juízo público. O impacto forçado, violento, entre a contraditoriedade, a incerteza, as ambivalências e as fragilidades – a obscuridade – próprias do núcleo profundo da privacidade, e a dimensão unívoca e solar da esfera pública".[29]

Bobbio conseguiu, em 1935, que a advertência fosse anulada. No entanto, continuou a ser considerado um "elemento antifascista", a despeito da carta, tal como se mostra em um relatório enviado pelo Comissariado de Polícia de Turim ao ministério do Interior, com a data de 27 de junho de 1936:

Alguns dos elementos que a seu tempo foram indigitados por causa de relações frequentes com indivíduos suspeitos ou detidos, participantes do Grupo Cultura, hoje aparecem na Universidade com funções diversas, e todos com o distintivo do Partido. Exemplo: Bobbio (morador na Via Sacchi, irmão do cirurgião, ex-amigo íntimo de Antonicelli), atualmente secretário nas comissões de exame da Faculdade de Direito; Artom, também morador da Via Sacchi, estudante de Letras. Com estes se encontra Guaita, ex-confinado (objeto de recente relatório).

O distint[iv]o do Partido fornece a esses encontros uma aparência normal; mas não se pode logicamente crer que a razão deles seja também normal e isenta de conteúdo político, caso se levem em conta os precedentes. Naturalmente, a prudência torna difícil seguir, a não ser superficialmente, as conversas desses elementos, que se tornaram muito cuidadosos.

---

29 Revelli, Gli archivi del ricatto, Il Manifesto, 17 jun. 1992.

AUTOBIOGRAFIA **39**

Mas transcrevemos uma impressão geral recolhida no ambiente estudantil e fora dele: sua "conversão ao Partido, confirmada com distintivo", não convence e só pode ser aparente.[30]

Em novembro de 1935, dei minha primeira aula na Universidade de Camerino. Transferia-me de uma grande cidade do Norte para um pequeno centro. A viagem era muito longa e incômoda. Dava o curso de Filosofia de Direito e tinha pouquíssimos estudantes, não mais de uma dezena. A maior parte dos colegas, mais ou menos de minha idade, não era fascista. Relembro com emoção o farmacólogo Luigi Scremin, veronês, católico extremamente íntegro e antifascista intransigente, morto há anos. Havia também o futuro presidente da República Giovanni Leone, docente de Direito Penal, com o qual estreitei cordial amizade. Alojávamo-nos e fazíamos as refeições em um hotel que também se chamava Leone, cujo proprietário, o sr. Tirabbasso, escrevera um manual de cozinha intitulado *Il cuoco classico* [O cozinheiro clássico]. No dia da primeira aula, eu estava tenso, cheio de ansiedade, que aumentou porque no último momento, antes de entrar na sala, Leone exortou os outros colegas: "Vamos todos ouvir Bobbio!". Lembro-me de uma sala pequena e elegante, chamada "Sala Scialoja" em memória de Vittorio Scialoja, que nela lecionara, célebre romanista e também ministro de Relações Exteriores depois da Primeira Guerra Mundial. A presença dos colegas me intimidou e não consegui falar mais do que meia hora. Ensinei em Camerino por três anos.

Ao mesmo tempo, estudava para me preparar para o concurso de professor titular. Foi convocado em 1938, o ano das leis raciais; de fato, Renato Treves dele foi excluído, tanto que decidiu deixar a Itália e expatriou-se na Argentina. No entanto, recebi uma breve carta, pouco tempo antes que se reunisse a comissão de concursos, do ministro da Educação Nacional, Bottai, muito seca, três ou quatro linhas burocráticas, na qual me comunicava que devolviam os

---

30 ACS, Ministério do Interior, Direção Geral de Segurança Pública, Divisão de Polícia Política, cat. K7, G. 118, fasc. K7/15.

40   NORBERTO BOBBIO

títulos que eu apresentara. Resolvi me opor a uma injustiça que julgava colossal, a injustiça de ter de renunciar a um concurso porque alguém sussurrou que eu havia sido detido por antifascismo. Eu tinha um tio, general do corpo do Exército, amigo do quadrúnviro Emilio De Bono. Levou a este meu caso, De Bono falou diretamente com Mussolini, de sorte que, depois de alguns meses, recebi uma carta, igualmente burocrática, com a qual me convidavam a reapresentar os títulos. Esse episódio também não podia deixar de provocar polêmica. O cotidiano *Il Tempo* publicou em duas ocasiões diversas – em 1986 e em 1992 – a carta que De Bono escreveu a Mussolini, para solicitar minha readmissão ao concurso. A mesma carta foi citada por um intelectual de direita, Marcello Veneziani, autor do libelo *Sinistra e destra* [Esquerda e direita]: "Se um antifascista como Bobbio pôde fazer carreira sob o fascismo, então significa que o fascismo não foi aquele regime totalitário e liberticida que o próprio Bobbio descreveu. Ou significa que Bobbio alinhava-se com o regime".[31] Na realidade, a carta de De Bono a Mussolini é só uma janela aberta sobre os costumes e a linguagem da nomenclatura fascista:

Caro Chefe de Governo,
Tenho ainda de chateá-lo, mas não exatamente por minha culpa. A última vez em que estive com você, entre outras coisas, lhe falei sobre um favor que me foi pedido pelo general Bobbio. Há de lembrar que se tratava de um sobrinho dele, filho do professor Bobbio, cirurgião-chefe em Turim, o qual não foi admitido em um concurso para professor de Filosofia do Direito, ao que parece por razões políticas infundadas. Você reteve a carta, a exposição que lhe dirigiu o professor Bobbio pai, e me disse exatamente: "Está inscrito no partido, cuido disso". "Como?", eu lhe perguntei. "Direi ao Bottai o que fazer." Você me disse: "Direi o que fazer", não "falarei sobre o assunto"; por isso, considerei resolvida a coisa, tanto que perguntei se podia dar a notícia ao Bobbio general: você

---

31 Veneziani, *Sinistra e destra*: risposta a Norberto Bobbio, p.36.

me respondeu afirmativamente e eu disse a Bobbio: "Fique tranquilo". Mas agora recebo outra carta do próprio Bobbio na qual me diz que seu sobrinho *não* recebeu *nenhuma* solicitação para reapresentar os títulos para o concurso, cujos prazos se encerrarão em poucos dias. Ouça, chefe, você pode fazer o que quer; mas de algum tempo para cá tem brincado alegremente comigo, sem que eu ache muita graça nisso. Só lhe peço que me permita dar uma resposta categórica: um daqueles "monossílabos" que me pediu tantas vezes em momentos bastante sérios e que sempre lhe telegrafei sem discussão. Você há de entender que poder dizer hoje "sim", em *seu nome*, e depois ter de dizer ou escrever "não" é coisa que me envergonha, porque acabarão acreditando que *vendo fumaça*, coisa que nunca fiz desde que estou no mundo. Parece impossível que você ainda *não* me conheça! Me equivoco: você me considera um chato e positivamente me tem na conta de *um tolo de verdade*. Mas... *fiat voluntas tua!* Seu, como sempre,

E. De Bono[32]

Publicando esta carta, pretendia-se fazer crer que tivesse obtido a cátedra por méritos fascistas, quando o contrário é que é verdade: o regime tentara excluir-me do concurso universitário, apesar de meus títulos. Não queriam me dar a cátedra, queriam tirá-la de mim, como expliquei a Veneziani em uma carta que ele publicou, com meu consentimento, no *Corriere della Sera*:

Estava claro que a causa da exclusão era política e, portanto, abusiva – expliquei na carta. Por que deveria aceitar? Recorri ao único meio de que podemos nos servir em um Estado que não é de direito: o recurso ao chefe [...]. Parece que o senhor não se dá conta de que deplorar os estratagemas com que em regimes ditatoriais nos defendemos da prepotência significa colocar-se do ponto de

---

32 Cf. Gatta, Così il Quadrumviro raccomandava Bobbio, *Il Tempo*, 17 jun. 1992. Sobre todo o caso, cf. o ensaio de Bobbio em *Mezzo secolo:* materiali di ricerca storica, XI.

vista do ditador. Este, por definição, tem sempre razão. Colocamo-nos do ponto de vista do ditador quando não pronunciamos uma só palavra para condenar a imposição arbitrária, mas elevamos a voz para denunciar quem tenta safar-se com os únicos meios que a ditadura concede.[33]

Na mesma carta, fiz esta reflexão: é mais grave haver professores que juraram fidelidade ao regime ou haver um ministro que lhes tenha imposto o juramento? Do ponto de vista da gravidade moral, quem é mais reprovável: aqueles que juraram ou quem lhes impôs o juramento?

Apesar disso, não posso deixar de reconhecer que o remédio a que recorri (escrevi eu mesmo uma carta servil ao ministro Bottai), mesmo sendo a única alternativa à submissão, era odioso. Antes de tudo porque era um remédio à disposição só de quem podia gozar do apoio de pessoas muito bem situadas, e não do pobre-diabo que, em caso de abuso, deveria sofrer em silêncio. E, ainda, porque forçava quem o adotasse às mentiras mais despudoradas: meus protetores e eu mesmo éramos forçados a declarar de má-fé que o suplicante, apesar de alguns erros juvenis, era de fato um fiel súdito do regime. O que não era verdade, especialmente na época desse episódio, quando eu já tinha me aproximado do movimento liberal-socialista.

O livro que Bobbio escreveu para o concurso da cátedra, *L'analogia nella logica del Diritto* [A analogia na lógica do Direito], foi publicado em 1938 pelo Instituto Jurídico da Universidade de Turim. O relatório da comissão julgadora traçava este perfil do vencedor:

Bobbio, Norberto, laureado em Direito em 1931, em Filosofia em 1933, livre-docente de Filosofia do Direito em 1935, desde então está encarregado da matéria na Universidade Livre de Came-

---

33 Cf. *Destra e sinistra. Bobbio contro Veneziani, Corriere della Sera*, 13 ago. 1995.

AUTOBIOGRAFIA   43

rino. Dotado de elegante cultura jurídica e filosófica, ele examinou de modo amplo e penetrante as correntes institucionalistas e sociais do Direito na França e as correntes fenomenológicas na Alemanha. Destas últimas extraiu exigências de reconstrução no plano especulativo seja dos problemas de personalidade, da noção de sociedade e da interpretação, seja das diretrizes gerais da disciplina. Mesmo quem acaso não aceite suas conclusões ou não se deixe por elas convencer estará feliz por reconhecer ao candidato destacada aptidão crítica, ótimo método de trabalho, eficácia de escritor, de modo que parece a todos os membros da comissão que ele, sem dúvida, obterá distinção para os fins do presente concurso. No entanto, espera-se de Bobbio esclarecimento teórico e, também, ampliação dos interesses especulativos além do plano fenomenológico para que possa dar melhores e maiores provas de seus dotes sistemáticos, em uma autonomia mais fundamentada de pensamento.[34]

Aprovado no concurso, Bobbio foi chamado para a Universidade de Siena no final de 1938. Nela permaneceu por dois anos. Em dezembro de 1940, obteve a cátedra de Filosofia do Direito na Faculdade de Direito da Universidade de Pádua. Naquela época, já tinha entrado para as fileiras do antifascismo militante.

---

34 Ministério da Educação Nacional, extraído do *Bollettino Ufficiale*, parte II, XVII, n.11, 16 mar. 1939.

II
RESISTÊNCIA

Minha entrada no antifascismo ativo está documentada em um desenho de Renato Guttuso. Vivendo em Camerino, comecei a participar de reuniões do movimento liberal-socialista, surgido em torno de Guido Calogero, jovem professor de Filosofia na Universidade de Pisa, e de Aldo Capitini, que era o secretário da Escola Normal Superior de Pisa. Essas reuniões muitas vezes se realizavam na bela vila, em Cortona, de Umberto Morra di Lavriano, que sempre fora antifascista, amigo de Piero Gobetti, colaborador da revista *Rivoluzione Liberale*. Uma vez nos apresentou um rapazinho e acrescentou: "É um jovem pintor muito bom, que vai fazer carreira". Pensemos nas trapaças do destino: quando Guttuso fez em Parma uma de suas primeiras mostras, também expôs um esboço feito naquela reunião de 1939 em Cortona. Meu irmão viu e me falou. Então escrevi a Cesare Luporini, que o obteve de presente de Guttuso e fez uma cópia para os amigos. No desenho, estamos representados Guido Calogero, com um livro na mão e um dedo levantado, Morra, Capitini, Luporini e eu mesmo. No livro que Capitini tem em mãos se lê o título *Non violenza*, naquele em mãos de Calogero se lê *Liberalismo sociale*. Assim se testemunhou, diria por puro acaso, uma das reuniões em que se formou o grupo liberal-socialista: a esse tempo, penso, devo remontar minha passagem

46 NORBERTO BOBBIO

do antifascismo entendido como atitude ideal para o antifascismo consciente e ativo.

Ainda que através do filofascismo familiar tivesse me inscrito nas instituições fascistas, primeiro o GUF, depois o partido, não frequentei nem grupos nem ambientes fascistas. O círculo de minhas relações pessoais e de minhas amizades estava inteiramente no âmbito dos grupos não conformistas, do chamado "bando" de Augusto Monti aos encontros na casa de Barbara Allason e do professor Zino Zini, do próprio ambiente de meus estudos, no qual tinha por guia Gioele Solari, à colaboração, por um lado, com a editora então fundada de Giulio Einaudi, por outro, com a *Rivista di Filosofia*, dirigida por Piero Martinetti. Meus amigos – como já contei – eram Leone Ginzburg, Vittorio Foa, Franco Antonicelli, Carlo Zini, Ludovico Geymonat, Renato Treves. A aproximação com o antifascismo militante talvez tenha sido facilitada pelo afastamento do ambiente familiar, ocorrido com o cargo na Universidade de Camerino. Não recordo em qual ocasião e por iniciativa de quem entrei em contato com Aldo Capitini, em Perugia, no momento em que estava para publicar *Elementi di un'esperienza religiosa* [Elementos de uma experiência religiosa] (1937), que sempre considerei, junto com *La scuola dell'uomo* [A escola do homem] (1938), de Guido Calogero, um dos dois "breviários" do liberal-socialismo. Aldo já se tornara o ponto de referência de uma séria e severa oposição ético-religiosa, de que nasceu, através da amizade com Calogero, o movimento clandestino do liberal-socialismo, que se tornará um dos componentes do futuro Partido de Ação. Entre Perugia e Camerino mantinha contatos com o jovem professor de Filosofia, amigo de Capitini, Agostino Buda, de origem siciliana, cujos traços perdi com o tempo.

O movimento liberal-socialista, a que Bobbio aderiu no final dos anos 1930, desenvolveu-se em uma rede de grupos de oposição que se constituíam espontaneamente em universidades, círculos, associações religiosas, organismos culturais, frequentemente a partir da dissensão que se manifestava entre os jovens intelectuais que operavam nas próprias instituições fascistas, ou como efeito do "degelo das consciências", sobretudo depois da promulgação das leis raciais; "era uma maneira casual de nascer para a vida política", como escreveu Ruggero Zangrandi em *Lungo viaggio attraverso il fascismo* [Longa jornada pelo fascismo]. Nesse húmus, a partir de 1939, lançou raízes o movimento liberal-socialista, que tinha em Capitini seu filósofo e em Calogero o líder político, e que teve sucesso – segundo Zangrandi – por duas razões: "representou o primeiro movimento cultural antifascista de inspiração não marxista que se separava da tradição crociana, a qual tivera grande, mas paralisadora, influência", e soube expressar com suas instâncias tanto sociais quanto libertárias "uma plataforma ideológico-política que respondia às exigências mais vivas da juventude intelectual".[1] Em *Lungo viaggio*, Bobbio é citado entre aqueles que militaram na frente liberal-socialista, junto com outros intelectuais como Piero Calamandrei, Tristano Codignola, Enzo Enriquez Agnoletti, Carlo Ragghianti, Cesare Luporini, Guido Aristarco, Giorgio Bassani, Attilio Bertolucci, Tommaso Fiore, Enzo Paci. As relações entre os vários grupos liberal-socialistas – pisano e florentino, úmbrio e romano, emiliano e apuliense – permaneceram por muito tempo como frágeis fios, só tomando a forma de ligações políticas depois da eclosão da guerra, sem, no entanto, jamais ter a marca organizativa de um partido comunista: "Fazíamos longas viagens a fim de encontrar pessoas que, como nos diziam, pensavam como nós" – contou Mario Delle Piane, entre os primeiros ativistas do movimento, em contato com a Universidade de Siena quando nela chega Bobbio. "Aproximávamo-nos de outros jovens, sugerindo-lhes ler certos livros (por exemplo, *A condição humana* de Malraux)."[2] O proselitismo era a atividade básica, à espera do dia em que as coisas mudassem, complementado por tímidas ações de propaganda que, porém, se tornavam aprendizado de luta: afixar manifestos escritos à mão nos muros da cidade ou pregar tirinhas autocolantes, com dizeres pacifistas, nas paredes dos cinemas. "Na primavera de 1940, foram enviadas de Siena cartas a generais, almirantes, oficiais com responsabilidade nas áreas militares, exortando-os a recusar a guerra ao lado da Alemanha."[3]

---

1 Zangrandi, *Il lungo viaggio attraverso il fascismo*, p.193-4.
2 Cf. ibid., p.483.
3 Ibid., p.484.

48 NORBERTO BOBBIO

A Aldo Capitini dediquei dois capítulos de *Maestri e compagni* e, em 1990, o prefácio à reimpressão anastática de *Elementi di un'esperienza religiosa*, publicado quando o fascismo, após a conquista da Etiópia, estava no apogeu de seu poderio.

Mesmo proclamando-se liberal-socialista desde o início do movimento, fez questão de distinguir o próprio liberal-socialismo daquele de outros por causa do compromisso ético-religioso e não só político com que o animara. Refutou sempre de modo pugnaz a absolutização da política (que era o ponto de chegada do totalitarismo) e, portanto, a resolução de todas as atividades humanas no fazer político, a confusão dos movimentos sociais com os partidos. O liberal-socialismo não foi no início (e não deveria se tornar nunca) um partido: era "uma atitude de espírito, uma abertura para uma direção, uma certeza e uma esperança sempre em renovação", "uma orientação da consciência". Naturalmente, não era só isto: era também ideologia. Mas, mesmo como ideologia, o liberal-socialismo de Capitini representou uma corrente minoritária, quase uma heresia, que se referia mais à "revolução liberal" de Piero Gobetti do que ao "socialismo liberal" de Carlo Rosselli.[4]

O fato de, sob a aparência de obra de edificação religiosa, o livro de Capitini ter um significado político, ser um livro provocadoramente antifascista, podia escapar à polícia, mas não escapou a Croce, que decidiu publicá-lo mesmo divergindo, como imanentista filosófico e realista político que era, das ideias do autor, e menos ainda podia escapar aos jovens descontentes em busca de uma via de saída do regime, que estavam formando pequenos grupos de oposição. Não se esqueça de que os *Elementi* foram um dos primeiros livros antifascistas provenientes da nova geração que vivera e se formara sob o regime, e não mais daquela dos mestres, como Croce, Salvatorelli, De Ruggiero, Omodeo, Luigi Russo, ou daqueles que viviam no exílio, como Salvemini e Carlo Rosselli.

---

4 Bobbio, *Maestri e compagni*, p.279-80.

AUTOBIOGRAFIA   49

Inúmeros foram os testemunhos da repercussão que o livro teve entre os jovens de então.[5]

Mas o idealizador, o promotor e, sobretudo, o teórico do liberal--socialismo foi Calogero. Alguns anos mais velho do que eu (nascido em 1904), ensinava Filosofia na Escola Normal de Pisa. Aluno de Gentile, era especialista em filosofia grega. Seu primeiro livro, escrito aos 23 anos, versava sobre os *Fondamenti della logica aristotelica* [Fundamentos da lógica aristotélica]. Depois de se ocupar criticamente de lógica, estudou e se diplomou em Direito com o livro *La logica del giudice e il suo controllo in Cassazione* [A lógica do juiz e seu controle no Supremo Tribunal] (1937), sobre o qual fiz uma análise crítica em meu livro *L'analogia nella logica del Diritto* (1938). Desde então havíamos nos encontrado várias vezes e estabelecido uma amizade afetuosa que durou toda a vida. *La scuola dell'uomo* era uma obra de ética laica, que tinha claras intenções de pedagogia e polêmica política. Calogero ministrou naqueles anos um curso de lições de crítica marxista, de que extraiu o livro *La critica dell'economia e il marxismo* [A crítica da economia e o marxismo], publicado em 1944.

Escreveu de próprio punho o primeiro manifesto do liberal-socialismo, difundido no verão de 1940. O segundo, um verdadeiro programa político, foi esboçado no verão do ano seguinte em Cortina d'Ampezzo, em um grupo restrito de jovens professores, entre os quais eu também me encontrava. Nele se lia: "Liberalismo e socialismo, considerados em sua melhor substância, não são ideais contrastantes nem conceitos díspares, mas especificações paralelas de um único princípio ético, que é o cânone universal de toda história e de toda civilização".

Quando no ano seguinte foi fundado o Partido de Ação e nele convergiu o movimento liberal-socialista, Calogero, em uma confe-

---

5 Bobbio, Cinquant'anni dopo, prefácio a Capitini, *Elementi di un'esperienza religiosa*, p.XIII-XIV.

50 NORBERTO BOBBIO

rência de 1944, depois da Libertação, "A democracia na encruzilhada e a terceira via", sintetizou seu pensamento com estas palavras:

À direita, há o desvio do liberalismo agnóstico ou conservador: a via da liberdade sem justiça. À esquerda, há o desvio do coletivismo autoritário: a via da justiça sem liberdade. O Partido de Ação não toma nem uma nem outra porque conhece a via verdadeira, a terceira via, a via da união, da coincidência, da presença simultânea, indissolúvel, de justiça e liberdade.

O liberal-socialismo retomava assim o tema do socialismo liberal de Carlo Rosselli, mesmo sem ter sofrido sua influência direta, mas levava essa fórmula a um tal nível de abstração que a tornava pouco utilizável, oferecendo aos adversários o pretexto de acusar todo o Partido de Ação de arrogância intelectual e estéril doutrinarismo. Minhas relações com Calogero – como disse – sempre foram muito amistosas: defini-o uma vez como o mais jovem de meus mestres. Contudo, tanto no debate filosófico quanto no político, prevaleceram muitas vezes as razões de dissenso sobre as de consenso.[6] Sempre interpretei o liberal-socialismo não como fórmula filosófica, mas programa de um compromisso político que deveria encontrar sua realização, como bem viu Calamandrei, no reconhecimento dos direitos sociais, exigidos pela tradição do movimento socialista, como precondição do pleno exercício dos direitos de liberdade, exigidos pela tradição liberal.

Curiosamente, o liberal-socialismo, nascido de uma elaboração filosófica, tomou corpo em um partido que se chamou "de ação" e, ainda por cima, teve duração muito breve. Na última vez que pude voltar ao tema, disse que "tanto o socialismo liberal quanto o liberal-socialismo foram construções doutrinárias e artificiais feitas em

---

6 Sobre as relações com Calogero, cf. Sbarberi, *Liberté et egalité. La formation de la théorie démocratique chez Bobbio, Archives de Philosophie*. Sobre o pensamento político de Calogero, veja a mais completa coletânea de seus escritos políticos: *Difesa del liberalsocialismo ed altri scritti politici*.

gabinete, mais verbais do que reais". Tratou-se de uma combinação, cujo significado histórico era o de representar uma reação, por um lado, a um liberalismo associal e, por outro, a um socialismo iliberal. Acrescentei que afirmar teoricamente não serem incompatíveis liberalismo e socialismo ainda não diz nada sobre formas e modos de sua possível síntese. Mais liberalismo ou mais socialismo? Liberalismo, em que medida? Socialismo, em que medida? Bastar colocar perguntas desse tipo para perceber as dificuldades de transformar uma doutrina filosófica em uma práxis política. Concluí:

> Parece-me que se caminhará mais com os pés no chão se, em vez de dois ismos, falar-se de liberdade e de igualdade [...]. Se quisermos dizer que os dois problemas remetem, o primeiro à doutrina liberal, o segundo à doutrina socialista, então o digamos. Mas me reconheço melhor, mesmo emotivamente, no lema: Justiça e Liberdade.[7]

De Camerino a Pádua, as coisas mudaram radicalmente. A entrada na guerra havia cavado um sulco decisivo entre nós e o regime, provocando a passagem para uma oposição concreta, ainda que mais demonstrativa do que incisiva. Revendo o passado, em uma conversa com o amigo Arturo Colombo, eu disse certa vez que, em meus contatos com Capitini e Calogero, era, como conspirador, um diletante, embora alguns policiais devessem seguir-me de perto, estando Capitini sempre muito vigiado. Éramos aspirantes a conjurados, conjurados sem conjuração.[8] Mas, quando tomei posse da cadeira de Filosofia do Direito na Universidade de Pádua, a situação geral se tornara mais dramática. Estávamos em guerra havia alguns meses, aliados de Hitler. Uma guerra desonrosa que nos levaria à catástrofe. Soara a hora da escolha definitiva.

---

7 Bobbio, Introduzione. Tradizione ed eredità del liberalsocialismo. In: VV.AA., *I dilemmi del liberalsocialismo*, p.59.

8 Cf. Bobbio racconta quegli anni bui rischiarati da Croce, *Nuova Antologia*, n.2172, p.194.

52   NORBERTO BOBBIO

Nas fileiras do Partido de Ação confluíram os *giellisti* [membros do Giustizia e Libertà] e os liberal-socialistas, o antifascismo político e o antifascismo espontâneo. Como explicou Giovanni De Luna, em sua *Storia del Partito d'Azione* [História do Partido de Ação], "o processo de formação do Pd'A se desenvolve nos anos 1940-1942, com brusca aceleração quando com mais clareza emerge a perspectiva de uma iminente derrota militar do fascismo. Nesse suposto, percebido imediatamente por seus militantes, e comum aos demais partidos antifascistas, insere-se um caráter específico de 'constituinte democrático-socialista' que, através de percursos políticos e ideológicos diversos, agregou em uma única organização quase todos os componentes da conspiração antifascista não comunista".[9] O Instituto de Filosofia de Direito de Pádua, do qual Bobbio era diretor, "tornou-se um dos maiores centros de convergência e reunião dos antifascistas vênetos". Em *Lungo viaggio attraverso il fascismo*, Zangrandi evoca um encontro com Bobbio no início de 1942, depois da detenção de Guido Calogero. A conversa gira sobretudo em torno da oportunidade de adotar técnicas conspirativas para manter secreta a identidade dos antifascistas ativos. Apresentando-se ao colóquio com nome falso, Zangrandi explica a Bobbio como tal precaução o protegia do risco de uma delação, à qual, ao contrário, estava exposto o filósofo; a falta de cautela por parte dos liberal-socialistas e sua subestimação das técnicas conspirativas não teriam custado talvez a perda de um líder como Calogero? A isso Bobbio respondeu, socraticamente, segundo Zangrandi, perguntando-lhe se não pensava que mesmo um sacrifício "inútil" não servia de exemplo e estímulo para os outros; "não era, afinal de contas, uma forma de propaganda, um modo – o mais alto e nobre – de testemunhar a própria fé, acima de toda e qualquer contingente oportunidade conspirativa".[10] Depois do aprendizado turinense com o Giustizia e Libertà, depois das primeiras experiências de conspiração com os grupos liberal-socialistas, é portanto em Pádua que ocorre, para Bobbio, o ato público de ruptura com o regime, sempre no âmbito de um antifascismo de extração burguesa, que se vale de privilégios familiares e profissionais mas não se limita ao protesto: age para preparar um futuro diferente.

---

9 De Luna, *Storia del Partito d'Azione*, p.17.
10 Zangrandi, op. cit., p.195.

AUTOBIOGRAFIA **53**

Os dois protagonistas da Resistência paduana foram o latinista Concetto Marchesi e o farmacólogo Egidio Meneghetti, que ensinavam na Universidade quando nela pus os pés, no final de 1940. Marchesi, cujos livros sobre Tácito e Sêneca foram lidos durante os anos da ditadura como uma espécie de "breviário do anticonformismo", era um homem de sinceridade até desconcertante, em cujo espírito dominavam dois sentimentos, a compaixão pelos oprimidos e o desprezo pelos poderosos. Não era só um dos maiores estudiosos de seu campo. Tinha uma visão de mundo trágica, mas não desesperada. Dizia de si que tinha o espírito do oprimido, mas não a resignação. Desde quando o socialismo aparecera no mundo, não teve dúvida sobre qual deveria ser seu lado: um lado a que foi intelectualmente fiel até o fim. Encontrava-o muitas vezes, de noite, na casa dos condes Papafava dei Carraresi, em cujo palácio avoengo, na Via Marsala, morava. O dono da casa era o conde Novello, amigo de Gobetti, de quem publicara três livros, extraídos em grande parte dos artigos estampados na *Rivoluzione Liberale*.[11] Há tempos, delineei um retrato direto de Marchesi:

> De estatura pequena, quase frágil, mirada arguta em rosto triste, muitas vezes abespinhado, os olhos sutis, que entrecerrava frequentemente ao falar como para saborear a palavra que saía sempre precisa, medida e cortante, zigomas salientes e pequeno nariz aquilino que fazia pensar, como observou Leonida Repaci em perfil muito vivo, na efígie de uma medalha antiga; lábios longos e finos, cerrados, mas com o vinco amargo nos lados. Dava a impressão de grande compostura, mas era uma compostura conquistada através do domínio de uma natureza passional, agitada por rancores instintivos, por sacros furores, por cóleras magnânimas: sob a calma aparente, um mar sempre em tempestade. Nos raros momentos em que

---

11 *Badoglio a Caporetto* (1923), *Fissazioni liberali* (1924) e *Da Caporetto a Vittorio Veneto* (1925). Para mais notícias, veja a solenidade realizada em Pádua, em 8 jun. 1983, no décimo aniversário da morte, agora em *Italia fedele: il mondo di Gobetti*.

54 NORBERTO BOBBIO

abandonava a contenção, sua palavra se tornava candente, o gesto excitado, a força que emanava de sua pessoa irresistível: solene e terrível como um nume irado. Estava com ele na reitoria no dia em que pela primeira vez os fascistas e a polícia informaram que entrariam no Palácio del Bo para uma busca: levantou-se subitamente da cadeira, pronunciou com tanta veemência seu repúdio que ninguém ousou dizer nada, e os fascistas ficaram do lado de fora.[12]

Meneghetti, condecorado com quatro medalhas de mérito militar na Grande Guerra, das quais duas no campo de batalha, era um espírito livre moral e intelectualmente, *"naturaliter* antifascista".[13] Em 16 de dezembro de 1943, sua mulher, Maria, e a única filha, Lina, morreram em um bombardeio sobre Pádua, abraçadas uma à outra e sepultadas pelos destroços de uma explosão. Desde então, para ele, a vida não contou mais a não ser para dedicá-la à luta contra o fascismo.

Soube dar um novo significado à vida, entregando-se sem trégua e com uma coragem que beirava a imprudência àquela luta sem quartel e sem piedade. Dirigiu o partido em que militava, foi a alma e o braço do Comitê de Libertação vêneto e do Comando Militar. Não houve ação guerrilheira, na cidade ou em campo aberto, que não estivesse relacionada a ele e a seus mais próximos colaboradores.

[...] Foi detido em 7 de janeiro de 1945, quando a trama preparada para o novo aniversário do 8 de fevereiro era iminente:[14] um disco, colocado no telhado da universidade, difundiria uma proclamação escrita pelo próprio Meneghetti com um tema ritmicamente repetido: "A universidade não se dobra". Depois da detenção,

---

12 Cf. *Resistenza*, XVIII, n.1, p.5.
13 Cf. a cerimônia em memória de Egidio Meneghetti no *Annuario dell'Università di Padova per l'anno accademico 1984-85.*
14 Data comemorativa de um episódio do Risorgimento, a saber, uma insurreição estudantil em Pádua, em 1848, contra o império austro-húngaro. (N. T.)

levam-no até o Palácio Giusti à presença do comandante Carità, que o recebe dando-lhe duas bofetadas e faz que seus esbirros o submetam nos dias seguintes a diversos tipos de tortura. Ao chegar, vê Pighin em uma maca, exangue, moribundo. Carità grita para ele em tom triunfante: "Aí está seu amigo Renato". A descrição das sevícias é fria, distante, em estilo burocrático: "Fui golpeado com muitos murros e muitos chutes: daí me adveio um descolamento parcial da retina do olho esquerdo".

[No *lager* de Bolzano] não o encerraram no bloco em que estavam os prisioneiros chegados havia mais tempo, mas nas celas mais escuras e estreitas, que ele descreve em uma de suas poesias mais famosas: celas onde "não se vê nada" e uma pequena abertura "filtrar quase não deixa/ um pouco de luz". Entre elas, a mais tenebrosa é a cela negra, a *schwarze Zelle*, em que não existe sequer o pequeno respiradouro e da qual saem os dilacerantes gritos contínuos, obsessivos dos condenados, vítimas dos cruéis guardas ucranianos, Missa e Oto, que aparecem na mesma poesia, enquanto cantam e lançam na padiola a pequena judia, "a judiazinha", vítima de suas torturas: "*Heiliges Judenschwein/ ora pro nobis*". Depois de algum tempo, foi libertado da cela e, como médico, designado para a enfermaria.[15]

Em outubro de 1942, participei da fundação da seção vêneta do Partido de Ação. A reunião, clandestina, realizou-se em Treviso, no escritório do advogado Leopoldo Ramanzini, de família antifascista, prefeito de Treviso depois da Libertação. Estava presente Ugo La Malfa, que não era um liberal-socialista, mas um democrata radical na tradição de Giovanni Amendola. Era o único entre nós a ter participado da vida política pré-fascista. Eu representava o grupo paduano, com Luigi Cosattini (do qual falo mais à frente). Com o nascimento do Partido de Ação, a escolha antifascista torna-se um

---

15 Cf. *Annuario dell'Università di Padova per l'anno accademico 1984-85*. Meneghetti morreu em 1961. Uma coletânea de seus escritos e das poesias dialetais foi publicada por Neri Pozza com o título *Poesie e prose*.

compromisso político sério: um compromisso civil. La Malfa tinha vindo de Milão para expor o programa e nos dar instruções sobre as ligações que deveríamos manter com os outros núcleos do novo partido. Era preciso reforçar a rede para que tivéssemos uma organização clandestina, que até então só os comunistas tinham. Na volta, Cosattini me disse: "Parece-me que se começa a fazer algo a sério". Estávamos conscientes de ter realizado um passo decisivo e de que viria o momento de assumir responsabilidades mais graves. Não se podia continuar a falar e não agir.

O Instituto de Filosofia do Direito, onde eu tinha como assistente Enrico Opocher, era considerado uma zona franca. No edifício novo da universidade, ao lado daquele histórico, o famoso Palácio del Bo, entravam todo dia centenas de estudantes. Havendo um vaivém constante, podia-se tranquilamente entrar por uma porta e sair por outra sem levantar suspeitas. Tínhamos um funcionário confiável: sabia muito bem que todas as pessoas que vinham nos encontrar não eram só professores e estudantes. Difícil dar a ideia de qual era, em 1942-1943, a intensificação dos encontros para compor uma rede de ligação entre militantes antifascistas. Naturalmente, a polícia também estava a par disso. O que não sei, e gostaria de saber, é o que está escrito nos arquivos da polícia paduana a meu respeito. Ainda não tinha casado e me hospedava no Hotel Regina (que agora não existe mais). Depois da Libertação, o porteiro do hotel me perguntou: "Mas, professor, o que é que o senhor aprontava, que, depois de sua chegada, toda vez vinha alguém da polícia pedindo informação?". (Conservo um recorte do *Bò*, jornal da universidade, que na rubrica "Campana del Bò" publicou esta notinha: "Uma pergunta: o prof. Norberto Bobbio de nossa Universidade está inscrito no Partido? E por que, então, durante as aulas jamais porta o distintivo? Mas pode-se saber, por favor, por que não porta o distintivo?"). Todavia, nossas aulas eram livres: dividi meu último curso em três partes, dedicadas respectivamente aos temas da justiça, da liberdade, da democracia: uma breve história do liberalismo, partindo das declarações de direitos do final do século XVIII, e uma breve história das doutrinas socialistas, para

AUTOBIOGRAFIA 57

concluir que a sociedade perfeita deveria inspirar-se na síntese de ambas as ideologias e realizar-se na forma de governo democrática, da qual tinha então (como explicarei melhor mais à frente) uma concepção personalista. De fato, um aluno meu da época, que mais tarde se tornou conhecido político, me disse em um encontro de muitos anos depois que entre os estudantes se dizia que eu ensinava o programa do Partido de Ação.

Na primavera de 1943, quando já se compreendia que o desastre estava próximo, tive um incidente. O dirigente da federação partidária de Pádua, livre-docente de Direito Agrário, teve a ideia, não sua, acredito, mas imposta de cima, de convidar todos os professores da universidade para a cerimônia em que se dedicaria uma lâmpada votiva ao mausoléu da revolução fascista no cemitério da cidade. Era um modo de "mobilizar", como se dizia, um gesto simbólico, propiciatório para a vitória. A iniciativa, naturalmente, provocou confusão. Os docentes fascistas (poucos, para dizer a verdade) tentavam convencer os outros a aderir, usando o mesmo argumento da pátria em perigo que inspirará o "Discurso aos italianos", de Giovanni Gentile, no Campidoglio, em 24 de junho de 1943. Depois de dias de discussão, todos aceitaram participar da cerimônia; os únicos dois que se recusaram fomos Aldo Ferrabino, conhecido professor de História Antiga, e eu. Em minha sala, consequentemente, houve um desfile de colegas que tentavam me persuadir a desistir de tal recusa. Recordo o diretor, professor de Estatística, uma pessoa querida e serena, um velho cavalheiro: "Caro Bobbio, faça-me um favor. Um favor pessoal. Em um ano isso termina". A recusa teve consequências. O reitor, arqueólogo famoso, fascista convicto, me chamou e disse que devia me denunciar. Diante do dirigente da federação justificara a recusa argumentando que, sendo a cerimônia religiosa, não condizia com um leigo como eu. Fosse como fosse, fui denunciado. Para minha sorte, o ministro da Educação Nacional não era mais Bottai, mas Carlo Alberto Biggini, constitucionalista da Universidade de Pisa, fascista convicto mas pessoa educada, que eu conhecia bem havia tempo, sendo mais ou menos de minha

58   NORBERTO BOBBIO

geração. Visivelmente embaraçado com a encrenca que lhe caíra no colo, cumpriu todos os passos formais contra mim, mas no final não tomou o procedimento de expulsão.

Em 27 de fevereiro de 1943, pediu-me explicações com uma carta seca, a que respondi com outra na qual fazia malabarismos para dar uma justificativa aceitável para minha recusa. Ele não se deu por achado e replicou ponto por ponto, ameaçando com o início do procedimento de suspensão da função universitária. Eis os documentos.[16]

Roma, 27 de fevereiro de 1943, ano XXI

Prof. Norberto Bobbio
Real Universidade de Pádua
Assunto: Iniciativa da Universidade de Pádua para a oferta de uma lâmpada votiva

Estou a par de que o senhor, convidado pelo reitor a subscrever uma moção com a qual o Ateneu Patavino oferece uma lâmpada votiva ao Mausoléu dos Mártires da Revolução e à conquista do Império, não considerou adequado aderir ao convite.

Desejo que me exponha os motivos que determinaram sua abstenção. Espero pronta resposta.

O Ministro

Pádua, 2/3/1943

Sr. Ministro
V. Exa. me convida a explicar a não adesão de minha parte à iniciativa tomada pelo reitor de nossa universidade de dedicar uma lâmpada votiva ao Mausoléu dos Mártires da Revolução. Ao manifestar ao diretor minha decisão, declarei-me espontanea-

---

16 Os originais das cartas do ministro e o rascunho da carta de Bobbio estão conservados, com outros documentos que se referem ao episódio, no arquivo pessoal de Bobbio.

AUTOBIOGRAFIA **59**

mente disposto a esclarecer os motivos de minha atitude. Por isso, sou-lhe grato por me dar a oportunidade de esclarecê-los diretamente a V. Exa.

Em um momento como este de grave tensão espiritual e moral para os cidadãos, chamados a cumprir o próprio dever de acordo com suas capacidades e funções, tive a impressão de que não seria adequado à elevada missão do Ateneu Patavino cumprir um gesto simbólico, de um simbolismo retórico e convencional, nem de que serviria para consolidar o prestígio da cultura italiana, sobretudo a acadêmica, no momento em que cada qual é convocado para o teste de seriedade e responsabilidade, assumir diante de uma multidão que sofre nos campos de batalha e de trabalho uma atitude de cômoda grandiloquência, em que o desejo de exibição era muito mais evidente do que a vontade de afirmar uma ideia.

Chamado a ensinar a Filosofia do Direito, que, como toda matéria filosófica, é antes de tudo uma disciplina ética que impregna a personalidade de quem a professa em sua totalidade e não admite cisões ou compromissos, senti que trairia o respeito que tenho pela cátedra que ocupo e a confiança que os estudantes depositam em mim, se desse minha adesão ao cumprimento de um gesto que, na forma mística de que se revestia, me parecia em conflito aberto com aquela cultura moderna que, como docente universitário, tenho o dever de representar e, como estudioso de Filosofia, professo.

Acrescento que, não se inserindo o fato de dar ou não essa adesão no cumprimento de meus deveres acadêmicos e não tendo sido jamais interpelado sobre a iniciativa a ser tomada, acreditei poder decidir segundo minha consciência depois de já decidida a iniciativa.

Norberto Bobbio

Roma, 12 de março de 1943, ano XXI

Assunto: Início dos procedimentos para a dispensa do serviço nos termos do artigo 276 do Texto Único (T. U.) das leis universitárias

60 NORBERTO BOBBIO

As razões pelo senhor aduzidas para explicar sua recusa de subscrever a moção com a qual essa Universidade ofereceu uma lâmpada votiva para o Mausoléu dos Mártires da Revolução e pela conquista do Império me pareceram inteiramente insuficientes.

O senhor afirma que em um momento, como o presente, "de grave tensão espiritual e moral para os cidadãos", teve a impressão "de que não seria adequado à elevada missão do Ateneu Patavino cumprir um gesto simbólico, de um simbolismo retórico e convencional". E acrescenta que não podia servir para consolidar o prestígio da cultura italiana, "no momento em que cada qual é convocado para *o teste de seriedade e responsabilidade*, assumir diante de uma multidão que sofre nos campos de batalha e de trabalho uma atitude de *cômoda grandiloquência*, em que o desejo de exibição era muito mais evidente do que a vontade de afirmar uma ideia".

Mas precisamente esta me parece ser a coisa mais grave de sua atitude: a saber, que o senhor pôde ver, em uma oferta à Pátria em armas, feita pelo glorioso Ateneu Patavino, não um gesto nobre e altamente simbólico, tal como era e continua a ser, mas um gesto de simbolismo retórico e convencional, um ato de pouca seriedade, um ato exibicionista de cômoda grandiloquência.

Com isso o senhor confirma a gravidade de sua recusa, em vez de explicar suas razões, porque me parece absolutamente incrível a interpretação que faz do patriótico gesto realizado pela Universidade de Pádua. Um ato de adesão é sempre um ato puramente subjetivo. Por isso, se no senhor tivesse sido puro e íntegro o sentimento que devia levá-lo a aderir à iniciativa, a iniciativa também lhe pareceria de todo digna da nobreza e da sinceridade daquele sentimento, e não poderia em seu espírito deformá-la até o ponto de vê-la como um gesto retórico e convencional.

A manifestação que fez – tanto mais grave por estar também inscrito no Partido – coloca-o em condições de incompatibilidade com as diretrizes políticas gerais do governo, e eu lhe comunico, portanto, que decidi iniciar, sem mais, os procedimentos para sua dispensa do serviço nos termos do art. 276 do T. U. das leis universitárias.

AUTOBIOGRAFIA   61

A partir da data de entrega da presente carta, atribuo-lhe o prazo de dez dias para a apresentação de suas eventuais contestações.

O Ministro

Não recordo a sequência. Neste meu caso foi emitido um suave decreto de transferência para a Universidade de Cagliari, contra o qual recorri. Passaram assim alguns meses, chegou-se ao 25 de julho e à queda de Mussolini. Não soube mais nada do procedimento punitivo. Biggini foi um dos sete membros do Grande Conselho a votar contra a Ordem do Dia de Grandi, pois era mussoliniano de antiga fé. O *Duce* o premiou, nomeando-o ministro da Educação Nacional no novo governo da República de Salò. Chegou a Pádua, escolhida como sede do ministério, em fins de 1943. Muitas coisas mudaram depois de 8 de setembro. A atividade clandestina era muito mais intensa. Devíamos manter contatos com os primeiros grupos guerrilheiros e se formavam, também em Pádua, núcleos de *gappisti*.[17] Biggini tomou posse de seu cargo, em Pádua, com a mesma intenção manifestada por Gentile em seus discursos daquele período: nós estamos aqui em nome da pacificação nacional, estamos aqui para que os italianos não se estraçalhem entre si. Como gesto de pacificação simbólica, a primeira pessoa que chamou para conversar foi um opositor, Concetto Marchesi, nomeado reitor depois de 25 de julho. Em seguida quis encontrar outros docentes, entre os quais Carlo Esposito, conhecido constitucionalista, e a mim. Naquela ocasião, prometeu que não restabeleceria o juramento de fidelidade ao regime, uma promessa que manteve. Confidenciou-me: "Você sabe que pertenço a uma velha família socialista, como Mussolini". Foi uma conversa cordial. Tive a impressão de que percebia que tudo já estava se precipitando e tentava um *modus vivendi* com os adversários. Revela-se, a partir da biografia que lhe dedicou

---

17 Membros dos Grupos de Ação Patriótica, ativos na Resistência antifascista. (N. T.)

62 NORBERTO BOBBIO

o jornalista Luciano Garibaldi, que aceitara o cargo de ministro sem muita convicção, por uma espécie de fidelidade devida ao *Duce*.[18] Quando, em seguida, poucos dias após a conversa, fui detido, em 6 de dezembro, e encarcerado em Verona, minha mulher o procurou para ver se podia mandar soltar-me. Biggini pegou no telefone e chamou o prefeito de Verona,[19] mas a impressão de Valeria foi que não lhe deram nenhuma atenção. Tanto que Biggini disse ao telefone: "O ministro da Educação Nacional, a que Bobbio está subordinado, sou eu ou é o senhor?". Dou um pequeno passo atrás: havia me casado em 28 de abril de 1943, em Turim. Conhecia Valeria dos tempos de estudante no mesmo Liceu D'Azeglio. Fazia parte de nosso círculo, com a irmã Luciana, que esposara Roberto Ago, conhecido professor de Direito Internacional, duas vezes membro da Corte de Justiça de Haia. O pai era o professor Cova, catedrático de Ginecologia, natural de Vergiate, na província de Varese, tendo vindo de Palermo para Turim em 1931. Valeria conservou uma belíssima recordação da Sicília e de seus anos sicilianos. Ago e eu conhecemos juntos as duas irmãs Cova. Em dezembro de 1935, fomos, nós quatro, esquiar em Cervinia, que ainda chamávamos Breuil. Subia-se a pé a partir de Valtournanche, porque já havia a estrada, mas no inverno não era desobstruída da neve. Valeria, então, tinha 17 anos. Quando nos casamos, ainda não sabia o desfecho da denúncia por não ter participado da manifestação dos professores paduanos. Temendo perder o posto e o salário, dirigi-me a Giulio Einaudi para saber se poderia ter emprego fixo. Colaborador da editora desde o início (1934), em 1941 tinha aparecido meu primeiro volume einaudiano, a edição crítica da *Cidade do sol*, de Tommaso Campanella, na então co-

---

18 Cf. Garibaldi, *Vita e diari di Carlo Alberto Biggini*.

19 Aqui e em outros casos que o contexto esclarece, o "prefeito" não é um autoridade à frente de um município, mas o funcionário do governo central no âmbito de uma província, estruturada em torno de cidades-polo, como Verona ou Pádua. A "prefeitura" tem múltiplas atribuições administrativas, inclusive no âmbito da segurança pública, e está subordinada ao Ministério do Interior. (N. T.)

AUTOBIOGRAFIA   63

nhecida "Nova Coleção de Clássicos Italianos Anotados", dirigida
secretamente, por interdição devida às leis raciais, por nosso professor de Filologia Românica, Santorre Debenedetti. Em 1943, idea-
lizei a "Biblioteca de Cultura Filosófica", que só terá início após a
guerra, em 1945, e com Antonio Giolitti a "Biblioteca de Cultura
Jurídica", que terá vida bastante incerta. O ano de 1943, precisamente, foi aquele em que meu empenho na editora aumentou na
previsão do iminente e já definido pós-fascismo.[20]
   A queda do fascismo, em 25 de julho, me surpreendeu no
campo, em Rivalta Bormida. Recordo que no dia seguinte tive de
partir, logo de manhã, porque me esperava uma sessão de exames.
Devia ir de ônibus até Alexandria, onde pegaria o trem para chegar a Pádua. Não sabia nada do que acontecera na noite anterior.
Tive as primeiras informações confusas quando cheguei à praça da
aldeia para pegar o ônibus. Depois, do trem, vi ao longo do percurso, em cada estação, as primeiras manifestações da multidão exul-
tante. Decidi, por isso, descer em Milão para ir até uma das sedes
clandestinas dos *azionisti*, o escritório do advogado Adolfo Tino, e
obter um relato preciso dos acontecimentos. Recolhi algumas observações sobre aquele dia histórico. Achei esses apontamentos
entre meus velhos papéis. Por prudência, escondi sob pseudônimos
a identidade das pessoas que encontrei.

26 de julho de 1943

Chego a Milão às dez. No trem, alegria contida da maioria. Atitude calma e prudente. No corredor, pequenos grupos de burgueses e militares que comentam o acontecimento. A nova situação é
recebida favoravelmente por todos; mas as falas denotam a deso-
rientação e a imaturidade política da burguesia italiana. Revela-
-se irresistível, porém, o sentimento de libertação de um jugo mal
suportado. Ao nos aproximarmos de Milão, assistimos às primei-

---

20 Para maiores detalhes, cf. o testemunho de Bobbio, Una vecchia amicizia. In:
   Carbone (org.), *Le virtù del politico*, p.31-6.

ras manifestações da multidão nas ruas. Operários parados diante das fábricas. Diante dos portões das casas, grupos de mulheres e crianças que desfraldam bandeiras tricolores. À passagem do trem se agitam braços e lenços em sinal de júbilo. Há um ar de festa por toda parte. Um menino no meio de um campo agita um pedaço de pau com farrapo vermelho. Um ferroviário também agita de propósito a bandeirinha vermelha dos sinais e ri, voltado para os viajantes que se debruçam nas janelas.

Em Milão, diante da estação, chegaram dois ônibus cheios de soldados, que descem e se alinham na entrada. Os bondes estão parados. Vou a pé para o Centro. Não passeatas, mas grupos de dez, vinte pessoas, homens e mulheres juntos, passam na rua a pé, de bicicleta ou em camionetes, adornados com bandeiras, aclamando Badoglio e a paz. De uma garagem sai um operário, de macacão, seguido por dois ou três rapazes exaltados: tem um distintivo vermelho no peito e embaixo um pequeno impresso com os dizeres: Viva a Itália, viva Matteotti. Traz na mão um pedaço de pau, mas não tem ar ameaçador: lança saborosos impropérios contra o ditador, e as pessoas riem. Subitamente dele se aproxima um subtenente aviador, o qual, com o ar de quem dá uma lição, lhe diz que aquela fita vermelha no peito não é a bandeira italiana. O operário grita de modo desembaraçado: "Viva a Itália socialista". Operário e subtenente caminham um pouco lado a lado, sem se falarem. Em seguida, o operário se afasta: mas, no fundo, nem um nem outro têm vontade de discutir.

Começam as primeiras pichações nos muros e nas portas de aço: "Recompensa para quem encontrar um fascista". No negócio de um açougueiro: "*Duce*: miúdos". Por toda parte: "Abaixo o ex-*Duce*, viva o Rei". Na Praça Cavour, diante do *Popolo d'Italia*, soldados que acampam e pessoas excitadas que se aglomeram.

No escritório do advogado Camaino: encontro já reunidos o advogado e o engenheiro, com Camaino. Sento-me e escuto as novidades. Partido Comunista e Partido Socialista, com o Partido de Ação, decidiram redigir um manifesto comum para exortar as massas a exercer a máxima vigilância no momento crucial e a não

Figura 1. Caricatura de Norberto Bobbio, obra de Ugo Borgogno, colega de liceu (1927).

Figura 2. Bobbio (terceiro a partir da esquerda), junto do irmão Antonio, com os primos Norberto e Luigi Caviglia, em Rivalta Bormida, no pátio da velha casa de família (verão de 1916).

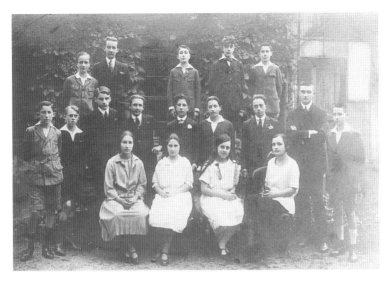

Figura 3. Quinta série ginasial no Liceu D'Azeglio, ano letivo de 1923-1924. Bobbio é o terceiro a partir da esquerda, na segunda fila. O primeiro no alto, à esquerda, é Ugo Borgogno, o penúltimo na mesma fila é Giorgio Agosti.

Figura 4. Na varanda da casa de Rivalta com Leone Ginzburg, segundo a partir da esquerda, em pé. Bobbio é o quinto na mesma fila (fim dos anos 1920).

Figura 5. Bobbio com os primos Norberto e Bicetta, trajados com velhas roupas de família, em Rivalta (out. 1928).

Figura 6. Em Zoagli, hóspedes do professor Zini no verão de 1933. Em primeiro plano, Franco Antonicelli, atrás dele Bobbio.

Figura 7. Desenho de Renato Guttuso que documenta uma das primeiras reuniões clandestinas do movimento liberal-socialista, na vila de Umberto Morra, perto de Cortona (Meteliano), em 1939. A partir da esquerda, Bobbio, Luporini, Capitini, Morra. Embaixo: Calogero e a nuca de Guttuso.

Figura 8. Casamento de Bobbio com Valeria Cova, na Igreja de São Carlos, em Turim, 28 de abril de 1943.

Figura 9. Com o primogênito Luigi, nascido em 16 de março de 1944.

Figura 10. Com Guido Calogero, nos Rencontres Internationales de Genève (set. 1953).

Figura 11. Uma imagem da viagem à Inglaterra (nov.-dez. 1945). O segundo à direita de Bobbio é Roberto Ago. O segundo à esquerda é o professor Mario Sarfatti, exilado na Inglaterra e guia do grupo.

Figura 12. Viagem à China. Hang-chow, túmulo do herói We-Fe (out. 1955).

Figura 13. I Congresso do Centro Nacional do Livro Popular, em Turim, em 30 out. 1950. À esquerda de Bobbio, Augusto Monti. Entre os dois, vê-se Diego Novelli.

Figura 14. Na Marcha da Paz, em 24 set. 1961, com Fausto Amodei.

Figura 15. Na seção italiana da Bertrand Russell Peace Foundation, com Joyce Lussu (Roma, 2 out. 1965).

Figura 16. Com Ada Gobetti e Franco Antonicelli, por ocasião da visita do presidente Saragat (de costas) ao Centro Gobetti (Turim, mar. 1966).

Figura 17. Com Valeria e o netinho Marco, na casa de Via Sacchi, em 24 jun. 1978, quando se falava da candidatura de Bobbio à presidência da República. Afinal foi eleito Sandro Pertini. © Foto de Paola Agosti/Ag. SIE.

Figura 18. Em casa com Valeria, maio 1986.

Figura 19. Faixa com que os estudantes da Faculdade de Direito de Valparaíso (Chile) receberam Bobbio, convidado a dar uma palestra sobre democracia, em 29 abr. 1986, ainda sob o regime de Pinochet.

Figura 20. Os 80 anos de Vittorio Foa, com Natalia Ginzburg (Barolo, 4 out. 1990).

Figura 21. Na abertura do ano acadêmico 1992-1993 da Universidade de Turim. © Foto de Sergio Solavaggione/ Reporters para o *La Stampa*.

Figura 22. Com Alessandro Galante Garrone, na editora Einaudi, em 19 out. 1996, por ocasião da apresentação de *O tempo da memória*. © Foto de Enrico Deangelis/ Reporters para o La Stampa.

Figura 23. Por ocasião das bodas de ouro de Valeria e Norberto (Pino Torinese, 28 abr. 1993), todo o grupo familiar. Em pé, a partir da esquerda: Marco pai, Nicoletta, Luigi, com a mão no ombro de Emanuele, Marco filho, Simone. Na segunda fila: Patrizia, Federico, Valeria, Norberto, Tommaso, Cia. Em primeiro plano, Andrea.

Figura 24. Um instantâneo de 1996. © Foto de Leonardo Cendamo/Ag. Grazia Neri.

permitir uma deriva para a reação. Enquanto estamos redigindo [o engenheiro escreve] o manifesto, chega primeiro o representante de Novara, depois o representante dos comunistas, A filho de A. Telefonam-nos que também no escritório de Fogazzaro há uma reunião: convidam-se os presentes a vir até nós. Enquanto isso, chegam outros, entre os quais o sr. Baruffa, velhote magro, pequeno, que nos descreve sua fala à multidão na Praça do Duomo: é socialista. Também intervém um oficial com o distintivo da campanha da Rússia: é um editor que coloca à disposição as máquinas para imprimir o manifesto. O grupo aumenta, desta vez são os socialistas: Asso B, olhos vivos, temperamento nervoso, homem de fé e de ação. A cada nova intervenção, recomeça-se a discutir os dois manifestos, o nosso e o de A filho de A: embora substancialmente não dessemelhantes, é muito difícil conciliá-los. Nós queremos exortar as massas à vigilância; os outros, à continuação das manifestações, greves etc. Por fim, chega o grupo que estava reunido no escritório de Fogazzaro. Fogazzaro em pessoa, a quem alguns – apesar do ambiente e das circunstâncias – fazem salamaleques. Depois, entre outros, o respeitado representante dos democratas católicos. A discussão sobre os manifestos se reacende: altercação entre Fogazzaro e Camaino sobre o valor a ser atribuído ao golpe de Estado de Badoglio, proposta do católico de uma nova redação do manifesto. Depois de barulhento e caótico cruzamento de falas, propõe-se que a redação do manifesto seja confiada a um comitê com um representante de todos os partidos. Eu me afasto. Quando o manifesto voltou, já está datilografado. O início é de A filho de A; a parte do meio, do católico; a última, do Pd'A. E todos o assinaram.

O advogado Camaino era o advogado Adolfo Tino, conhecido expoente do Partido de Ação, nome de guerra Vesúvio. A filho de A era naturalmente Giorgio Amendola, filho de Giovanni. Fogazzaro estava por Tommaso Fulco Gallarati Scotti, escritor católico de família patrícia, que em 1920 publicara *Vita di A. Fogazzaro*. Asso B era o anagrama de Basso (Lelio). O verdadeiro nome de Baruffa era

66 NORBERTO BOBBIO

Veratti. O "respeitado representante dos democratas católicos" era Stefano Iacini. Aquela reunião foi descrita também em uma página de *Lettere a Milano* [Cartas a Milão], de Giorgio Amendola, na qual narra que não participou das manifestações organizadas nas praças porque tinha de manter contato com os representantes dos partidos antifascistas:

> Passei, no entanto, três longas horas no escritório do advogado Tino, onde foi decidida a constituição de um comitê de coordenação das oposições antifascistas e aprovado o texto de um apelo que continha os pontos essenciais da posição elaborada por nossa direção. Estavam presentes Parri e Lombardi pelo Partido de Ação, Basso pelo Movimento de Unidade Proletária, Veratti pelo PSI, Iacini e Gallarati Scotti pelos católicos, Arpesani pelos liberais. Também veio o companheiro Grilli, que havia tempos já mantinha contatos úteis com os vários grupos antifascistas. E, afinal, toda uma multidão de pessoas que davam àquela reunião um verdadeiro caráter de massa. Aquele acordo, que por meses procuráramos pacientemente e a cuja necessidade cada partido opusera suas precondições e preocupações, agora era alcançado em poucas horas e todas as dificuldades eram superadas com entusiasmo. E assinava-se esse acordo precisamente no escritório do advogado Tino, onde poucos dias antes o amigo antifascista reapresentara as precondições republicanas, contrárias a uma aliança com os liberais, e as precondições ideológicas contrárias à aliança com os comunistas. Falei várias vezes naquela reunião e preparei o esboço do documento que depois foi aprovado, com pequenas modificações.[21]

Passei aquele verão badogliano repleto de incertezas entre Turim e os lugares de férias, na montanha, em Dejoz, em Valtournanche, na companhia de Federico Chabod e sua mulher (e o cão), e em nossa casa de família em Rivalta Bormida. Interrompi por dois dias as férias em Val d'Aosta, porque fui convidado por Concetto

---

21 Amendola, *Lettere a Milano*, p.115-6.

AUTOBIOGRAFIA 67

Marchesi a um encontro com um representante da editora Principato (de Messina) para projetar novas coleções destinadas aos estudantes da futura Itália democrática. Cheguei a Milão, uma cidade deserta, alguns dias depois de terríveis bombardeios. Em Turim, retomei o contato com os velhos amigos. Fui me encontrar com Vittorio Foa, egresso do cárcere, que estava com os pais, refugiados em Cordova, uma aldeiazinha na colina, abaixo de Superga. Falamos das perspectivas do Partido de Ação. Vi que Foa, recordando o encontro em seu belo livro *Il cavallo e la torre* [O cavalo e a torre], escreve que eu pensava no Partido de Ação "como instrumento de uma democracia rica em elementos socialistas".[22] Em 8 de setembro, estava em Rivalta Bormida. Ouvimos disparos distantes, na direção de Acqui. Na abertura do ano acadêmico voltei para minha cátedra na Universidade de Pádua. Ajeitamo-nos, Valeria e eu, na casa gentilmente posta à disposição por um colega evacuado, o constitucionalista Carlo Esposito. Almoçávamos no Hotel Regina. Depois da detenção, minha mulher foi a meu encontro na prisão de Verona, mas, como estava só, jovem esposa, grávida, todos insistimos para que voltasse a Turim.

Fui detido em Pádua na manhã de 6 de dezembro de 1943. Recluso no quartel da polícia *repubblichina* e, depois, no cárcere de Scalzi, em Verona, fui liberado no final de fevereiro. Duas semanas após sair do cárcere, em 16 de março de 1944, em Turim, nascia Luigi, meu primogênito. A prefeitura de Pádua comunicara a detenção ocorrida à Direção Geral de Segurança Pública do Ministério do Interior, com a data de 13 de dezembro de 1943, XXII da Era Fascista, mediante uma carta agora no Arquivo de Estado:

ASSUNTO: Bobbio, Prof. Norberto, filho de Luigi, nascido em Turim, em 18 out. 1909, ex-alvo de advertência política.

Em 6 do corrente, por determinação do Comando da Milícia de Verona, este Comissário Federal procedeu à detenção e ao acompanhamento até aquela cidade, para verificação de natureza política

---

22 Foa, *Il cavallo e la torre*, p.128.

68 NORBERTO BOBBIO

ali em curso, do professor acima indicado, professor de Filosofia do Direito na Universidade de Pádua.

O prof. Bobbio, que foi apontado como participante de uma associação secreta antifascista intitulada "Comitê de Ação para a Liberdade da Itália", permaneceu naquela cidade em estado de detenção.

O Chefe da Província[23]

Bobbio talvez tivesse podido evitar a detenção. Um estudante seu da Faculdade de Letras, que se tornaria conhecido como diretor teatral, Gianfranco De Bosio, veronês, soubera que estavam prestes a prender o professor. Correu para avisá-lo na própria manhã da detenção: "Bobbio me olhou com maus olhos, desconfiou muito daquele estúpido rapazinho universitário, primeiranista, e se deixou prender. Toda vez que nos vemos, voltamos a falar deste episódio que eu talvez não tenha encaminhado bem, deveria ter dado a notícia de modo mais sério, daquele jeito quase o espantei".[24] O jovem De Bosio tinha contato com grupos antifascistas e pouco depois entrará no GAP de Otello Pighin, medalha de ouro da Resistência, assassinado pelo bando de Carità; a tal experiência dedicou *O terrorista*, um dos filmes sobre a Resistência mais eficazes e políticos. Mas Bobbio não subestimara a informação.

Recordo bem que De Bosio veio avisar-me do perigo no Hotel Regina: um dos jovens do Partido de Ação, aluno nosso, que estava subordinado ao advogado Giuseppe Tommasi, de Verona, preso com o mesmo advogado e outros do grupo, confessara, entre outras coisas, que Tommasi havia marcado um encontro comigo em Pádua para estabelecer um contato direto entre as duas cidades e, portanto, me apontara como um dos responsáveis pelo Comitê de Libertação paduense, que se havia constituído desde outubro. Não que eu não tivesse levado a sério o aviso. Mas não podia fugir ime-

---

23 Uma cópia da carta foi enviada a Bobbio em 1993 por Angelo Ventura, da Universidade de Pádua, que encontrou o documento casualmente, pesquisando no Arquivo Central do Estado em Roma.

24 Cf. entrevista de De Bosio, em *Memoria, mito, storia*, p.70.

AUTOBIOGRAFIA 69

diatamente, devendo eliminar documentos comprometedores que escondera na gaveta de minha escrivaninha na universidade, em particular um relatório que mandara Antonio Giuriolo, de Vicenza, professor de liceu, herói da Resistência, que já constituíra um grupo. Pensei em resolver essa questão e fugir à tarde. Mas o novo comissário federal, um capitão da milícia, toscano, o qual substituíra o anterior desaparecido depois de 25 de julho, compareceu ao meio-dia ao Hotel Regina enquanto eu almoçava com Valeria. Foi muito gentil: "Caro professor, devemos fazer uma averiguação sobre o senhor". Não pensava que fossem chegar tão cedo. Levou-me até seu carro, permitiu que passasse em casa para pegar alguns livros e, dirigindo pessoalmente, me acompanhou até Verona. Durante a viagem, entretivemo-nos em uma discussão política. Disse-me, entre outras coisas, que seus verdadeiros inimigos não éramos nós, antifascistas, mas os hierarcas que haviam traído. Levaram-me a uma escola usada como caserna, perto de Porta Vescovo, confiada a quem comandaria o pelotão de execução de Ciano, De Bono e os outros ex-hierarcas condenados à morte no processo de Verona de janeiro de 1944. Fiquei como prisioneiro irregular da nova polícia fascista por cerca de um mês. Depois me transferiram para o cárcere chamado Scalzi, na cela número 13. Na cela, éramos oito. Fui alvo de interrogatórios, até duros, mas nenhum processo. Em meados de fevereiro, veio um comissário de Roma para conduzir um interrogatório regular, depois que um dos dois primeiros interrogadores da improvisada polícia federal foi ele próprio detido por divergências internas. Do registro do interrogatório datado de 15 de fevereiro de 1944, cuja cópia recebi recentemente de um dos corréus e que esquecera completamente, vê-se que, à pergunta sobre minhas relações com Concetto Marchesi, respondi: "Com o reitor da Universidade de Pádua nunca tive conversas de natureza política. Todos sabíamos que ele sempre fora comunista, mas um comunista idealista, que se dedicava à doutrina pelo bem da humanidade, mais do que qualquer outra coisa".

No início de novembro, Marchesi deu início ao ano acadêmico com um gesto de hostilidade: não convidou ninguém, entre as

70 NORBERTO BOBBIO

autoridades nazistas e fascistas, a assistir à cerimônia, e afastou os milicianos que tentavam perturbá-la. Grande orador, pronunciou uma alocução que contém uma imagem memorável da universidade: "Aqui dentro congrega-se o que não pode ser destruído". No final de novembro, demitiu-se e preparou-se para fugir. Evadiu-se precisamente alguns dias após minha detenção, fazendo difundir à noite em todos os locais da universidade um apelo à luta. Quem se encarregou da distribuição de seu apelo foram os estudantes. Imagine-se a ira dos fascistas. Um hierarca logo veio me interrogar: "Soube?". Respondi que não: "Não sei de nada". Mas sabia muito bem. Marchesi lera sua mensagem alguns dias antes na casa de uma aluna sua. Eu estava presente. Então me disseram: "O senhor não sairá vivo de nossas mãos se não disser onde Marchesi foi parar". Mas não insistiram. A partir de então me deixaram em paz. Fui transferido no final do mês para o cárcere judiciário da cidade, como já disse.[25]

Os últimos dois capítulos de *Italia civile* são dedicados a outros dois personagens do período paduense: Luigi Cosattini, que participou da reunião formadora do Partido de Ação, e Antonio Giuriolo, que citei ao evocar as circunstâncias em que aconteceu minha detenção.

Cosattini, quatro anos mais jovem do que eu, filho de um velho deputado socialista (prefeito de Udine depois da Libertação), era um brilhante estudioso de Direito Civil:

> Sua carreira universitária se encaminharia com passo rápido para a conclusão natural se, nesse meio-tempo, não tivesse eclodido a guerra. E a guerra, esta guerra em particular, punha aos jovens problemas diante dos quais não podiam fechar os olhos e, sobre-

---

25 O episódio é narrado detalhadamente no opúsculo escrito por Bobbio no quinquagésimo aniversário, *Per la libertà. A 50 anni dall'appello del rettore Concetto Marchesi*, publicado pelo jornal *Il Mattino*, de Pádua, 9 nov. 1993. O opúsculo contém ainda o discurso de abertura do ano acadêmico 1943-1944 e a famosa mensagem aos estudantes de Marchesi.

AUTOBIOGRAFIA **71**

tudo, não se podia fazer calar a voz da própria consciência. Qual era o significado desta guerra que se estava combatendo? Por que se combatia? O que se deveria fazer quando a guerra terminasse, seja lá como terminasse? Mas, infelizmente, os acontecimentos bélicos já no final de 1942 deixavam entrever, a quem não estivesse cego pelo fanatismo ou adormecido pela propaganda, como a guerra terminaria para nós.

[...] Valendo-se das ocasiões de viagem que lhe eram oferecidas pelo cargo de professor na Universidade de Trieste e pelo de Urbino que ainda mantinha, a partir da residência de sua família em Udine e de seus contatos com Pádua desenvolveu contínua, eficaz e intrépida atividade de ligação entre os vários grupos de ação clandestina. Talvez tenha sido temerário demais; julgava estar bem coberto pelas razões, diríamos assim, "oficiais" de suas viagens [...]. Procurado e seguido, foi detido pela polícia alemã em Udine, quando estava para regressar a casa, e transportado para o cárcere de Trieste. Havia poucos dias participara em Veneza de uma reunião do Comitê Vêneto de Libertação.

[...] Ainda que tornado impotente e fragilizado pela supressão da liberdade, só e abandonado em meio a seus inimigos, jamais perdeu, nem por um átimo, aquela íntima força moral que o impedia de fazer gestos contrários aos imperativos da consciência. Poderia mentir, esconder o próprio ser ou, pelo menos, atenuar a própria responsabilidade. Não quis; desafiou os acusadores, dizendo toda a verdade. Declarou-se feliz por pertencer ao Partido de Ação e lançou abertamente na cara dos alemães a acusação de serem opressores e bárbaros. Quatro meses depois, em 21 de junho, foi deportado para a Alemanha. O comboio dos deportados passou por Udine, sua cidade natal [...]. Luigi conseguiu avisar os seus e pôde abraçar novamente o pai e a irmã.[26]

Deportado para Buchenwald e, em seguida, para Aschersleben, Luigi Cosattini desapareceu nas jornadas convulsas que pre-

---

26 Bobbio, *Italia civile*, p.275-81.

72 NORBERTO BOBBIO

cederam o colapso do Reich. Evacuado seu campo por causa da aproximação das forças aliadas, constrangido a uma absurda marcha forçada, enquanto as próprias SS se desfazem, condenado à morte por uma tentativa de evasão, foge à noite de uma fábrica onde fora encerrado com outros prisioneiros. A partir daquele momento não se sabe mais nada dele, engolido pelos detritos de um exército derrotado.

Uma reunião de liberal-socialistas em Pádua, em 1941, foi a ocasião do encontro com Giuriolo, também ele três anos mais jovem, autor de ensaios sobre Henry Becque e Antonio Fogazzaro:

> Em meu instituto, nós dois, sentados eu em minha mesa, ele na poltrona ao lado, mantínhamos longas conversas. Falava-se de política, mas não exclusivamente de política. Eram projetos, a julgá-los com os olhos de hoje, terrivelmente ingênuos. No entanto, naquelas conversas se temperava a arma mais forte para a luta que viria depois, a arma sem a qual não há luta que, obstinada, perdure, sem a qual, vitoriosos, enfraquecemo-nos e, vencidos, cedemos: refiro-me à arma do desprezo moral contra a injustiça e a opressão.
>
> Íamos habitualmente a Arzignano, em grupos de quatro ou cinco; de trem até Vicenza; depois, o trenzinho para a estação ao lado; e, ainda, uma breve caminhada na subida até o castelo. Lá em cima desfrutávamos da liberdade daquela solidão, em meio aos vinhedos, na colina da qual se via grande parte do campo vicentino, longe de qualquer olhar indiscreto. Sentávamos costumeiramente sob a latada, e Toni começava a trazer da adega garrafas com nomes de vinhos famosos e nos explicava com o amor e o orgulho de inventor o sentido, o segredo, o símbolo daquelas cores, daqueles sabores. E, em seguida, discussões intermináveis: desfazia-se e reconstruía-se o mundo. Estávamos convencidos, então, de que cabia a nós, à nossa geração, aos ideais que representávamos, fazer a história.
>
> [...] Não há nada além disso, amigos: um homem que escutou a voz da própria consciência que lhe ditava combater em nome daquela civilização da qual se sentia representante, em prol da soli-

AUTOBIOGRAFIA **73**

dariedade e da liberdade dos homens. Eis seu ensinamento, o ensinamento máximo que um homem pode dar aos outros homens. Se não compreendêssemos esse ensinamento, realmente Toni teria morrido em vão, realmente hoje teríamos razão de perguntar o porquê. Mas cabe a nós, só a nós, fazer que isso não aconteça, testemunhando hoje seu sacrifício, de modo que seu testemunho não seja perdido. Nós, sobreviventes, temos o dever de ser as testemunhas das testemunhas.[27]

Depois de 8 de setembro, Antonio Giuriolo tomou o caminho da luta armada nas montanhas friulesas; fazia parte do batalhão Rosselli, baseado em Subit, dotado de cerca de quarenta homens, entre os quais Alberto Cosattini, irmão de Luigi. Morreu em uma ação guerrilheira nos Apeninos emilianos, em 12 de dezembro de 1944.

Saído do cárcere, Bobbio voltou logo a Turim. Encontrou uma cidade ferida pelos bombardeios. A última incursão aérea pesada acontecera em 8 de novembro de 1943. Muitos edifícios, incluindo o Hospital Molinette, o santuário da Consolata, a Galeria Subalpina, a igreja da Crocetta tinham sido destruídos pelas bombas. O custo de vida subira às nuvens. Muitos gêneros de consumo não podiam ser encontrados. O ano de 1944 se revelou duro: as batidas policiais constituíam um espetáculo habitual e as represálias estavam na ordem do dia; dos arredores chegavam toda manhã confusos boatos sobre as iniciativas dos rebeldes, como eram chamados os guerrilheiros. O mais eloquente documento histórico sobre a vida cotidiana da cidade é o diário mantido por um jovem industrial, Carlo Chevallard, publicado integralmente pelo Arquivo Histórico da Cidade de Turim.[28]

Em 13 de março, Chevallard fixa em seu bloco de notas "uma cena muito piemontesa": transitam pelo Corso Vittorio Emanuele II, direto para a estação, os caminhões repletos de operários detidos depois das grandes greves procla-

---

27 Ibid., p.286-96.
28 Cf. Roccia; Vaccarino (orgs.), *Torino in guerra tra cronaca e memoria*; Marchis (org.), *Diario di Carlo Chevallard 1942-45*.

madas nos estabelecimentos industriais; retirados das oficinas no mesmo dia da retomada do trabalho, são deportados para os *Lager* na Alemanha, sem sequer abraçar os familiares. Em 31 de março, as SS capturam os membros do comitê militar do CLN piemontês, dirigido pelo general Giuseppe Perotti, o mais jovem general italiano; salva-se Edgardo Sogno, que se encontra em missão na Ligúria; segue-se um processo, contra eles e outros expoentes de grupos guerrilheiros, encerrado com o fuzilamento de oito "patriotas" no polígono de tiro de Martinetto. O dia 5 de junho é o do 34º bombardeio: "Aviões americanos atacaram a cidade por volta de dez e meia. O bombardeio foi particularmente violento e, se não terrorista, decerto muito mal dirigido; além da habitual zona do Lingotto, foi muito atingido o Borgo San Paolo. E também foi devastada de modo terrível a zona da Crocetta". Em 20 de junho, Chevallard anota o boato de que o administrador-delegado da Fiat Valletta foi detido por conivência com as forças aliadas; uma ordem de prisão nesse sentido só será emitida em 26 de junho pelo Comando das SS para a Alta Itália, mas será anulada depois da intervenção do cardeal Schuster, arcebispo de Milão. Em 23 de julho, os turinenses veem pender, no Corso Vinzaglio e no final do Corso Giulio Cesare, os corpos dos seis guerrilheiros enforcados por represália contra o ferimento de um *repubblichino*. Um dos enforcados é o medalhista de ouro Ignazio Vian, comandante do grupo de Boves, que depois se une a Mauri. Em 20 de setembro, o acontecimento é o ataque dos guerrilheiros ao cárcere militar: "Ontem, por volta das doze, um grupo de cerca de 180 guerrilheiros atacou o cárcere militar da Via Ormea, aprisionou toda a guarnição e libertou os detidos, na maior parte fugitivos do serviço militar ou desertores". No inverno suspende-se parcialmente o fornecimento de energia elétrica às indústrias por causa da excepcional onda de frio que se abate sobre a cidade, enquanto se torna cada vez mais grave o problema do abastecimento de pão, apesar das restrições para reduzir seu consumo. Em janeiro, agravam-se na periferia da cidade os metralhamentos aéreos, e em Orbassano os caças atingem o trem suburbano de Giaveno, provocando 42 mortos.

Dia 4 de março de 1945: "Ontem fui passear em Vernone, pequena aldeia perto de Rivalba, onde encontrei diversos guerrilheiros. A impressão é muito melhor do que no ano passado: estão mais bem armados, mais bem equipados e sobretudo dão a impressão de ordem (saudação militar – indicação de hierarquia – uniformes todos iguais) que no ano passado não davam absolutamente.

AUTOBIOGRAFIA   **75**

Receberam muitíssimas provisões por via aérea, coisa em que acredito, sem dúvida, dado que todas as noites se ouvem passar aviões muito baixo".

Dia 18 de abril de 1945: "Com um amigo meu, enquanto descemos de bicicleta para a cidade, somos parados e são pedidos documentos. Mostro a carteira de identidade, o guerrilheiro observa-a e depois me pede outros documentos. Mostro a carteira de motorista. 'Algum mais? Não tem o bilíngue?', me pergunta. 'Está bem: mas não acho que vocês, guerrilheiros, se interessem por um documento alemão.' Começa a rir: examina muito satisfeito meu bilíngue e me libera. Onipotência do documento bilíngue!".

Minha mulher fora para o campo com minha mãe durante meu encarceramento. Mas desde quando voltei, e nesse meio-tempo nascera Luigi, morávamos na casa de meu sogro, o professor Cova, no centro da cidade. Eu tinha outras duas acomodações para onde ir: uma, belíssima, de um colega refugiado, o velho amigo Silvio Romano, no Corso Peschiera. Em frente, ao lado da igreja da Crocetta, havia uma casa para convalescentes onde eu ia comer. A outra, mais modesta, de nossa propriedade, vazia, na Via Pallamaglio (hoje Via Oddino Morgari). Entrei estavelmente no círculo do CLN. Constituíra-se uma Frente dos Intelectuais, por iniciativa do Partido Comunista, que deu vida a um Comitê da Escola. Em ambos, eu representava o Partido de Ação. Pela Democracia Cristã havia Giuseppe Grosso, professor de Direito Romano, em seguida prefeito de Turim. Atribuíram-me a tarefa de cuidar da imprensa clandestina da Frente. Conhecia um modesto tipógrafo que tinha gráfica na Via Pomba, entre a Piazza Bodoni e o cinema Nacional, no qual sabia poder confiar. Criamos um jornal de quatro páginas, que intitulamos *L'Ora dell'Azione*. O primeiro número, escrito em grande parte por mim, com a contribuição da representante comunista no Comitê da Escola, a professora Lia Corinaldi, intrépida, infatigável, que recordo com afeto, foi difundido em setembro de 1944. Meu primeiro artigo político apareceu então: chamava-se "Esclarecimento". Nele, eu defendia que os intelectuais deviam evitar duas atitudes, ambas negativas: o politiquismo, ou empenho na política para fins pessoais, e o apoliticismo, entendido como indiferença

76 NORBERTO BOBBIO

pela política. De *L'Ora dell'Azione* se imprimiram dois ou três números.[29] Recordo que havia sempre o problema de encontrar lugares para as reuniões do comitê: víamo-nos sobretudo no Instituto Jurídico e na Academia de Ciências, cujo secretário era um velho antifascista. Em uma grande cidade, era possível deslocarmo-nos com certa segurança, apesar da severidade dos controles de polícia. Quando o subsecretário do Interior do governo Badoglio, o liberal Aldobrando Medici Tornaquinci, chegou do Sul em missão para fazer contato com a Resistência turinense, organizou-se um encontro com os representantes de todo o CLN, de que participei, em um apartamento vazio do Corso Francia.

Naturalmente, sabíamos que corríamos riscos. Quando se anda com uma bolsa cheia de jornais clandestinos, sabe-se muito bem o que nos espera. Mas é preciso distinguir entre resistência ativa, resistência armada e resistência passiva. A resistência armada foi uma parte da resistência ativa. Mas houve uma resistência ativa sem ser armada. Era aquela de quem fazia documentos e carteiras falsas ou de quem se ocupava de propaganda. Arriscavam-se também estes. Se desgraçadamente fossem detidos, também acabariam nos campos de concentração. A zona cinzenta, ao contrário, que hoje não só é absolvida mas reabilitada, foi a daqueles que iam a reboque e esperavam para ver aonde sopraria o vento. Eram pessoas que não queriam se comprometer. Na realidade, nenhuma delas desejava que fossem os alemães a vencer, mas ficavam na janela. Dividiam-se entre os que pensavam: "vem por aí o Bigodudo" e os que, e eram a maioria, esperavam a chegada dos americanos, que, aliás, já tinham desembarcado no Sul. E também quanto ao colaboracionismo, deve-se distinguir entre o colaborador voluntário e o forçado: o colaboracionismo de quem decidiu ficar ao lado da República de Salò e o colaboracionismo de quem – os funcionários públicos, por exemplo – devia forçosamente colaborar. Não digo que os italianos fossem filoguerrilheiros, mas decerto não eram, na imensa maioria,

---

29 Para maiores informações, cf. a intervenção de Bobbio, "Il Comitato de liberazione della scuola a Torino", in: Raponi (org.), *Scuola e Resistenza*.

AUTOBIOGRAFIA **77**

filoalemães. Também é verdade que uma parte daqueles que entraram nos grupos guerrilheiros fizeram-no porque consideravam mais perigoso alinhar-se com a RSI [Repubblica Sociale Italiana] do que ir para a montanha. Muitos estavam na idade do serviço militar. Mas, de todo modo, não se pode pôr no mesmo plano, como fazem hoje os historiadores revisionistas, quem combatia para libertar a Itália de nazistas e fascistas e quem aceitava perpetuar o domínio de Hitler no mundo.

O historiador Renzo De Felice, autor da monumental biografia *Mussolini*, que ocupa quase 6 mil páginas de tomos Einaudi, defendeu, no entanto, que 8 de setembro assinala a morte da pátria. "Data trágica da nação italiana", definiu-a em diálogo com Bobbio, publicado no *L'Unità* e no *Panorama* por ocasião do cinquentenário da Libertação.

De Felice: "O dia 8 de setembro viu a súbita inserção de duas elites, a fascista e a antifascista, na indiferença das massas que não conseguiam compreender por que se devia continuar uma guerra cujo preço pagavam. O juízo sobre o movimento guerrilheiro deve ser sempre posto em relação com o estado de ânimo daquele momento particular. Em princípio, o soldado em debandada que tenta fugir dos alemães é ajudado pela população. As mães pensam em seus filhos na guerra e se prodigalizam. [...] Com o mesmo espírito e a mesma abnegação, uma vez que se trata de ajudar o grupo guerrilheiro do próprio país, todos se esforçam. Quando, ao contrário, a guerra civil se torna mais violenta; entre atentados e represálias, cria-se o vazio em torno da Resistência. A maioria não participa, espera. Esperam os operários, esperam os empregados, esperam os burgueses e os camponeses. Assim, chega-se entre altos e baixos até a primavera de 1945, quando se compreende que os Aliados venceram, e basta colocar um lenço em volta do pescoço para se tornar combatente da liberdade. Ao sentimento de entusiasmo entre as elites combatentes corresponde, na maioria, um sentimento de alívio por causa da paz alcançada, não importa como".

Bobbio: "Teremos sido também uma minoria, mas mudamos o curso dos eventos. Hoje, devemos nos contrapor à posição de quem, então, não percebeu a importância, para a história de toda a humanidade, de combater o nazismo e o fascismo de forma ativa, não só passiva [...]. A De Felice, que argumenta sobre o colapso da identidade nacional depois de 8 de setembro, contraponho como

78 NORBERTO BOBBIO

data trágica da história italiana 10 de junho de 1940, dia da entrada de Mussolini na guerra [...]. O dia 8 de setembro terá dado a possibilidade aos italianos, aos antifascistas, de retomar o caminho, de reerguerem-se e agir. Nós, uma minoria, estávamos plenamente convencidos de que a Itália devia perder aquela guerra. Esta é a avaliação que nos divide: a meu ver, a esmagadora maioria dos italianos não foi favorável à entrada na guerra [...]. A revisão que é correto fazer, admito, consiste sobretudo em evidenciar uma pluralidade de comportamentos: os combatentes da Resistência, seus adversários fascistas e aqueles que ficaram no meio. É uma conquista dos estudos históricos mais recentes ter nos mostrado essa maior complexidade. A falta de participação popular não pode ser considerada como forma genérica de oposição ao movimento guerrilheiro".[30]

Muitas vezes ouve-se perguntar se o fascismo foi uma ditadura menos feroz, mais tolerante, do que o nazismo. O argumento também foi invocado, nas disputas entre os historiadores e na polêmica política, para diminuir o significado histórico do antifascismo e o valor da Resistência. Já disse como o regime se permitia conceder certas liberdades. Mas a campanha racial foi uma vergonha. É necessário, sobretudo, superar os limites estreitos de uma polêmica italiana. Não se pode separar luta contra o fascismo e luta contra o nazismo. Não se pode falar do que acontecia na Itália sem relacionar ao que acontecia na Europa: a Resistência italiana foi uma parte, um fragmento da Resistência europeia. Em todos os países ocupados pelas tropas alemãs houve uma resistência mais ou menos viva, e o mérito da Resistência italiana foi o de fazer a Itália participar de um grande movimento europeu. Quem esquece isso esquece o que foi a guerra de agressão de Hitler: eis a razão por que não se pode nunca pôr no mesmo plano fascismo e antifascismo. Por uma parte, houve uma guerra cruel e impiedosa, com todos os agravantes dos

---

30 Cf. Non solo "anti", *L'Unità*, 21 abr. 1995, p.2-3. O diálogo foi organizado por Giancarlo Bosetti, no *L'Unità*, e Pasquale Chessa, no *Panorama*. O diálogo, ampliado, foi publicado em Bobbio; De Felice; Rusconi, *Italiani, amici nemici*, p.9-54. O mais importante estudo sobre a complexidade da guerra de guerrilha é Pavone, *Una guerra civile*.

AUTOBIOGRAFIA **79**

campos de concentração e de extermínio; por outra, houve os resistentes europeus, independentemente do fato de serem comunistas ou não. Um dos símbolos da Resistência europeia foi o general Charles de Gaulle, que não era comunista. Talvez se deva acrescentar que a Resistência na Itália, exatamente por ser país fascista, foi não só uma guerra patriótica, mas também uma guerra contra o fascismo e, portanto, uma guerra civil. Mas a Resistência foi um modo de trazer a Itália ao seio das nações civilizadas. Aqui estão as raízes de nossa democracia.

A insurreição e a libertação de Turim foram estabelecidas pelo Comando Militar Regional Piemontês com uma ordem em código que se tornou famosa: "Aldo diz 26 x 1"; significava que as operações deviam começar à uma hora do dia 26 de abril. As brigadas guerrilheiras circundaram a cidade, nas barreiras desfraldavam-se as bandeiras tricolores, mas aqui e ali se ouviam os tiros dos combates. O CLN do Piemonte era constituído por Franco Antonicelli, presidente, e Paolo Greco pelo PLI, Giorgio Amendola e Amedeo Ugolini pelo PCI, Rodolfo Morandi e Giorgio Montalenti pelo PSI, Alessandro Galante Garrone e Mario Andreis pelo Pd'A, Andrea Guglielminetti e Eugenio Libois pela DC. Por dois longuíssimos dias desenrolou-se uma dramática tratativa com o comando alemão, disposto a evacuar a cidade sob a condição de que duas divisões – a 34ª blindada e a 5ª de Alpenjaeger – pudessem cruzá-la armadas, enquanto os guerrilheiros exigiam a rendição sem condições.

"Nas primeiras horas da manhã de 27", escreveu Greco, "o CLN se transfere para o curtume Fiorio, em cujas proximidades se mantém vivo fogo de fuzilaria entre os operários entrincheirados nas fábricas e as milícias fascistas ao redor. Carros blindados alemães atravessam o Corso Francia, atirando furiosamente. Don Garneri se apresenta ao CLN como portador de um terceiro pedido alemão para que as duas divisões cruzassem a cidade: em caso de recusa, ameaça-se 'transformar Turim em uma nova Varsóvia'.[31] Depois de nova recusa do CLN, as tropas alemãs começaram a retirada, mantendo desimpedido o acesso ao Corso Vittorio Emanuele para poder sair de Turim na direção norte.

---

31 Greco, Cronaca del Comitato piemontese di liberazione nazionale, 8 settembre 1943-9 maggio 1945. In: *Aspetti della Resistenza in Piemonte*, p.245-54.

80 NORBERTO BOBBIO

Milícias fascistas já dispersas se agregaram aos alemães, enquanto grupos de guerrilheiros ocupavam os edifícios do Centro e desalojavam os franco-atiradores. Em 28 de abril, o CLN se transforma em Junta Regional de governo e toma posse oficialmente da cidade. Do curtume Fiorio, pela Piazza Statuto e a Via Garibaldi, um cortejo alcançou a Piazza Castello, coração de Turim. Assim o descreveu Ada Gobetti, a viúva de Piero, nomeada vice-prefeita: "Abria o cortejo um caminhão repleto de guerrilheiros armados; vinham depois nossos carros; em seguida, outros caminhões com homens armados. Das janelas, das esquinas das ruas, ainda disparavam, mas as pessoas, sem se importarem com o perigo, afluíam à rua ao passarmos. 'Viva a Itália! Viva os guerrilheiros! Viva o CLN!' – gritavam; e jogavam flores; e as mães erguiam as crianças e as aproximavam de nós, para que vissem, para que recordassem".[32]

O CLN empossou as novas autoridades: comissário provincial Pier Luigi Passoni, socialista; prefeito Giovanni Roveda, comunista; comissário de polícia Giorgio Agosti, *azionista*. Outro *azionista*, Augusto Monti, o professor de "Escola de resistência", é nomeado superintendente escolar, mas o comando aliado não reconhecerá esse novo cargo.

Não esqueçamos que a vida clandestina se desenvolveu ao lado da vida pública e em paralelo com ela. No ano acadêmico 1944-1945, duríssimo ano de guerra, marcado por um inverno gélido, estando vaga em Turim a cátedra de Filosofia do Direito, que Solari deixara em 1942, os colegas da Faculdade de Direito, entre os quais figurava Paolo Greco, presidente de fato do Comitê de Libertação, me pediram que desse o curso no Instituto Jurídico, na Via Po, 14. No último dia de aula, em 21 de abril, um sábado, quando a Libertação era iminente, encerramos os cursos com o compromisso de retomá-los em setembro. Sobre o episódio encontrei um imprevisto testemunho nas últimas páginas do *Diario di Leletta. Lettera a Barbato* [Diário de Leletta. Carta a Barbato] (Milão, Angeli, 1993), crônicas que uma jovem de 16 anos, Leletta d'Isola, católica e monarquista, começou a redigir em 1943, quando esposou os ideais

---

32 Cf. Gobetti, *Diario partigiano*, p.409.

AUTOBIOGRAFIA 81

da luta de libertação, colaborando com os guerrilheiros garibaldinos alojados em sua casa de campo, em Bagnolo, na província de Cuneo. Depois de uma nota sobre a greve geral de 18 de abril, proclamada como manifestação da vontade dos turinenses de que alemães e fascistas deixassem a cidade, o diário prossegue:

Algumas rajadas de metralhadora no Valentino, distribuição de panfletos antifascistas, bondes enlouquecidos nas mãos não treinadas de Auxiliares e X MAS.[33] Abbagnano faz greve, Guzzo safa-se pelo costumeiro caminho do meio e senta-se entre nós. O coronel Cabras prende operários e manda colar manifestos semelhantes àqueles dos guerrilheiros (mas quem os lê?). Bobbio diz da cátedra: "Observem esta greve e recordem-na: é o protótipo da greve perfeita". De fato, penetrou em todas as classes.[34]

A seguir, com a data de 21 de abril de 1945, um comentário que confesso ter lido com surpresa e certa emoção:

Assim Bobbio terminava o curso de Filosofia do Direito, depois de falar da relação "Potência – Justiça":
"Quanto à escolha, podemos nos apoiar na História, na história imediata que vivemos, agora que a potência, aliás, a prepotência, está para ser clamorosamente derrotada!" (Só quem estava presente pode compreender como era grande a coragem de Bobbio: naquele momento, a potência fascista ainda não estava derrotada. Bastava uma delação para expulsá-lo!).[35]

Terminada a guerra, voltei a ensinar em Pádua, mas em setembro cumpri o compromisso firmado com os estudantes turinenses.

---

33 Corpo paramilitar ligado à República Social Italiana. (N. T.)
34 Cf. *Torino in guerra tra cronaca e memoria*, p.502. Nicola Abbagnano ensinava História da Filosofia e Augusto Guzzo era professor de Filosofia Teórica.
35 Ibid. Sugestiva, ainda, a conclusão do diário, logo em seguida: "20 de maio. Fim das crônicas guerrilheiras, não da recordação".

82 NORBERTO BOBBIO

Entre estes, Uberto Scarpelli, um dos mais conhecidos filósofos italianos do Direito, morto prematuramente em 1994. Seu primeiro livro, *Marxismo e existencialismo*, foi dedicado a mim. Nele se lê que, após a interrupção e a volta à liberdade, comecei minha aula sob o signo da continuidade, com estas palavras: "Dizíamos, pois...". Na realidade, usei a expressão *Heri dicebamus*. Mas a substância não muda.

III
DESCOBRINDO A DEMOCRACIA

No ano acadêmico de 1945-1946, voltei à Universidade de Pádua. O reitor era Egidio Meneghetti, que nenhum de nós esperava que voltasse vivo depois da prisão e das torturas sofridas. Estava presente em 31 de julho de 1945, quando proferiu o discurso, diante das autoridades aliadas, por ocasião da reabertura da universidade, expondo um ponto fundamental do programa do Partido de Ação: que os princípios do liberalismo, "premissa de qualquer vida civilizada", não são mais suficientes porque, "aprofundando a investigação na consciência e nos fatos, descobre-se que dificilmente pode existir liberdade completa onde a ascensão dos melhores não está regulada por iguais posições de partida".[1] Em 12 de novembro de 1945, participei da abertura do ano acadêmico, na qual interveio Ferruccio Parri: os estudantes retornados da guerra de guerrilha se apinhavam em torno dele, então chefe do governo formado em junho pelos partidos do CLN. Aclamavam-no com o grito de "Maurizio, Maurizio!" (era seu nome de batalha), em uma atmosfera irrepetível de entusiasmo e confiança. Estávamos todos convencidos de que se abria uma fase nova da vida italiana.

---

1 Cf. L'opera civile di Egidio Meneghetti. In: Meneghetti, *Poesia e prose*, p.198.

No entanto, em novembro o governo Parri foi forçado a se dissolver. Em 10 de dezembro, De Gasperi apresentou o primeiro de seus três ministérios com a participação de PSI e PCI. Nesse meio-tempo foram convocadas as eleições para a Assembleia Constituinte e para o referendo institucional entre monarquia e república. Votou-se em 2 de junho de 1946.

Quando se aprontaram as listas para a Assembleia Constituinte, não pude recusar a candidatura pelo Partido de Ação no colégio Pádua-Vicenza-Verona. Fiz então, pelo Partido de Ação, a única campanha eleitoral de minha vida. Vinham me buscar de carro e me levavam ao local do comício. Devo dizer que não o fazia de bom grado. Como orador de comício, não tinha nem aptidão nem experiência. Preferia falar nos teatros. Discursei em Belluno, Verona, Vicenza, naturalmente em Pádua e também em Adria. Recordo uma vez que, mal acabando de falar, me fizeram entrar no automóvel: "Não, não, professor, não vamos voltar para casa, uma aldeia o espera!". Não lembro mais qual. Quando discursei pela última vez, foi mesmo um grande alívio para mim. Livrei-me de um pesadelo que durou cerca de um mês. Logo voltei a Turim, onde votaria. Em Pádua vivia só. Valeria, com Luigi e Andrea, o segundo filho nascido havia poucos meses, estavam em Turim.

Naquela época, fundamos em Pádua um pequeno jornal eleitoral intitulado *La Repubblica*, pois o que nos caracterizava em relação a quase todos os outros partidos era a intransigência quanto à opção republicana. Devo dizer que as manifestações do Pd'A eram seguidas com grande participação. Nós até nos iludíamos um pouco, vendo tanta gente nos comícios. Sobretudo nos de Meneghetti, que falava com voz estentórea. Revelava-se imprevistamente um grande orador de praça. Recordo também um de nossos oradores mais aplaudidos, certo sr. Sagramora, de quem não saberia dizer de onde vinha e não ouvi mais falar desde então. Fazia esplêndidos comícios usando toda a nossa tradição retórica. Dividia ritualmente as palavras "o pequeno e pálido rei", às quais se seguiam toda vez aplausos sem fim. Sob a imagem do "pequeno e pálido rei", havia naturalmente as responsabilidades da monarquia: o fascismo, a entrada na guerra, a fuga de Roma depois do armistício. Em seguida, dava-se espaço à polêmica: por um lado, com os comunistas, por outro com os democratas-cristãos. Contra a DC eu repetia a tirada de que não era um partido nem democrático, porque controlado pela Igreja, nem cristão, porque comprometido com o fascismo. Mas também os comunistas, por não serem democráticos, eram nosso alvo. Recordo ainda uma frase, dirigida aos comunistas, que concluía um dos pequenos artigos de *Repubblica*: "Os senhores escrevem nos muros 'Viva Stálin!' e nós, ao contrário, escrevemos 'Giustizia e Libertà'". Mas depois as coisas, para o Pd'A, acabaram muito mal: no Vêneto, a DC conquistou a maioria absoluta, o Partido de Ação teve poucos votos. Na ordem de preferência fui o segundo, mas à distância, depois de Meneghetti. De resto, nosso partido viu-se derrotado de maneira catastrófica em todo o país: não conseguiu vencer em um só colégio. Os sete deputados do Partido de Ação se elegeram todos no colégio nacional. Um fiasco incrível. Disse para mim mesmo: "Basta, minha vida política terminou".

Em um artigo escrito para o *GL* durante a campanha eleitoral, "Mortos que não ressuscitam" (março de 1946), afirmei, cometendo um erro de previsão, que uma democracia "real e duradoura" só seria assegurada pelos partidos de esquerda: imaginei que a Democracia Cristã, partido de centro, não teria outro destino além de "ser esmagada pelas forças contrapostas".

Frágil demais para desalojar os privilégios de suas fortalezas, apesar das boas intenções, terminará por ser inútil para a reforma da sociedade; frágil demais até para conservar a liberdade de todos em uma situação de descontentamento, por uma parte, e de renovado ardor combativo, por outra, terminará por fazer o país pagar por uma liberdade puramente formal com agitações e convulsões reais que conduzirão, afinal, à supressão da liberdade. Pretendendo-se pôr como árbitro, terminará como o terceiro entre dois litigantes. Ideia generosa, mas estéril, pretende ser o ponto de equilíbrio e, no entanto, corre o risco de ser a semente da cizânia.[2]

---

2 Cf. Bobbio, *Tra due repubbliche*, p.42.

86 NORBERTO BOBBIO

Como se sabe, o teste da votação desmentiu Bobbio. Nas eleições para a Assembleia Constituinte, a Democracia Cristã venceu com 35,2%. Eis o percentual das outras listas: Partido Socialista Italiano de Unidade Proletária, 20,7%; Partido Comunista Italiano, 18,9%; União Democrática Nacional (sigla dos liberais), 6,8%; Frente do Homem Qualquer, 5,3%; Partido Republicano Italiano, 4,4%; Bloco Nacional da Liberdade (formação dos monarquistas), 2,8%; Partido de Ação, 1,5% (com sete cadeiras). Todas as outras listas ficaram abaixo de 1%, inclusive as da Concentração Democrática Republicana, partido de Parri e La Malfa (0,4%, duas cadeiras) e do Partido Sardo de Ação, sob a direção de Lussu (0,3%, duas cadeiras). O fracasso *azionista* foi interpretado pela maioria dos historiadores à luz da divergência entre as duas almas que conviviam no partido: a socialista e a democrática, de que nasceu a cisão da corrente Parri-La Malfa às vésperas das eleições. Para Giovanni De Luna, a cisão provocou um clima "de desconfiança e mal-estar", com diminuição de militantes, fechamento de jornais, "um verdadeiro colapso político e organizativo".[3] Para Paul Ginsborg, "Parri, La Malfa e a maior parte dos moderados abandonaram o congresso e o partido, e Lussu teve sua vitória de Pirro. Os que ficaram jamais se recuperaram da cisão".[4] Segundo Pietro Scoppola, "a crise nasceu sobretudo da tentativa de Parri de deslocar o eixo do Partido para a classe média e a burguesia".[5] Segundo Ennio di Nolfo, "a própria riqueza intelectual do Pd'A terminava por se revelar como uma fragilidade, uma vez que se traduzia em uma pluralidade de correntes que disputavam consensos e maiorias".[6]

Refleti muito sobre aquela derrota nos anos que se seguiram. O Partido de Ação rumou desunido para as eleições. Em fevereiro, realizou-se o congresso e o partido se apresentou dividido entre a ala moderada de Parri e La Malfa, a liberal-socialista de Calamandrei e Codignola e a socialista de Emilio Lussu. Se tivesse chegado unido às eleições, teria arrebanhado alguns votos a mais. Mas jamais conseguiria competir com os três partidos de massa, o de-

---

3 De Luna, *Storia del Partito d'Azione*, p.353.
4 Ginsborg, *Storia d'Italia dal dopoguerra a oggi*, p.117.
5 Scoppola, *La repubblica dei partiti*, p.96.
6 Di Nolfo, *La repubblica delle speranze e degli inganni*, p.245.

mocrata-cristão, o comunista e o socialista. Éramos um partido de intelectuais, estranhos àquelas que seriam chamadas as duas subculturas de nosso país, a católica e a socialista. Foram os comunistas, na Itália, que herdaram a subcultura socialista, não nós, intelectuais desenraizados. O fato é que a contraposição entre brancos e vermelhos sempre esteve profundamente enraizada na vida política de nosso país. Recordo que, rapaz, na cidadezinha onde passava as férias, havia até duas bandas musicais contrapostas, a dos socialistas e a dos católicos, que disputavam entre si a praça nas festas e nos cortejos fúnebres: em resumo, Peppone e d. Camilo. Por que a subcultura socialista se reagregou em torno do Partido Comunista – eis um problema que me parece ainda não esclarecido. Em minha cidadezinha, Rivalta Bormida, em que o velho prefeito antes do fascismo fora um socialista, depois da Libertação o novo foi um comunista. O que havia acontecido? Aconteceu que a resistência ativa ao fascismo tinha sido feita, na Itália, pelos comunistas, que se tornaram muito mais fortes, até porque apoiados pela União Soviética. Os jovens que combateram o fascismo votavam nos comunistas, não nos socialistas.

O *azionismo*, partido de intelectuais provenientes em grande parte da tradição liberal e democrática, tinha muito pouco em comum seja com os comunistas, seja com os socialistas. Sem dúvida orientava-se para a esquerda, mas tinha suas raízes na história do liberalismo europeu. Basta pensar que dele faziam parte, ainda que na ala moderada, homens como Luigi Salvatorelli, Adolfo Omodeo, Guido de Ruggiero. As várias almas se confundiram e se conjugaram, prevalecendo alternadamente ora uma, ora outra, até na interpretação historiográfica e politológica. Não sendo, na realidade, nem comunista nem socialista, dividido como estava entre identidades diversas, o Pd'A estava excluído do jogo desde o início. Assim, o partido que recolhia o legado de Piero Gobetti e Carlo Rosselli viu-se arrasado na competição eleitoral. Tanto é verdade que em seguida se dissolveu. E cada militante escolheu seu caminho: a maior parte, como eu, Franco Venturi, Massimo Mila, Alessandro Galante Garrone, Giorgio Agosti ou mesmo um dirigente guerrilheiro, como Dante Livio Bianco, não participou mais da política ativa e se dedicou aos estudos e à profissão. Houve uma diáspora, e o *azionismo*, seja lá o que dele se diga, desapareceu como força política. Quem nos censura erros de perspectiva e dificuldades para compreender a sociedade do tempo não está errado. Eu, em primeiro lugar, pensava em uma Itália mais pobre, mas mais democrática. Considero que o Pd'A, e o próprio PCI, cometeram um erro de avaliação. Um erro colossal: não acreditaram que a reconstrução podia ser assim tão rápida e tão eficaz. Os intelectuais do Pd'A não tinham nenhum conhecimento da sociedade civil. Não compreendiam aquilo que nasce espontaneamente do *homo oeconomicus*. Ao contrário, comunistas e socialistas, em parte também os *azionistas*, acreditavam na economia de plano, ao passo que na Itália ocorreu algo surpreendente que ainda agora temos sob os olhos: formou-se desde então e se desenvolveu rapidamente em seguida um tecido de pequenas empresas que nascem por puro interesse econômico. Eu também sempre pensei que a reconstrução seria lenta, que seria necessária a intervenção do Estado. Recordo que então tínhamos a ideia de que se devia revalorizar a lira. Mas Einaudi disse: "Não, não é preciso". Um ponto deve ficar claro: a reconstrução foi feita a partir da direita, não da esquerda. A esquerda sempre ignorou a racionalidade espontânea dos processos econômicos. Em particular, o Pd'A sustentava a hipótese de uma economia com dois setores, que previa a estatização das grandes empresas de interesse público.

A esquerda deve fazer um sério exame de consciência sobre o que aconteceu naquela época e reavaliar o papel que Alcide De Gasperi e Luigi Einaudi tiveram na reconstrução do país. Naturalmente, houve também uma contribuição da esquerda democrata-cristã, que se apresentava teoricamente muito preparada. Mas quem combateu as batalhas decisivas foi a direita da DC: o dossettismo não incidiu realmente nas políticas econômicas da reconstrução. É preciso reconhecer lealmente que o milagre econômico aconteceu a despeito das catastróficas previsões da esquerda. O fenômeno do consumismo, quando explodiu, nos deixou admirados: a reconstrução aconteceu às nossas costas. Nós, *azionistas*,

AUTOBIOGRAFIA **89**

quase não a percebemos. Essa análise vale sobretudo para a Itália Setentrional, porque a reconstrução da Itália Meridional ocorreu por meio de processos diversos, com um papel central da Cassa del Mezzogiorno.[7] Em todo caso, não ocorreu por meio da "revolução meridional" de Guido Dorso. Foi o malogro de todos os velhos meridionalismos, que teorizaram a aliança social entre os operários do Norte e os camponeses do Sul. Isso, infelizmente, era só ideologia. O malogro do pensamento meridionalista teve consequências desastrosas: um povo que não se salva por si só, mas espera a salvação da assistência estatal, está destinado fatalmente a ficar para trás no processo de desenvolvimento econômico e social.

A instauração da democracia, a luta entre os partidos, o surgimento de poderes de baixo para cima, o desenvolvimento de poderes locais eram os problemas enfrentados pela sociedade italiana saída da guerra: o retorno à liberdade, o restabelecimento das eleições, o renascimento do interesse e da participação em torno de direitos fundamentais da coletividade e dos indivíduos reapresentavam questões cruciais de teoria da política que, na realidade, poderiam (deveriam) ter sido atuais 25 anos antes, no curso de outro pós-guerra, quando o Partido Socialista e também os católicos populares tentaram – como escreve Vittorio Foa – "ampliar e modernizar a democracia, dando representação política às classes que dela estavam excluídas: os camponeses e os operários".[8] O nascimento da República voltava a pôr na mesa as interrogações suscitadas pelo biênio vermelho e sufocadas na derrota daquela era sindical e política.

Foi o interesse por Carlo Cattaneo que imprimiu uma reviravolta às minhas investigações, dando início a meus estudos de história do pensamento político, quase sempre ligados à atualidade. A origem do interesse pelo escritor lombardo foi por assim dizer casual e tem a ver com meu matrimônio. Solari me disse que pegas-

---

7 Órgão público italiano criado pelo governo de De Gasperi VI para financiar iniciativas industriais voltadas para o desenvolvimento econômico do Sul da Itália, a fim de reduzir a discrepância em relação ao Norte. (N. E.)
8 Foa, *Questo Novecento*, p.80.

90 NORBERTO BOBBIO

se o que quisesse de sua biblioteca como presente de núpcias. Eu muitas vezes fitara os sete volumes das obras de Cattaneo, editados por Le Monnier entre 1881 e 1892, e foi o que pedi a ele. Assim, no período da ocupação alemã, em que não era possível receber muitos livros e consultar bibliotecas públicas fechadas ou semifechadas, mergulhei na leitura desses volumes. Mas havia também outra razão que explica o interesse por esse pensador: ele foi um dos pouquíssimos intelectuais do Risorgimento (talvez o único) que jamais puderam ser *utilizados* pelo fascismo. Sua concepção do Estado, definido como "grande transação", está absolutamente nos antípodas da doutrina fascista do Estado ético. Mesmo filosoficamente, Cattaneo representava a antítese, a meus olhos, das filosofias espiritualistas dominantes em nosso país. Ao contrário, era o reformador iluminado, cujas ideias podiam seguramente ser consideradas a base filosófica ideal para o programa do Partido de Ação. Por outro lado, devo recordar que, apesar da má fortuna que teve na cultura italiana, o pensamento de Cattaneo foi objeto de estudos, mesmo durante o fascismo, por parte de intelectuais liberais e antifascistas: Luigi Einaudi, Mario Fubini, Luigi Salvatorelli, Cesare Spellanzon. Estas foram as razões por que, em 1944-1945, organizei com ampla introdução uma coletânea de escritos que saiu sob o título *Stati Uniti d'Italia* [Estados Unidos da Itália] por um pequeno e inteligente editor turinense, em uma coleção por mim idealizada e dirigida que havia intitulado "La Città del Sole".[9] Para minha sorte, à diferença do que ocorria em outras partes, a Biblioteca Nacional de Turim não estava inteiramente fechada e, à noite, era obrigado a trabalhar em casa por causa do toque de recolher.

Recordo que a esses anos de transição entre um velho e um novo mundo também remonta meu interesse pelo pensamento existen-

---

9 Cattaneo, *Stati Uniti d'Italia*. Eis a relação completa dos textos publicados na coleção "La Città del Sole": Campanella, *Discorsi ai Principi d'Italia ed altri scritti filo-ispanici*; Fichte, *Rivendicazione della libertà di pensiero*; Montanelli, *Appunti sulla Rivoluzione d'Italia*; Guizot, *Giustizia e politica*. Estava em preparação De Maistre, *Considerazioni sulla Francia*.

AUTOBIOGRAFIA   91

cialista, do qual em seguida não tive mais a oportunidade de me ocupar: pela mesma editora turinense publiquei em 1944 *La filosofia del decadentismo* [A filosofia do decadentismo], um pequeno livro que foi traduzido em inglês, em 1948, e em espanhol, em 1949. Mas o grande tema entre a Libertação e a Constituinte era a democracia. Para nós, a Itália jamais fora uma democracia completa, tanto que o programa do Partido de Ação podia ser resumido em duas únicas palavras: "revolução democrática". Considerávamos que a passagem do país à democracia era um fato revolucionário. Da democracia eu tinha então uma concepção ética, baseada no reconhecimento do homem como pessoa. No último curso de Filosofia do Direito ministrado em Pádua antes da Libertação, escrevi como conclusão:

O Estado democrático é aquele em que se realiza, com maior adequação ao modelo ideal, a liberdade na coexistência, vale dizer, a coexistência dos seres livres e, portanto, a mais próxima realização, entre quantas conhece a história contemporânea, da comunidade pessoal e, em definitivo, do ideal de justiça.

Nessa concepção também se inspiraram os artigos que, depois da Libertação, escrevi para o *GL*, o jornal turinense do Partido de Ação. Foram minhas primeiras experiências de jornalista. Mais tarde, aproximei-me da concepção procedimental da democracia, inspirada sobretudo em Kelsen, segundo quem aquilo que caracteriza a democracia são as regras que permitem a livre e pacífica convivência dos indivíduos em uma sociedade. Naquela época, eu ainda via a democracia como a forma de governo que, melhor do que qualquer outra, permite o desenvolvimento autônomo da pessoa humana. Nesse ideal se inspirou também meu primeiro escrito teórico sobre a questão democrática, "Estado e democracia", que apareceu em três partes, no verão de 1945, na revista *Lo Stato Moderno*, dirigida por Mario Paggi, representante da ala moderada do Partido de Ação.

Esses eram meus interesses quando participei de uma viagem à Inglaterra no outono de 1945. Uma viagem para descobrir o país

92 NORBERTO BOBBIO

considerado o berço da democracia, que se demonstrara mais forte do que as V2 hitlerianas. Em setembro, havia se realizado a conferência dos ministros de Relações Exteriores das cinco grandes potências – Estados Unidos, União Soviética, Grã-Bretanha, França e China – encarregada de definir os tratados de paz com as nações aliadas da Alemanha de Hitler. Partia, ao contrário, de um país, o nosso, semidestruído, atribulado pelas consequências da derrota bélica, com serviços públicos desastrosos. O Conselho de Ministros, composto pelos partidos do CLN, estava prestes a enfrentar a escolha institucional entre monarquia e república e deveria dali a poucos meses assumir também a tarefa histórica de promulgar uma nova constituição.

A viagem tinha sido concebida pelos organizadores, o British Council, como uma espécie de curso de educação cívica destinado a pessoas que atravessaram os anos de sua formação sob uma ditadura. Para compor a delegação, que devia ser constituída na grande maioria por juristas, podendo estes ostentar mais do que quaisquer outros um conhecimento das instituições democráticas, o British Council dirigiu-se a um docente de Direito Comparado da Universidade de Roma com formação anglo-saxã, o professor Pasquale Chiomenti, que sabia muito bem inglês. Acredito ter sido convidado a participar da viagem porque ele era amigo de Roberto Ago, meu cunhado, também entre os membros do grupo. Recordo que a delegação foi decidida com base no velho modelo do CLN. Todos os partidos do Comitê nela estavam representados: faziam parte dois conhecidos constitucionalistas, Vezio Crisafulli, então comunista, e o velho Gaspare Ambrosini, democrata-cristão. O presidente era um insigne jurista liberal, Filippo Vassalli, professor de Direito Civil em Roma, pai do penalista Giuliano. Ao todo, éramos quinze pessoas. A viagem ocorreu entre outubro e novembro: vivemos na Inglaterra a crise do governo Parri. Recordo uma Londres nebulosa e friorenta, na qual visitamos as sedes dos dois grandes partidos políticos, Conservador e Trabalhista, encontrando-nos com seus secretários; recordo os convites para a Câmara dos Comuns, na qual se assentava Winston Churchill, e para a Câmara dos

Lordes. Também nos levaram para assistir a uma rodada eleitoral, em um colégio em que acontecia uma *by-election*. Tive oportunidade de encontrar, não sem emoção, Harold J. Laski, cientista político e eminente membro do Labour Party, docente da London School of Economics, de quem a editora Laterza publicara, por sugestão de Croce, *A liberdade no Estado moderno* e *Democracia em crise*. Publiquei um resumo de nossa conversa no *GL*: Laski se declarou admirador da União Soviética e definiu Stálin *très sage*. Essa expressão pode hoje despertar surpresa e parecer até escandalosa. Mas logo em seguida a uma vitória contra Hitler, para a qual os soviéticos contribuíram de maneira determinante com a batalha de Stalingrado, não me causou nenhuma impressão particular.

Quase todos os dias escrevia a Valeria na Itália: um bom número de cartas que não consegui mais encontrar. Na volta, como sentíamos o dever de prestar contas da viagem, realizei em Florença uma conferência para a Associação Ítalo-Britânica que repeti em Roma, em abril de 1946. Intitulava-se "Os partidos políticos na Inglaterra". Nela, eu argumentava que a lição de democracia da velha Inglaterra não só não terminara, mas talvez estivesse por recomeçar. Qual era o ensinamento que a Constituição inglesa nos oferecia? A necessidade – dizia – de grandes partidos democraticamente organizados a serviço da democracia, que nos deem um governo forte, mas sem perigo de ditadura. De fato, via na Inglaterra um governo mais forte do que em qualquer outro Estado europeu, cuja força estava em uma maioria parlamentar que se mostrava como o mais formidável produto da organização dos partidos.

O parlamento não é mais uma assembleia soberana, a não ser na expressão que se lê em todos os manuais e é repetida inexoravelmente por todos os políticos ingleses, segundo a qual o parlamento na Inglaterra pode fazer qualquer coisa, salvo "transformar homem em mulher". Essa expressão é só um lugar-comum: a realidade é bem diversa, sobretudo desde quando a faculdade do poder executivo de ditar normas com força de lei aumentou desmedidamente. O que transformará homem em mulher, se for o caso, será

94 NORBERTO BOBBIO

o governo; e o parlamento, depois de ampla discussão, em que a oposição haverá de vibrar os golpes pungentes da própria crítica, aprovará. O parlamento não é uma assembleia soberana, mas uma assembleia de debates. Parafraseando o célebre ditado segundo o qual na monarquia constitucional o rei reina, mas não governa, eu seria tentado a dizer que no atual regime parlamentar inglês o parlamento fala, mas não decide. O parlamento discute as questões, mas não as resolve ele mesmo; critica os projetos, mas no final os aprova. Já disse que no atual ordenamento constitucional inglês o parlamento não é uma bacia coletora, mas um simples canal de ligação. Se existe hoje uma bacia coletora na Inglaterra, isto é, um organismo que recolha as forças políticas populares e com elas determine as diretrizes políticas do governo, este não é mais o parlamento, mas o partido vencedor. Portanto, não parece por demais temerário afirmar que, se o modelo inglês oferece um modelo constitucional à nossa meditação e, quem sabe, à vontade de realização prática no continente, este, muito mais do que o governo parlamentar no sentido genuíno da palavra, é um novo tipo de Estado dos partidos, que foi definido como governo do primeiro-ministro, muito mais perto – sob certos aspectos – do governo presidencial, tal como vigora nos Estados Unidos da América, do que do governo parlamentar puro.[10]

Os jovens italianos educados durante o fascismo não tinham grande cultura democrática. O livro mais importante com o qual nos formamos foi *A história do liberalismo europeu*, do filósofo Guido de Ruggiero, amigo de Croce, publicado em 1925 e muitas vezes reeditado. Nós, antifascistas democráticos, éramos anglófilos por reação à anglofobia dos fascistas, evidente no ditado "Deus maldiga em dobro os ingleses!", exibido até em distintivo, ou no epíteto "Pérfida Álbion". Carlo Rosselli era admirador da Ingla-

---

10 I partiti politici in Inghilterra, conferência realizada em Roma, em 7 de abril de 1946, por iniciativa da Associação Ítalo-Britânica, agora em Bobbio, *Tra due repubbliche*, cit., p.55.

terra e do trabalhismo. Anglófilo era Guido Calogero, que nos anos 1950 deixou a universidade para assumir o cargo de diretor do Instituto Italiano de Cultura em Londres. A revista *Il Ponte*, fundada por Calamandrei no final da guerra, era politicamente (e utopicamente) orientada para o trabalhismo. O próprio Calamandrei dirigiu-se à Inglaterra a fim de recolher materiais para um número monográfico dedicado ao trabalhismo.

Mas o exemplo talvez mais significativo de nosso interesse pela cultura inglesa está representado pela revista *Occidente*, fundada em Milão, em 1945. Seu promotor era um jovem, Ernesto De Marchi, que depois da universidade estudara em Oxford e elegera como pátria ideal a Inglaterra, ficando tão fascinado que falava italiano com sotaque inglês. Era filho de um industrial e proprietário de uma bela vila para os lados de Lecco, no Lago de Como, onde às vezes reunia os colaboradores. A revista reuniu muitos escritos de intelectuais ingleses, tendo-se proposto promover o intercâmbio entre as duas culturas.

Em 1952, a *Occidente* se tornará turinense. Em 1954, trocará o subtítulo original "Revista bimestral de Estudos Políticos" para "Revista Anglo-Italiana de Estudos Políticos". Do comitê de redação fizeram parte, além de Bobbio, intelectuais como Riccardo Bauer, Luigi Firpo, Renato Treves, Leo Valiani. Entre os colaboradores italianos, houve jovens estudiosos como Gastone Cottino, Uberto Scarpelli, Carlo Augusto Viano, Ferruccio Rossi-Landi, também enamorado da Inglaterra, que na viagem feita pela redação italiana a Oxford, para encontrar a redação inglesa, apresentou Bobbio a Gilbert Ryle, um dos mais conhecidos filósofos ingleses, do qual traduziria o ensaio *The Concept of Mind* [O conceito de mente] pela editora Einaudi.[11] Um episódio acontecido na Universidade de Pádua em 6 de novembro de 1946 pode ser considerado a conclusão ideal desse período.

O reitor Meneghetti me convidou a realizar a conferência de abertura solene do ano acadêmico, uma prática que o fascismo su-

---

11 Ryle, *Lo spirito come comportamento*.

96 NORBERTO BOBBIO

primira como herança de cerimoniais passadistas. Estava presente Guido Gonella, então ministro da Instrução Pública, um antifascista de cepa vêneto-católica, que nos últimos anos do fascismo salvara-se na Cidade do Vaticano e colaborava na seção "Acta diurna" do *Osservatore Romano*. A conferência se intitulava "A pessoa e o Estado" e retomava o artigo "Estado e democracia", publicado mais ou menos um ano antes na revista, já mencionada, *Stato Moderno*. Comparava duas opostas representações negativas do Estado, "como Deus e como máquina", todas as duas, mesmo sendo opostas, presentes na obra de Hobbes: o Deus-terreno e o *homo artificialis*. Da primeira descendia o Estado ético fascista; da segunda, o Estado potência dos marxistas, as duas formas históricas do Estado totalitário, às quais contrapunha o Estado democrático.

Partimos das tradicionais representações do Estado, o Estado--divindade e o Estado-máquina, descrevendo-as um pouco como um íncubo de que devêssemos nos livrar. Mas pouco a pouco, no decorrer do exame crítico que fizemos das correções que àquelas representações foram aportadas, o íncubo foi se dissolvendo. Nosso discurso, de fato, colocou em relevo pelo menos dois conceitos úteis, delicadíssimos em seu uso prático, mas indispensáveis ao esclarecimento de nosso problema: o conceito de *limite* do Estado diante do homem-pessoa, e o conceito de *participação* dos homens no Estado dentro do limite posto. E eis então que, se o Estado tem um limite, não é mais um deus terreno e seu rosto ameaçador se transforma em rosto benigno. E se dentro de tal limite o Estado requer a participação do homem, de todos os homens, o Estado não é mais uma máquina sobreposta ao homem, mas é o homem mesmo no encontro com seu semelhante em uma vontade comum de colaboração. A progressiva civilização do homem consiste em libertar--se dos ídolos.[12]

---

12 Cf. Bobbio, *Tra due repubbliche*, p.85.

AUTOBIOGRAFIA 97

Um mês depois publiquei na *Il Ponte*, de Calamandrei, um artigo intitulado "Sociedade fechada e sociedade aberta", dedicado à grande obra em dois volumes de Karl Popper *A sociedade aberta e seus inimigos*.[13] Creio ter sido o primeiro, na Itália, a falar do Popper político, um ano depois da publicação da edição inglesa da obra, que será traduzida na Itália muito tempo depois. Não recordo bem se me caíra nas mãos porque me fora dada por Giulio Einaudi para uma eventual tradução ou porque eu a trouxera da Inglaterra.

Por trás do sufrágio universal, da garantia dos direitos do indivíduo, do controle dos poderes públicos, da autonomia dos entes locais, bem visível a quem não quer fechar os olhos está a convicção de que o homem não é meio, mas fim, e que, portanto, uma sociedade é tão mais alta e mais civilizada quanto mais aumenta e revigora, e não rebaixa e entorpece, o senso de responsabilidade individual. Em outras palavras: por trás da democracia como ordenamento jurídico, político e social, está a sociedade aberta como aspiração àquela sociedade que rompa o espírito exclusivista de cada grupo e se proponha fazer emergir das profundezas da sociedade o homem, o indivíduo, a pessoa em sua dignidade e em sua inviolabilidade.[14]

Há quem diga que, entre nós, os autores liberais como Popper teriam sido negligenciados por causa do marxismo imperante. A crítica não me atinge. Sobre o livro de Popper escrevi também uma resenha na *Rivista di Filosofia*.[15] Exagera-se quando se fala de hegemonia marxista na Itália do pós-guerra. E se, afinal de contas, o livro de Popper só será traduzido vinte anos depois, isso decorre sobretudo da fragilidade da cultura liberal de então. De Luigi Einaudi, que foi um grande escritor liberal, de importância europeia, não

---

13 Cf. Id., *Società chiusa e società aberta*, *Il Ponte*, II, n.12, dez. 1946. O ensaio popperiano foi traduzido pela editora Armando em 1973.

14 Cf. Id., *Tra due repubbliche*, p.96.

15 Cf. *Rivista di Filosofia*, XXXVII, n.3-4, jul./dez. 1946, p.204-6.

98   NORBERTO BOBBIO

se ocupa nenhum dos novos liberais. Apontei-o como mestre ideal de liberalismo em um ensaio de 1974.[16] O volume que reúne suas discussões com Croce intitula-se *Liberismo e liberalismo*, um dos mais significativos documentos do debate de ideias quando o regime aproximava-se do fim.[17] Mas qual foi sua repercussão na própria cultura liberal?

Em 26 de dezembro de 1946, Giorgio Almirante, Arturo Michelini, Pino Romualdi e outros ex-fascistas fundaram o Movimento Social Italiano. Em 3 de janeiro de 1947, Alcide De Gasperi, presidente do Conselho de Ministros, parte para uma visita aos Estados Unidos. Ao voltar, apresenta sua renúncia: é o fim dos governos com a participação das esquerdas. Também para Bobbio vira-se uma página. Em maio de 1950, surgia em Veneza uma associação que tomou o nome de Sociedade Europeia de Cultura (SEC), de que Bobbio participou desde a origem e agora é presidente de honra. Surgiu em uma situação na qual a Europa aparecia dividida em dois blocos contrapostos, e essa divisão também condicionava a vida cultural. A sovietização dos Estados satélites da URSS, com a estipulação de férreos pactos de aliança, o bloqueio de Berlim entre o inverno de 1948 e a primavera de 1949, contra o qual os americanos organizaram uma ponte aérea, a assinatura do tratado da Otan em 1949 para a defesa coletiva da Europa Ocidental, a exclusão dos partidos comunistas do governo na Itália e na França, no mesmo ano, davam um sentido concreto à expressão "cortina de ferro", cunhada por Churchill em um discurso de 1946 para definir a divisão tanto política quanto militar do velho continente logo depois da Conferência de Yalta.

Quando se fundou a Sociedade Europeia de Cultura, a Guerra Fria já havia começado. A ideia da Europa parecia superada. O conflito mundial nos legara um continente dividido em duas partes armadas uma contra a outra, marcado pelas consequências de uma guerra sangrenta que durara mais de cinco anos: escombros, lutos, imensos ossários, multidões de desenraizados. Talvez como nunca,

---

16 Bobbio, Il pensiero politico di Luigi Einaudi. In: VV.AA., *Luigi Einaudi: ricordi e testimonianze.*

17 Organizado por Solari, o volume foi publicado pela editora Ricciardi em 1957.

tocava-se então com as mãos a barbárie que o delírio de poder poderia produzir. Adquiria significado de radical atualidade o título de um livro de Paul Hazard, publicado em 1935: *A crise da consciência europeia*. Perguntávamo-nos se ainda podia existir uma pátria ideal europeia e uma consciência comum de europeus. A SEC foi uma resposta às dúvidas de quem via nosso continente prisioneiro de um destino de decadência. O idealizador e promotor dessa associação foi Umberto Campagnolo, que conheci nos anos paduenses. Diplomado em Filosofia em Pádua, professor do Liceu Tito Lívio da mesma cidade, ao chegar a ordem, para os professores, de se filiarem ao Partido Fascista, recusou-se a isso, indo para o exílio. Refugiou-se na Suíça, em Genebra, onde seguiu a escola do célebre jurista Hans Kelsen, exilado, como judeu, da Alemanha. Campagnolo publicou na França um livro de Direito Internacional, *Nations et droits* [Nações e direitos], tese de doutoramento orientada por Kelsen. Depois da guerra, voltou para a Itália, encontrando emprego na Olivetti, onde fundou a biblioteca da empresa e lançou as bases da editora que se chamará Comunità (mas que então se chamava Edizione Ivrea). Concebeu a SEC com base no modelo de uma experiência precedente: os Rencontres Internationales de Genève, que estiveram entre as iniciativas culturais de maior ressonância logo depois da guerra. Promovidos por um comitê presidido pelo reitor da Universidade de Genebra, Antony Babel, ex-professor de História Econômica, seu objetivo era "uma afirmação de existência" da Europa após a catástrofe. O primeiro desses encontros teve lugar no verão de 1946 sobre o tema "L'Esprit européen" e foi assinalado, sobretudo, pelo embate com Jaspers provocado pela conferência de Lukács. As manifestações tinham caráter espetacular. Aconteciam em um teatro: o orador ficava no centro do palco, atrás dele sentavam-se outros intelectuais que dariam vida ao debate e, na plateia, o público. Participei pela primeira vez em 1950, quando o orador oficial era um italiano, Galvano Della Volpe. E quem participava com assiduidade era Maria José di Savoia, que vivia em Genebra e amava a cultura italiana. Todo ano publicava-se um volume dos anais.

Foi com Babel que Campagnolo projetou a criação, também na Itália, de um lugar de encontros culturais: a Sociedade Europeia de Cultura nasceu, em maio de 1950, com Campagnolo secretário e Babel presidente. A sede foi estabelecida em Veneza. A língua oficial era o francês. Em francês se publicou a revista da SEC intitulada *Comprendre*. Até agora foram publicados 48 volumes, cada qual dedicado a um dos grandes temas do mundo contemporâneo. Após a morte de Campagnolo (1976), eu mesmo me tornei o diretor. Sob minha direção saíram os últimos três volumes, dedicados respectivamente a *Le sens de l'histoire* [O significado da história] (1977-1978), *Ethique et politique* [Ética e política] (1979-1980) e *Violence et dialogue* [Violência e diálogo] (1981-1983). A escolha de Veneza não era casual: evocava o papel histórico da Sereníssima como ponte entre Ocidente e Oriente. No primeiro número da *Comprendre*, por ocasião da assembleia constitutiva, Campagnolo escreveu que "o escopo principal da Sociedade Europeia de Cultura devia ser o de salvaguardar a possibilidade de um diálogo entre os homens de cultura, ameaçado pela exacerbação de uma luta política que tendia a dividir a Europa em dois campos cada vez mais irredutivelmente opostos um ao outro". Com efeito, a SEC foi a única associação que continuou a promover suas assembleias anuais com a participação de intelectuais do Leste e do Oeste.

Naturalmente, os do Oeste eram prevalentemente de esquerda. Entre eles, em particular, a *intelligentsia* francesa: lembro ter encontrado nas reuniões Benda, Sartre, Merleau-Ponty, toda a *gauche* que provinha da Resistência e tinha posto em primeiro plano o tema do *engagement*, a questão do compromisso. Grande foi a importância da SEC para os países do Leste, porque permitiu manter vivos os contatos entre os intelectuais do Ocidente europeu e os intelectuais do outro lado da cortina, iugoslavos, húngaros, boêmios, poloneses, alemães orientais, que conseguiram conservar certa independência de juízo. As reuniões intermediárias entre uma assembleia e outra – os *conseils exécutifs* – também ocorriam nas capitais dos países comunistas: em Praga, além de Moscou. Graças a essas reuniões da SEC, visitei Praga, Belgrado, Budapeste, Varsóvia e Cracóvia, e

AUTOBIOGRAFIA 101

fiz intervenções variadas sobre o problema da tolerância (em Varsóvia), sobre o problema da Europa (em Belgrado), sobre o tema do diálogo e da política da cultura (Budapeste). A Sociedade nasceu para opor uma resistência moral à Guerra Fria que parecia preparar a Terceira Guerra Mundial. Opusemos à política dos políticos, que chamávamos "política ordinária", a "política da cultura", que era a política própria dos intelectuais acima das divisões partidárias, cuja tarefa específica devia ser a de defender as condições mesmas de sobrevivência da cultura ameaçadas pela contraposição dos dois blocos. Comprometemo-nos a não brigar entre nós sobre questões de política contingente. Unia-nos o reconhecimento do patrimônio cultural comum tanto à França quanto à Rússia, tanto à Inglaterra quanto à Tchecoslováquia, tanto à Itália quanto à Polônia. A Europa da cultura não conhecia a "cortina de ferro", que era uma divisão política e só política. Nossa Europa não era a do Leste contraposta à do Oeste. À Europa da cultura pertenciam com pleno direito tanto Voltaire quanto Pushkin, tanto Flaubert quanto Dostoiévski, tanto Gide quanto Kafka. Essa Europa foi salva e sobreviveu, depois da bárbara guerra que havia durado quase seis anos, graças a seus grandes intelectuais, de Julien Benda, que em 1933 escreveu *Discours à la nation européenne* [Discurso à nação europeia], a Benedetto Croce, que em 1932 exaltou, no primeiro capítulo da *Storia d'Europa nel secolo decimonono* [História da Europa no século XIX], a "religião da liberdade", e a Thomas Mann, que dos Estados Unidos, onde se refugiara, lançou quase diariamente suas *Advertências à Europa*, em que denunciava ao mundo, ele, escritor alemão, a barbárie nazista.

Em 10 de maio de 1953, Thomas Mann dirigiu à Sociedade uma carta intitulada "Retour de l'Amérique", em que escreveu:

La perspective millénaire de l'Europe, son expérience de la souffrance, sa certitude que tous s'ecoule, tout n'a qu'un temps, que la prudence devient folie e le bienfait calamité, son scepticisme mûri, sa compréhension de ce qu'a de condamné, une attitude contraire à la volonté de l'esprit du monde, une attitude qui s'obstinerai à se cram-

102 NORBERTO BOBBIO

ponner au muable, lui assignent le rôle de médiateur appliqué à éviter une catastrophe sans nom, plus qu'à être le troupier, le soldat mercenaire lié unilatéralement, voué à être la première victime de cette gigantomachie. Ce n'est dans la liberté qu'il sera loisible de se retrouver et de récuperer sa dignité.[18]

No terreno assim preparado tiveram origem também as reflexões que em seguida reuni em *Política e cultura* (Turim, Einaudi, 1955). O primeiro ensaio, "Convite ao diálogo", foi publicado na *Comprendre* em 1951.

A tarefa dos homens de cultura é hoje, mais do que nunca, a de semear dúvidas, não de colecionar certezas. De certezas – revestidas com o fausto dos mitos ou edificadas com a pedra dura do dogma – estão repletas, regurgitantes, as crônicas da pseudocultura dos improvisadores, dos diletantes, dos propagandistas interessados. Cultura significa medida, ponderação, circunspecção: avaliar todos os argumentos antes de se pronunciar, verificar todos os testemunhos antes de decidir e não se pronunciar nem decidir jamais à guisa de oráculo do qual dependa, de modo irrevogável, uma escolha peremptória e definitiva.

O segundo ensaio, "Política cultural e política da cultura", dedicado às ideias que inspiravam a Sociedade Europeia de Cultura, buscava uma resposta a duas posições extremas, verso e reverso de uma mesma medalha: a cultura politizada, "que obedece a dire-

---

18 Bobbio, *Il dubbio e la scelta*, p.203. "A perspectiva milenar da Europa, sua experiência de sofrimento, sua certeza de que tudo passa, tudo tem seu tempo, de que a prudência se torna loucura e o benefício calamidade, seu maduro ceticismo, sua compreensão daquilo que se deve condenar, uma atitude contrária à vontade do espírito do mundo, uma atitude obstinada em agarrar-se ao que é mutável, atribuem a ela o papel de mediador que se esforça mais por evitar uma catástrofe inominável do que por ser o soldado, o mercenário vinculado unilateralmente, fadado a ser a primeira vítima dessa gigantomaquia. Só na liberdade ser-lhe-á agradável reencontrar-se e recuperar a própria dignidade."

AUTOBIOGRAFIA **103**

tivas, programas, imposições que vêm dos políticos", e a cultura apolítica, "destacada da sociedade em que vive e dos problemas que nesta sociedade se discutem". A essa antítese eu contrapunha

> [...] uma *política da cultura*, que significa política realizada pelo homem de cultura como tal, não coincidente necessariamente com a política que ele realiza como homem social. [...] Diferencia-se das duas posições extremas sem ser de modo algum uma posição intermediária e conciliadora. Como se dizia, é uma posição diversa que refuta todas as duas ao mesmo tempo porque se põe nas raízes mesmas do problema das relações entre cultura e política. De fato, esse problema, antes de ser o problema sobre se o homem de cultura deve ou não deve fazer política, é o problema de qual atividade política ele deve desenvolver a fim de que sejam realizadas as condições mais favoráveis ao desenvolvimento da cultura da qual ele é o guardião e o depositário.

IV
DIÁLOGO COM OS COMUNISTAS

No final da guerra, sabíamos muito bem que o Estado soviético era um Estado despótico. Mas não podíamos esquecer que a União Soviética dera contribuição decisiva para a vitória dos aliados. Se não tivesse havido a heroica e desesperada resistência soviética em Stalingrado, que deteve o avanço do exército alemão rumo a Moscou, talvez Hitler vencesse a guerra e a Europa se tornasse uma colônia alemã. Uma parte da *intelligentsia* europeia não só reconhecia essa contribuição soviética para a vitória final, mas via no país que representava a segunda potência mundial uma nova sociedade. Em 1950, publicamos pela editora Einaudi *Il comunismo sovietico: una nuova civiltà* [O comunismo soviético: uma nova civilização], dois importantes volumes, em um total de 1.600 páginas, escritos em 1935 pelo casal Beatrice e Sidney Webb, intelectuais ingleses que foram membros da Fabian Society e tiveram cargos no Labour Party. Nos anos 1930, fizeram uma viagem por toda a União Soviética, no decorrer da qual firmaram a convicção de que nela nascera uma *new civilisation*. A tradução do livro, com esse título, hoje pode nos deixar desconcertados: é prova da confusão que então reinava inclusive entre os não comunistas. Como já contei, mesmo Laski, no encontro em Londres, não escondia sua admiração por aquilo que hoje se costuma chamar "comunismo real", que contrapunha ao capitalismo real

106 NORBERTO BOBBIO

dos Estados Unidos. Naturalmente, nem todos os intelectuais de esquerda se deixaram encantar. É conhecida a desilusão de André Gide, ao voltar de uma viagem à União Soviética. Menos conhecido é o fato de que Bertrand Russell, homem de esquerda, socialista declarado, pacifista incondicional, narra em sua autobiografia ter ido à União Soviética cheio de esperanças e lhe terem concedido uma audiência no Kremlin com Lênin, da qual se retirou prostrado e aterrorizado por causa da sensação de se encontrar diante de um fanático:

> *Lenin, with whom I had an hour's conversation, rather disappointed me. I do not think that I should have guessed him to be a great man, but in the course of our conversation I was chiefly conscious of his intellectual limitation, and his rather narrow Marxian orthodoxy, as well as a distinct vein of impish cruelty.*[1]

Estava claro para os *azionistas* que o Estado soviético era uma ditadura. Talvez ainda não tivéssemos visto a "face demoníaca" do poder soviético, mas o grande tema que opúnhamos aos comunistas era o da liberdade. Mila conta que perguntava a Pajetta, que tentava doutriná-lo: "E o que fazemos com a liberdade?".

Nos últimos escritos antes da morte, Carlo Rosselli, em quem se inspirará a ala mais intransigente do Partido de Ação, propugna a unificação de todas as forças em luta contra o fascismo, inclusive os comunistas, sobre cuja doutrina e ação faz um juízo bastante severo. "Falseiam a luta política", afirma, "na medida em que a reduzem a pura tática ou instrumento." Uma falsificação que decorre do caráter "demasiadamente centralizado, hierárquico, quase militar de seu partido".[2]

---

1 "Lênin, com o qual tive uma hora de conversa, desiludiu-me bastante. Não creio que o visse como um grande homem, mas no decorrer da conversa me dei conta de sua limitação intelectual e de sua ortodoxia marxista bastante estreita, assim como de um nítido traço de maliciosa crueldade." Russell, *The Autobiography of Bertrand Russell*, v. II, *1914-1944*, p.109-10.

2 Cf. Rosselli, Per l'unificazione politica del proletariato italiano. III. Il partito comunista (1937). In: Casucci (org.), *Scritti dell'esilio*, p.490.

AUTOBIOGRAFIA   107

A última batalha travada pelos ex-*azionistas* junto com os comunistas foi aquela contra a chamada *legge truffa*. As oposições batizaram de lei-trapaça a lei eleitoral aprovada pelo Parlamento no início de 1953, que previa um forte prêmio de maioria para a coalizão que obtivesse mais de 50% dos votos. A lei foi objeto de duro debate, durante o qual a esquerda também recorreu à obstrução no Parlamento. A campanha eleitoral para as votações que se realizariam em junho foi muito disputada, com virulenta propaganda. Os ex-*azionistas* deram vida ao pequeno Partido de Unidade Popular, que era dirigido por Piero Calamandrei e Ferruccio Parri. Data de então meu doloroso conflito político com Franco Antonicelli, que, ao contrário, optou por militar em uma lista de liberais dissidentes: a Aliança Democrática Nacional, constituída por Epicarmo Corbino, ex-ministro das Finanças. Nossa lista obteve 0,6% para a Câmara e 0,7% para o Senado, a de Corbino se deteve em 0,5%. Nem uma nem outra conquistou uma cadeira, mas as duas se revelaram determinantes para subtrair da coalizão de centro os votos necessários para aprovar o prêmio de maioria. De fato, a coligação dos partidos afins, formada por DC, PSDI, PLI, PRI, Südtiroler Volkspartei e Partido Sardo de Ação, deteve-se em 49,8% dos votos. Tivesse alcançado 50,01%, entraria em vigor o prêmio de maioria e a história de nosso país seria diversa. Melhor ou pior? Hoje, em clima de revisionismo histórico, às vezes agressivo, perguntamo-nos se a batalha contra a lei-trapaça não foi um erro e não retardou a modernização da vida política italiana. É uma pergunta legítima, que, no entanto, prescinde das condições históricas daquela campanha eleitoral. Não devemos nos esquecer de que estávamos no período da Guerra Fria e que uma vitória dos centristas significaria quase certamente não a passagem para uma democracia baseada na alternância, mas a definitiva exclusão das esquerdas de participação em responsabilidades de governo.

Se tivesse de sintetizar minha posição naquele tempo – primeira metade dos anos 1950 – em relação aos comunistas, proporia o título de um artigo que escrevi há alguns anos para a revista *Nuvole*:

"Nem com eles nem sem eles".[3] Nunca tendo sido comunista nem pensado em ser, percebia, no entanto, que o comunismo era o agente de grandes transformações, de uma verdadeira revolução no sentido clássico da palavra. Ao mesmo tempo, cheguei à conclusão de que nós, *azionistas*, devíamos nos diferenciar das posições dos comunistas, ainda que levando em conta as batalhas travadas em conjunto, porque não havíamos esquecido quais deviam ser os pressupostos do Estado moderno. Via, portanto, os comunistas (sobretudo, repito, os italianos) não como adversários, mas interlocutores. É dessa convicção que se originaram os artigos reunidos em *Política e cultura*. Aliás, considero ser próprio de meu caráter não radicalizar os confrontos, não exacerbar os conflitos e, ao contrário, tentar ver também a parte de razão que possam ter as pessoas que têm ideias diferentes das minhas. Sempre procurei manter um diálogo civilizado com todos: com os católicos e os comunistas. No que me diz respeito, esforcei-me por seguir um modo de raciocinar que sopesa os prós e os contras, de modo a não fechar todo e qualquer espaço à posição do outro e não tornar impossível sua réplica. Essa atitude fez que eu tenha mantido cordiais relações não só com os comunistas meus amigos pessoais, mas também com o partido e seus dirigentes. O debate que deu vida aos artigos de *Política e cultura* nasceu de um diálogo muito civilizado com Ranuccio Bianchi Bandinelli e Galvano Della Volpe, meus dois principais interlocutores. Percebo que sublinhar esse aspecto pessoal pode parecer quase bizarro a quem não tenha um conhecimento preciso daquele período da vida italiana. É difícil imaginar hoje o espírito de cruzada que então invadia as partes opostas e a pouca disponibilidade para compreender as razões uns dos outros. Os artigos reunidos em *Política e cultura* representavam a tentativa de abrir uma brecha no muro que nos dividia. Desmonstravam que o diálogo era possível, mesmo em momentos marcados pelas trevas da Guerra Fria.

---

3 Cf. *Nuvole*, II, n.3, mar.-abr. 1992. O artigo foi republicado no volume *Os intelectuais e o poder: dúvidas e opções dos homens de cultura na sociedade contemporânea*.

AUTOBIOGRAFIA **109**

Minha relação com Palmiro Togliatti, de resto, foi muito civilizada. Reconhecia nele uma tradição de intelectuais políticos, que faz parte da história do PCI. A sociedade italiana, depois da guerra, de modo algum se desenvolveu na direção indicada pelo Partido Comunista: a reconstrução de nosso país e o desenvolvimento acelerado que nos levou em curto tempo à recuperação econômica não foram uma realização das "massas" caras aos comunistas, mas o fruto da livre iniciativa de pequenas e grandes empresas, como já disse. O acontecimento que iluminou, de maneira nítida, aos olhos dos *azionistas*, a capacidade estratégica do líder dos comunistas foi a conhecida discussão sobre o artigo 7º da Carta Constitucional, que acolhia os Pactos Lateranenses. Piero Calamandrei então dizia que, por força de compromissos, nossa Constituição terminaria como um senhor de meia-idade a quem uma velha amante arranca os fios negros e uma amante jovem os fios brancos, deixando-o no final inteiramente calvo. Mas minhas relações com Togliatti, na época de sua intervenção na polêmica entre mim e Galvano Della Volpe, inspiraram-se naquele respeito recíproco que deveria ser, a meu juízo, o sinal distintivo das disputas entre intelectuais. Recordo que, quando Togliatti veio a Turim em 1961 para uma conferência organizada pelo Círculo da Resistência, entre as manifestações pelo centenário da Unidade da Itália, coube a mim, presidente do Círculo, apresentá-lo no salão da Galeria de Arte Moderna, lotadíssimo. Franco Antonicelli convidou-o para o café da manhã em sua casa. Nós três, sozinhos à mesa. Nenhum outro convidado. No entanto, não recordo nada da conversa. Não deve ter sido particularmente interessante.

De resto, minha relação com os comunistas, ainda que conflituosa, jamais chegou à ruptura. E jamais se interrompeu a colaboração nessa ou naquela iniciativa. Por alguns anos me ocupei do Centro Nacional do Livro Popular, do qual também fui presidente. O objetivo do Centro era difundir a leitura de livros cultos nas camadas populares. A sede era a Câmara do Trabalho, que ainda ficava no Corso Galileo Ferraris. Girávamos para fazer apresentações de livros, seguidas de debates, inclusive nas seções do PCI. Recordo de modo

110   NORBERTO BOBBIO

particular a apresentação de *Lettere di condannati a morte della Resistenza italiana* [Cartas de condenados à morte da Resistência italiana], em 1952, e *Lettere di condannati a morte della Resistenza europea* [Cartas de condenados à morte da Resistência europeia], em 1954, dois livros da coleção Saggi da editora Einaudi organizados por Piero Malvezzi e Giovanni Pirelli. Dessa minha atividade restaram vestígios em uma pequena revista do Centro, *Letture per tutti*,[4] e nas páginas do *L'Unità*,[5] que publicou alguns de meus artigos escritos na qualidade de presidente do Centro Nacional do Livro Popular.

Em 1955, Bobbio foi um dos membros da primeira delegação cultural italiana convidada a visitar a China de Mao, com a qual nosso Estado ainda não mantinha relações diplomáticas oficiais. Haviam passado seis anos desde quando Mao Tsé-tung, em 1º de outubro de 1949, proclamara o surgimento da República Popular Chinesa, mas os países ocidentais ainda reconheciam o governo nacionalista de Chiang Kai-shek, refugiado em Taiwan. Jean-Paul Sartre acabara de publicar *La Chine que j'ai vue* [A China que eu vi]. As visitas culturais eram um modo pelo qual a China popular estabelecia relações com a Europa, na fase em que se apresentava na cena internacional como nova potência, depois de ter peso decisivo na guerra da Coreia. Aos olhos da maior parte dos ocidentais, o país nascido da "longa marcha" ainda era uma entidade misteriosa, mas mostrara (encontro Mao-Khruschev de 1954) não aceitar o papel de força-satélite da União Soviética.

A viagem durou um mês, de 24 de setembro a 24 de outubro. A delegação era presidida por Piero Calamandrei, que fora deputado na Assembleia Constituinte. Antonello Trombadori, comunista, era seu secretário. Dela faziam parte literatos, como Carlo Cassola, Franco Fortini, Franco Antonicelli, Carlo Bernari, o crítico de cinema Umberto Barbaro, o psicanalista Cesare Musat-

---

4   Cf. Un centro di studi sulla cultura popolare, *Letture per tutti*, IV, n.5, jul. 1952; Necessità della lettura, ibid., IV, n.10, dez. 1952 (número dedicado ao II Congresso Nacional do Centro, Bolonha, 9-10 jan. 1952); Sei mesi di attività del Centro popolare di Torino, ibid., V, n.7-8, jul.-ago. 1953.

5   Perché leggiamo?, *L'Unità*, 10 nov. 1950; Che cosa leggiamo?, ibid., 11 nov. 1950.

AUTOBIOGRAFIA 111

ti, o pintor Ernesto Treccani, o arquiteto Franco Berlanda, o cientista Rodolfo Margaria. Quase todos os delegados, na volta, escreveram relatos em forma de livros ou artigos. A revista *Il Ponte* de Calamandrei publicou um número de mais de setecentas páginas, no qual Bobbio escreveu um artigo sobre a Constituição chinesa. Antonicelli, fotógrafo apaixonado, reuniu em volume ilustrado suas imagens. Bernari e Cassola escreveram livros. Mas o relato mais bonito foi o de Franco Fortini: intitulava-se *Asia Maggiore* [Ásia Maior] e saiu pela editora Einaudi no ano seguinte. Continha, entre outras coisas, um extraordinário retrato de Bobbio.

Delle Carte. Terá entre 40 e 50 anos. Na inteireza de sua pessoa expressa, mais ainda do que força intelectual, um tipo de educação bem enraizado, uma fidelidade aos pais e aos avós. A energia das convicções tem, nele, a única fraqueza de se expressar, precisamente, como energia; percebe-se que as virtudes de ordem, tenacidade, sobriedade mental, honestidade intelectual lhe são bem conscientes. E talvez fossem acompanhadas de alguma paixão pedagógica, não interviesse para corrigi-las, vez por outra, um sorriso, entre embaraçado e irônico. É autoironia, sempre que o discurso se permita um adjetivo a mais do que o necessário, uma cadência um pouco mais apaixonada; é embaraço, talvez timidez, tentativa só esboçada de mundanidade e desenvoltura. Naturalmente, quando rapaz deve ter sido capaz e aplicado e deve ter desprezado toda forma de languidez sentimental. Quando dorme, não relaxa. Seu moralismo é continuamente controlado, urbaníssimo. Obriga à admiração e ao respeito; mas percebe-se que suas preferências e seus juízos sobre as coisas e os homens nascem de um horror à ambiguidade e à incerteza. Sua atitude moral preferida é certamente esta: "Mas observemos um pouco mais...". Se é profundamente conservador, ele o é mais na vontade do que na persuasão de ter superado o decadentismo, de ter podido chegar a uma idade da razão e da precisão na qual voltem a valer as virtudes dos avós e dos bisavós, laconismo, clareza, decoro. Para que isso seja possível, para que não desapareça jamais a possibilidade de uma integração social ao mundo das pessoas sérias (a divisão do mundo em pessoas sérias e em diletantes lhe deve ser natural desde a infância), é preciso que, no mundo turbulento e revolucionário, uma cidadela resista à tentação da desordem, não a do espírito crítico libertino, mas a do espírito crítico científico. Se existe, pois, em nosso grupo, uma pessoa que não deverá se abandonar nem ao riso nem ao choro, mas só ao intelecto, ela é Bobbio, isto é, Delle Carte, como quis apelidá-lo por sua semelhança com Descartes. Reage aos momentos de pilhéria de seus colegas universitários tal como devia fazer, no tempo de rapaz, diante das ataques de riso dos companheiros de escola: aparente indulgência, substancial deploração. Daí sua frequente condenação do laxismo e da inconsequência dos povos latinos; um acentuado complexo de "setentrional"; e a inabalável persuasão de que a evolução das pessoas que nos circundam, isto é, dos chineses, não possa deixar de ser comandada por aquela concepção racional do mundo que surgiu na Europa depois da Reforma. O que é certamente muito verdadeiro, não pode haver industrialização sem o costume mental científico nem este sem Ocidente, sem Europa. Mas em Delle Carte essa corretíssima, aliás, evidente verdade, não deve ser separada da consciência da superioridade indiscutível da civilização ocidental; de modo que, falando com ele, somos obrigados continuamente ora a sublinhar a substancial identidade humana entre nós, ocidentais, e os orientais chineses, a negar a existência de "mistérios da China" – essa invenção ocidental –, ora, ao contrário, a pôr em evidência aquilo que, entre as características tradicionais dessa civilização, deve-se talvez salvar em uma síntese futura. O *honnête homme* Delle Carte, no entanto, desconfia do futuro, o futuro é obscuro. Uma desconfiança que pode ser temor, não temor covarde, mas projeção dirigida ao futuro do olhar pessimista voltado para o passado, para a história. Só duas vezes vi Delle Carte se entusiasmar: a primeira, durante o desfile de Primeiro de Outubro, a segunda na noite da *Habanera* de Bizet; entusiasmo breve, logo seguido de arrependimento; o demônio mostrava *le bout de l'oreille*, depois voltava a se esconder.[6]

---

6 Fortini, *Asia Maggiore*, p.121-3.

Foi uma viagem inesquecível, que deixou também em mim uma marca profunda. Se a viagem à Inglaterra significou a descoberta da democracia, aquela à China representou meu encontro com o comunismo real. Jamais visitei a União Soviética, nem antes nem depois. Nem sequer tive o desejo de ir lá, apesar dos convites da Associação Itália-URSS. A Sociedade Europeia de Cultura organizava também em Moscou seus *conseils exécutifs* anuais, mas não participei deles. Sabia muito bem que os "intelectuais" que nos permitiriam encontrar eram, na realidade, funcionários do partido. Mas afinal também fiz uma parada, ainda que breve, na União Soviética, para ir à China. Partindo de Zurique em um avião soviético, fizemos escala em Praga, Minsk e Moscou. Em Moscou nos levaram ao velho hotel na Praça Vermelha, ao qual iam todas as *delegatsii*. Mas meu conhecimento da Rússia se limitou ao que vi ao longo do trajeto do aeroporto ao Centro e a poucos passos na Praça Vermelha. As paradas em Novosibirsk e Irkutsk foram mais interessantes. Irkutsk, em particular, que era uma cidade completamente nova, pareceu-me um espantoso episódio de modernização no interior de uma sociedade camponesa. A impressão que tivemos em Ulan Bator, a capital da Mongólia, foi muito diversa. Descemos em um grande descampado e tivemos a impressão de nos precipitarmos em um mundo de mil anos antes. Depois houve o salto muito longo até Pequim, sobrevoando o deserto de Gobi. No aeroporto, Piero Calamandrei e a sra. Ada, que o acompanhara, esperavam abraçar novamente o filho Franco, então correspondente do *L'Unità* em Pequim, e ver sua menina, mas ficaram decepcionados porque Franco tivera de partir para o Tibete. Hospedamo-nos em um hotel repleto de delegações estrangeiras, convidadas para o aniversário da revolução chinesa. Também estavam Jean-Paul Sartre e Simone de Beauvoir.

Uma viagem fascinante, mas também muito cansativa. Todos os dias estávamos envolvidos em um intenso programa de visitas e encontros: museus, escolas, palácios imperiais, casas populares, fábricas, estaleiros, comunidades agrícolas. Levavam-nos a visitar o edifício no qual as prostitutas eram reeducadas, bem como as

114 NORBERTO BOBBIO

casas de cultura, para mostrar quantos chineses jogavam xadrez. A noite, em geral, era reservada para espetáculos teatrais, seja de teatro tradicional chinês, seja do novo teatro socialista, baseado em um esquema sempre igual: o corajoso e generoso soldado de Mao que derrota o pérfido soldado de Chiang Kai-shek. Ou então o circo, o espetáculo em que os chineses são famosos em todo o mundo. Viajamos tanto até o norte, na Manchúria industrializada, quanto até o sul, chegando a Cantão. Naturalmente, subimos na Grande Muralha. De Xangai a Cantão nos deslocamos de trem, em um belíssimo vagão-leito das velhas ferrovias coloniais, uma viagem que durou dois dias. Não me acontecera nunca, e não me aconteceria mais, permanecer por dois dias inteiros no mesmo trem. Recordo com muita nitidez a grande limpeza: nem um papel ou uma casca de fruta no chão dos vagões ou das estações. Tinha-se a impressão de que era grande o senso de decoro também nos estratos baixos da população: agora me pergunto se era por imposição ou por cultura. Todos estávamos dispostos a admirar um povo que expressava em seu comportamento civilizadíssimo uma educação milenar: cortês, não barulhento, tranquilo, sorridente. A imponente manifestação popular na Praça Tien An Men pela festa nacional do Primeiro de Outubro foi o espetáculo mais extraordinário a que assisti em minha vida. Depois de uma breve parada militar, o grande desfile se povoou de dançarinos, saltimbancos, malabaristas. Guirlandas de flores e mulheres que cantavam enchiam a praça de cores e movimentos graciosos. Das arquibancadas podíamos muito bem ver Mao Tsé-tung, no alto, em cima do palco, com todo o seu Estado-maior. Posso dizer, com toda a tranquilidade, que o olhávamos com admiração. A "longa marcha" foi um dos episódios mais assombrosos e entusiasmantes da história contemporânea.

Nenhum de nós era ingênuo. Muitos, ao contrário, enfrentaram a viagem com o propósito preciso de não se deixarem enganar pela propaganda. Quando encontrávamos intelectuais chineses, quando visitávamos sedes universitárias, tentávamos argumentar sobre os problemas da liberdade e da democracia, com o resultado de que os diálogos feneciam muitas vezes em uma atmosfera de frio embaraço, muito bem descrita em *Asia Maggiore*, de Fortini. Pedíamos notícias de personagens que sabíamos perseguidas, como o escritor Hu Feng, cujos escritos foram proibidos de circular. Explicaram--nos, sem nos convencer, que a medida não dizia respeito a suas opiniões, mas à participação em um complô. Das discussões políticas nunca se extraía muito mais do que sorrisos embaraçados. Nós também sabíamos que as visitas eram minuciosamente organizadas e que, quando nos levavam a uma comunidade agrícola ou a uma casa de reeducação, estas não eram escolhidas ao acaso. Sabíamos que nos movíamos em uma paisagem de fachadas falsas. Percebíamos muito bem que existia um sistema rígido de controles policiais. Tive pessoalmente uma prova disso quando, na partida de Pequim, confiscaram-me o livro de um dirigente do Partido Comunista caído em desgraça, Kao Kang, de quem eu possuía, e tinha trazido da Itália, a edição inglesa, publicada pela editora estatal chinesa. Submeteram-me logo a interrogatório: queriam saber onde eu comprara o livro. Explicar que o trouxera da Itália foi inútil: apreenderam-no. Apesar disso, todos nós tivemos a impressão de um povo que despertara de um longo sono, pulando do medievo para a Era Moderna. Sem dúvida, fazia parte da propaganda nos mostrar as velhinhas com os pés deformados, mas era verdade que esse costume opressivo tinha sido abolido e velhinhas com pés deformados não haveria mais. Da mesma forma, era verdade que em poucos anos foram construídos grandes bairros operários. E as pessoas que lotavam jardins, museus, salas de teatro pareciam serenas. Era difícil negar que os chineses conheciam um bem-estar maior. Sobretudo, tinha-se a impressão de algo profundamente novo nas relações entre os homens, como se lê em *Asia Maggiore*. Esse algo podia desembocar em uma sociedade perfeita ou terminar, como terminou, no despotismo. Naquela altura, a impressão, mesmo de quem não se sentia comunista, era que a transformação podia seguir antes o caminho da ótima república do que da péssima. Naturalmente, os comunistas entre nós, como Barbaro ou Trombadori, viam na nova sociedade chinesa o salto qualitativo produzido pela revolução, que impusera a aceleração histórica necessária em um país que havia ficado muito atrasado. Confiando nessa interpretação benévola, fechavam os olhos diante de distorções que intuíam, mas não queriam esclarecer até o fundo. Os outros, os não comunistas como eu, estavam divididos: admiravam as grandes mudanças, mas estavam preocupados com os limites à liberdade. Deixamos o país com a sensação de ter passado por uma experiência talvez irrepetível: a de ver, por dentro, mesmo com todos os seus limites, o grande esforço produzido pelo comunismo para transformar uma sociedade atrasada. De Cantão até Hong Kong havia a terra de ninguém: acompanharam-nos a pé por um trecho, em seguida nos deixaram chegar sozinhos à barreira que delimitava a fronteira. Chegados a Hong Kong, encontramo-nos diante de uma reviravolta desconcertante: do mundo novo da revolução ao triunfo do capitalismo. Depois, Antonicelli, eu e alguns outros pedimos para voltar à Itália através da Índia, com parada em Bombain. Giramos pelo mundo por mais de um mês.

Em *Asia Maggiore*, Franco Fortini escreveu que a geração intelectual a que pertenciam ele e Bobbio tinha passado a adolescência a sonhar com a Europa, não com a China. Paris, Londres, Madri, a Alemanha, não o resto do mundo. "Dizer China era como dizer Lua." E confessava: "Não sou moderno, nisto. *L'Inde, la Chine*, como há cem anos – lugares remotos, quase irreais, que rimavam com *amours enfantines*". A viagem de 1955, portanto, representou o choque imprevisto com uma realidade desconhecida, não só em seus elementos estruturais – a economia, a política, as condições materiais de vida da população –, mas também do ponto de vista da cultura, dos comportamentos, das linguagens (além do volume de Kao Kang, objeto de apreensão, Bobbio também levara para a China o ensaio *Clefs pour la Chine* [Chaves para a China], de Claude Roy, publicado em 1953). O encontro com o comunismo implicava o aniversário da revolução, as visitas às fábricas, a descoberta do teatro chinês tradicional na Ópera de Pequim, a recuperação staliniana da cultura ocidental em chave popular, mas também a dificuldade de discutir problemas candentes. Uma seção de *Asia Maggiore*, no final do livro, intitulada "Diálogo com os professores de marxismo", conta-nos o que aconteceu a Bobbio:

AUTOBIOGRAFIA 117

Bobbio me diz que nesta noite terá uma conversa com dois professores de Filosofia e me convida a ir. Às nove da noite, de fato, entramos em um aposento frouxamente iluminado de nosso hotel em Xangai, onde estão a nos esperar dois personagens que se apresentam com solenidade. São os dois chineses mais parecidos com a imagem hollywoodiana do chinês general-pérfido-rebelde--enigmático que jamais vi. Altos todos os dois, todos os dois frios e comedidos, faces impenetráveis. Bobbio começa a falar um pouco embaraçado com tais aparências rígidas. Depois das primeiras perguntas, compreendemos que é absurdo contar com aquela espécie de "cordialidade de categoria" que, entre nós, liga muitos dos chamados homens de cultura e, certamente, os acadêmicos. Os dois senhores não são, absolutamente, docentes de Filosofia, mas funcionários do partido particularmente versados, dizem-nos, no problema do marxismo-leninismo-*stalinismo* e encarregados de cursos de caráter histórico-político na Universidade de Xangai. Daí nosso embaraço, e o deles. Longos silêncios. Acreditávamos encontrar docentes que estivessem em condições de nos informar sobre o ensino da Filosofia nas universidades chinesas; e, no entanto, esses dois senhores (os quais devem estar tão tensos quanto nós, mas buscam, com extrema cortesia, não demonstrá-lo) só podem nos dar algumas informações muito genéricas. Em Xangai, sua tarefa é a de ensinar a teoria do materialismo histórico e dialético; não a história do materialismo. (As primeiras objeções morrem em nossos lábios.) Além disso, estão se organizando cursos – destinados tanto aos estudantes quanto ao corpo docente – de economia política, de história do partido comunista soviético e do partido chinês.

"Mas", pergunta Bobbio, "existe uma faculdade de Filosofia onde se ensine a filosofia ocidental?" "Em Pequim", respondem-nos; e se desculpam mais uma vez pela pouca informação que podem nos oferecer. "Nelas, quais autores se estudam?" "Os maiores da história da Filosofia." "Existem traduções de Hegel em chinês?" "Sim, Hume, Kant, Hegel e Fichte, por exemplo, são traduzidos em chinês. Além, naturalmente, dos clássicos do marxismo. Mas a maior parte dos estudantes de Filosofia lê os textos nas línguas originais ou nas traduções em russo." "Existem cursos de lógica?" "Nas faculdades de Direito, de História e de Jornalismo, exames de lógica são obrigatórios." "Qual é a posição atual de Fung Yu-lan?" "É professor de Filosofia em Pequim e explicitou publicamente sua adesão ao materialismo marxista."

As respostas brotam assim, formuladas em poucas palavras, sem sombra de cordialidade e sem maiores referências. Não se sabe como encaminhar o fim da conversa. Está claro que os dois desconfiam de nossas perguntas ou estão imobilizados por seu embaraço. Mas a coisa mais desagradável são os fugazes sorrisos combinados que às vezes correm nos lábios de ambos: por exemplo, quando perguntamos o número dos estudantes de Filosofia de Pequim ou indagamos sobre Fung Yu-lan, o historiador de Filosofia.

Tentamos com esforço formular algumas outras perguntas: "Quais são os principais problemas discutidos por seus estudiosos de Filosofia?" "A influência do pensamento de Dewey sobre dois de nossos maiores filósofos, um dos quais está do lado do Kuomintang e o outro vive na China; o problema da avaliação crítica de nossa literatura clássica, o da validade de nossa medicina empírica tradicional; o problema pedagógico."

Nada a fazer; é como querer tirar leite de pedra. Inútil tentar entender. É a primeira vez que nos encontramos diante de um muro. Os dois homens vieram porque tinham de vir, mas se recusam ao diálogo. Despedimo-nos friamente. O colóquio não durou mais de meia hora. Bobbio está preocupado e aborrecido; não posso tirar-lhe a razão. Pela primeira vez vimo-nos às voltas com dois dirigentes políticos convencidos da inutilidade de toda tentativa de fazer os ocidentais compreenderem. Esta também é Xangai: este também é um sinal da dureza da luta que se trava aqui, em uma cidade doente, corrupta, hostil. Dessa vez não fomos nós que não quisemos compreender; eles é que nos olham irônicos por trás das lentes dos óculos, porque sabem qual é o custo de sua batalha e perderam o gosto e a disposição para a conversa.[7]

---

7 Ibid., p.172-4.

AUTOBIOGRAFIA 119

Nosso retorno foi perturbado por uma desagradável polêmica (desagradável e absurda). A revista *Il Ponte* publicou no número monográfico "A China hoje" (abril de 1956, 727 páginas, cem ilustrações) uma fotografia tirada em uma fábrica em que se via Calamandrei escrever em um quadro uma mensagem de saudação aos operários chineses. Essa fotografia irritou um personagem que todos conhecíamos e admirávamos: Nicola Chiaromonte, então próximo de Ignazio Silone. Na revista que dirigia, *Tempo Presente*, escreveu um artigo muito duro, acusando os intelectuais italianos de adulação às tiranias e julgando o número especial da *Il Ponte* um exemplo de exaltação do regime de Mao. A propósito da fotografia na fábrica, escreveu:

> Ela mostra o professor Calamandrei, de costas, enquanto escreve no quadro colocado na entrada de uma siderúrgica "a saudação dos operários italianos aos operários chineses". Falso o gesto, falsa a frase, falsa a situação, falso o homem naquela situação. São coisas que se fazem por coação e por artifício: não sob "o ar puro da liberdade".[8]

Esta última era uma expressão do jornalista Robert Guillain, que realizara duas viagens à China maoísta, uma em 1949, outra em 1955. Nas reportagens sobre a segunda viagem (dezoito artigos no *Le Monde*), denunciou a falta de liberdade vivida na China, o ar sufocante que respirara. A crítica de Chiaromonte era dura e Calamandrei sentiu-se atingido. Sua resposta na *Il Ponte*, intitulada "O tempo da má-fé", foi seu último escrito (no número 8-9 de 1956). Em parte irônico, mas de uma ironia que nasce de um espírito exacerbado. Replicou que não se tratava de escolher teoricamente entre a república chinesa e a democracia ocidental, mas sim de compreender "se o regime chinês representava para aquele povo um progresso real rumo à justiça e também rumo à liberdade, em comparação com os governos que havia antes". Nessa posição, eu me reconhecia

---

8 Cf. Né con loro, né senza di loro, *Il dubbio e la scelta*, p.222.

120 NORBERTO BOBBIO

por completo. Reexaminando recentemente aquela viagem, recordei que então a opção entre a velha civilização liberal e a nova civilização comunista não era tão fácil como agora. E concluía:

Agora a escolha parece mais fácil. E não há mais nenhum motivo para fazer, com temor ou esperança, conforme o caso, a pergunta: "E se a experiência tiver êxito?". A experiência não teve êxito. A diferença está no sentido que se queira dar a esse desfecho catastrófico: o inevitável resultado do projeto de exterminar uma classe, a burguesia, como disse ainda recentemente Ernst Nolte, ou o fracasso de um grandioso projeto de transformar o curso da história, em que acreditaram e depositaram esperança milhões de homens. A grande derrota de um crime tremendo ou a utopia de ponta-cabeça.[9] Das duas possíveis conclusões, a mais trágica é, sem sombra de dúvida, a segunda.[10]

Logo depois do discurso de Nikita Khruschev durante o XX Congresso do PCUS (14-25 de fevereiro de 1956) sobre as degenerações do stalinismo, Alberto Carocci e Alberto Moravia promovem uma pesquisa em sua revista *Nuovi Argomenti*, convidando intelectuais de esquerda a responder a "Nove perguntas sobre o stalinismo". Bobbio também recebeu o convite. Em um primeiro momento não quis intervir, uma vez que cada uma das perguntas lhe parecia muito exigente, excluindo respostas não precedidas por longa reflexão. Por insistência de Carocci, decidiu participar da segunda fase de intervenções com uma contribuição que não cabia, na realidade, em nenhuma das perguntas propostas: "Trata-se de ver", escreveu a Carocci, "se o que aconteceu na Rússia não coloca em crise o próprio marxismo teórico (ou seja, a filosofia da história marxista) ou, pelo menos, não o obriga a se haver com maior cautela com 2 mil anos de pensamento político". O que interessava a ele era uma velha antítese: "aquela entre tirania e liberdade, que foi o tema central do pensamento político de Platão até nossos dias".

---

9 "A utopia de ponta-cabeça" é o título dado por Bobbio ao artigo que comenta o massacre de Tien An Men, publicado no *La Stampa*, 9 jun. 1989.

10 Né con loro, né senza di loro, *Il dubbio e la scelta*, p.223.

AUTOBIOGRAFIA **121**

Minha resposta às "Nove perguntas", escrita no verão de 1956, intitulada "Ainda sobre o stalinismo", foi publicada no número 21-22 da *Nuovi Argomenti*, que trazia a data de julho/outubro daquele ano. Começava com uma citação de Engels sobre os efeitos da Revolução Francesa:

"Quando a Revolução Francesa tentou criar esta sociedade conforme a razão e este Estado conforme a razão", escreveu Engels em célebre página do *Anti-Dühring*, "as novas instituições, por mais racionais que fossem em comparação com o precedente estado de coisas, não se revelaram de modo algum absolutamente racionais. O Estado conforme a razão fracassara completamente [...]. Em uma palavra, comparadas com as pomposas promessas dos iluministas, as instituições sociais e políticas instauradas com o triunfo da razão revelaram-se tristes e amargas caricaturas".

Imagino que muitos comunistas, depois de ler o relatório Khruschev, tenham reexaminado aquela página. O relatório era, em última análise, o desmentido mais impiedoso das ilusões revolucionárias: o Estado conforme a justiça "fracassara completamente", se confrontado com "as pomposas promessas" dos teóricos do marxismo, as instituições sociais e políticas instauradas com o triunfo do materialismo dialético revelaram-se "tristes e amargas caricaturas". Os eventos que se sucederam à Revolução Francesa, desmentindo as previsões dos teóricos, puseram em crise, segundo Engels, a teoria iluminista do Estado e do poder. Os eventos que se sucederam à morte de Stálin, desmentindo as previsões dos teóricos marxistas, põem em crise a doutrina marxista do Estado e do poder?[11]

Na verdade, eu não tinha então a mínima ideia sobre o que aconteceria no mundo do socialismo real. O que me interessava era a pretensão do marxismo de ser a única ciência verdadeira do mundo

---

11 Cf. Bobbio, Ancora dello stalinismo: alcune questioni di teoria, *Nuovi Argomenti*, n.21-2, p.1-30, a seguir parcialmente republicado, com o título Stalin e la crisi del marxismo, na coletânea *Ripensare il 1956*, p.253.

122 NORBERTO BOBBIO

real. Essa pretensão me parecia invalidada por três vícios: o utopismo socialista, segundo o qual a nova sociedade se apresentava como perfeita, ao abrigo de ventos e borrascas da história; o determinismo histórico, segundo o qual o caminho da humanidade estava aprisionado no esquema de uma sociedade ideal e sem classes; o predomínio das relações econômicas sobre as instituições políticas, a ponto de considerar as segundas como determinadas pelas primeiras. Não acredito que valha a pena deter-me nos primeiros dois vícios da doutrina, amplamente discutidos pelo marxismo teórico. O ponto ainda hoje atual era o que se referia às relações entre esfera econômica e esfera política, porque colocava a questão teórica das formas de governo. Dizia que o marxismo ostentara "grave indiferença pela teoria das formas de governo", fundamento das doutrinas políticas tradicionais. Segundo os marxistas, as formas de governo, pertencendo à superestrutura, não teriam o poder de modificar a estrutura da sociedade e a chamada base social. Citava uma passagem de Lênin para confirmar minha crítica: "As formas de governo foram extraordinariamente variadas. Apesar dessa diferença, o Estado da época da escravidão era um Estado escravista, fosse monárquico ou republicano, uma república aristocrática ou democrática". Essas reflexões gerais sobre a filosofia política do marxismo foram retomadas muitos anos depois, provocando amplo debate teórico, e não só na Itália, como direi mais adiante.

Consideramos a teoria política como a teoria do poder, do máximo poder que o homem pode exercer sobre os outros homens. Os temas clássicos da teoria política ou do sumo poder são dois: como se conquista e como se exerce. Desses dois temas, o marxismo teórico aprofundou o primeiro e não o segundo. Em poucas palavras: falta à teoria política marxista uma doutrina do exercício do poder, ao passo que nela está amplamente desenvolvida a teoria da conquista do poder. Ao velho príncipe, Maquiavel ensinou como se conquista e como se mantém o Estado; ao novo príncipe, o partido de vanguarda do proletariado, Lênin ensina exclusivamente como se conquista.

AUTOBIOGRAFIA **123**

[...] Na teoria do exercício do poder, o capítulo mais importante é o do abuso de poder. Enquanto a doutrina liberal faz do problema do abuso de poder o centro de sua reflexão, a doutrina política comunista geralmente o ignora. Quem tem familiaridade com os textos da doutrina política marxista e não marxista não pode deixar de notar que uma das diferenças mais relevantes entre doutrina liberal e doutrina comunista é a importância que a primeira dá ao fenômeno, historicamente verificado por longa e imparcial observação histórica, do abuso de poder diante da indiferença que é própria da segunda.[12]

Via, portanto, o relatório Khruschev no XX Congresso como retorno à doutrina política tradicional e reafirmação de princípios e preocupações liberais, ao condenar o abuso de poder e repropor a contraposição entre poder nos limites da legalidade e poder que ultrapassa tais limites. Parecia-me uma abjuração explícita das justificativas que os marxistas aduziam para negar o abuso de poder: o poder não pode abusar porque em si é justo, como poder (teoria carismática do poder); o poder estatal não pode abusar porque é ilimitado, não tendo outro limite além da força (teoria cética do poder). Na doutrina política comunista foram usados, de acordo com as circunstâncias, ambos os argumentos. De fato, a quem lhes censurava aprovar um governo tirânico, os comunistas davam dois diversos tipos de resposta: 1) o Estado soviético, sendo governado pelo Partido Comunista, que interpreta *com justeza* as necessidades da maioria graças à ciência marxista da sociedade, não precisa de limites (teoria carismática); 2) todos os Estados são ditaduras, por que não deveria sê-lo também o Estado soviético? (teoria cética).

Como sempre, atraíam-me sobretudo as questões procedimentais e, no final de minha resposta às "Nove perguntas sobre o stalinismo", me detive no princípio de autoridade como critério de verdade. De fato, o que era o relatório Khruschev senão uma correção da doutrina política com base no princípio de autoridade? As

---

12 Ibid., p.256-7.

124 NORBERTO BOBBIO

degenerações do marxismo-leninismo durante o período staliniano viram triunfar, através do culto à personalidade, o princípio de autoridade, mas tais degenerações, inclusive o próprio culto à personalidade, eram corrigidas por aqueles que o sistema autorizava a intervir. Por isso, perguntava-me: estes últimos não tinham, por sua vez, algum limite em sua obra de correção da doutrina? E se, ao contrário, havia limites, Khruschev os teria superado? Para explicar melhor qual era minha resposta a essa pergunta, detive-me em um tema fundamental da filosofia política. Sabemos que todo sistema político está regulado por dois tipos de normas: as substanciais, que se referem aos princípios em que o sistema se inspira, e as formais, que dizem respeito a *como* o sistema funciona. Quando se modificam os princípios substanciais, encontramo-nos costumeiramente diante de uma mudança de regime político; quando se modificam os princípios formais, o que ocorre costumeiramente é uma mudança da forma de governo. Pois bem, parecia-me que a crise aberta por Khruschev se referia não só à forma, mas também à substância do sistema soviético, e constituía o início de uma profunda mudança que punha em discussão não só a organização formal, desmontando o princípio de autoridade como critério de verdade e reconhecendo a validade do princípio oposto da verificação empírica, mas também "alguns princípios fundamentais". Hoje sabemos que ainda havia muito caminho a percorrer. Não só não foi percorrido, como também o sistema econômico, político, ideológico nascido da Revolução de Outubro continuou a degenerar até sua decomposição.

A recepção dos marxistas a meu ensaio foi péssima. Surpreenderam-me em particular duas resenhas, ambas negativas: a de Valentino Gerratana, "Bobbio e o stalinismo", publicada na revista *Il Contemporaneo* (III, n.4, out. 1956), e a de Franco Fortini, "O luxo da monotonia", publicada na *Ragionamenti* (II, n.7, out.-nov. 1956).

Gerratana reconhecia que meu escrito tivera o mérito de assinalar uma questão de teoria que os marxistas deviam aprofundar mais, porém me recriminava por ignorar uma passagem em que

AUTOBIOGRAFIA **125**

Lênin enfrentava a questão da ditadura: "Muito frequentemente, na história dos movimentos revolucionários, a ditadura pessoal foi a expressão, o veículo, o agente da ditadura das classes revolucionárias – eis o que atesta a irrefutável experiência da história". Mais severo foi Fortini, que me atribuía e censurava o luxo, típico dos conservadores, de fazer o elogio da monotonia histórica e pensar a história como imutabilidade em vez de mudança. Acusava minha análise por se desenvolver "com características evidentes de instrumentalismo ideológico e de polêmica, a ponto de sacrificar a própria serenidade científica e objetividade imparcial, cuja ausência denuncia nos comunistas". Em substância, eu teria tentado demonstrar a identidade de marxismo e stalinismo. Confesso que me senti bastante mal, porque só havia indicado na crise do stalinismo um sinal de deterioração do marxismo. Não quis replicar nem pública nem privadamente. A incompreensão fora tão grande que não valia a pena. Só voltei ao assunto vinte anos depois, quando retomei o tema da relação entre marxismo e Estado no primeiro capítulo de *Qual socialismo?* De resto, naquela altura me afastara cada vez mais da batalha política, voltando aos estudos.

Em relação ao comunismo, os próprios ex-*azionistas* estavam divididos. Augusto Monti continuava a escrever no jornal *L'Unità*, mesmo tendo permanecido fiel ao Partido de Ação, enquanto Franco Venturi, adido cultural em Moscou com o embaixador Manlio Brosio, exortava-nos a abandonar toda ilusão sobre o estado da União Soviética.

Em 17 de outubro de 1964, Amendola escreveu na revista *Rinascita* um artigo, "As contas que não fecham", no qual, partindo da crise não só institucional mas também econômica do país (tentativa de golpe de Estado imputada ao general De Lorenzo, a que não parecia ter ficado alheio o próprio presidente da República, Segni), afirma que na Itália não se pode governar sem os comunistas. O cerne do artigo está nesta frase: "Se não se acertam conosco, as contas não fecham". Não recordo bem a razão pela qual fui levado a lhe escrever para expressar minha opinião. Mas a ocasião imediata foi a defenestração, ocorrida naqueles dias, de Khruschev, em que me inspirei para mostrar meu espanto diante do fato de que na União Soviética, depois de tantos anos, a substituição de um chefe de governo por outro não se dava com base em uma lei fundamental, como antes acontecia até nas monarquias absolutas, mas através de um golpe de Estado. Amendola me respondeu em 5 de novembro para dizer que pretendia tornar pública minha carta na *Rinascita*. Foi publicada, de fato, no número de 7 de novembro, seguida por sua longa resposta. Em minha carta, eu escrevera que a Itália já estava madura para um grande partido do movimento operário, mas concluía: "Precisamos de sua força, mas os senhores não podem prescindir de nossos princípios". Na resposta, Amendola, distanciando-se do "socialismo real", propunha uma via autônoma para o movimento operário nos países ocidentais que só podia ser percorrida através da unidade dos partidos da classe operária, porque só desse modo seria possível dar "uma contribuição que afirmasse factualmente a relação necessária entre socialismo e liberdade". A última frase de minha carta sobre a força e os princípios era evidentemente provocatória. Amendola comentou-a, afirmando que em tal grande partido único da classe operária deveriam ter lugar os comunistas, os socialistas e homens como eu, "que representam a continuação da batalha liberal iniciada por Piero Gobetti". Por meu turno, escrevi uma carta, não mais privada mas pública, à *Rinascita*, publicada no número de 28 de novembro, enquadrada em um novo artigo de Amendola intitulado "Hipótese sobre a reunificação". Dizendo-me plenamente de acordo com a hipótese da reunificação, precisava que no âmbito de nossa Constituição só havia lugar para um partido socialista e democrático. Sempre melhor – continuava – uma política social-democrata do que nenhuma política. Concluía, também dessa vez, com uma provocação deliberada: "O historiador que daqui a cinquenta anos escrever a história destas duas décadas [...] terá de ir buscar os documentos da profunda transformação da sociedade italiana não nos arquivos de nosso maior partido operário, mas em outra parte". Na nova resposta, Amendola insistiu no fato de que o partido único da classe operária deveria ser um partido novo, destinado a tomar um caminho que

AUTOBIOGRAFIA 127

não fosse nem comunista nem social-democrata, mas representasse finalmente uma "terceira via".

Lembrei-me dessa conclusão alguns anos mais tarde quando, retomando o debate político na esquerda, iniciei nova discussão com os comunistas sobre o tema: "A terceira via não existe".[13] Uma confirmação, mais uma vez, da lentidão com que em nosso país se movem as ideias em comparação com a rapidez das transformações que acontecem na sociedade civil. Escrevi então que a terceira via não existe porque, uma vez bloqueada, e portanto irrepetível, a via do leninismo, como os próprios comunistas já davam a entender, seria grave erro, devido a compreensível amor-próprio, virar as costas desdenhosamente à via já percorrida, ainda que incompleta, das sociais-democracias europeias, esforçando-se por inventar novas soluções em vez de fazer o esforço de desenvolver aquelas já iniciadas. Insistia em sustentar que o único modo de dar seguimento a uma política de esquerda, sem abandonar as regras da democracia, não era ir em busca de uma terceira via que ninguém sabia onde estava, mas fazer que a via selecionada conduzisse a resultados melhores do que aqueles até então obtidos. Das dificuldades reais que as sociais-democracias não conseguiram superar não se escapa fantasiando uma terceira via, mas reforçando as organizações do movimento operário para continuar a via democrática para o socialismo, que por toda parte é uma só. Sobre esse tema se desencadeou um amplo debate em que intervieram intelectuais e políticos tanto comunistas quanto republicanos, ou seja, tanto à esquerda quanto à direita do Partido Socialista. Em um artigo conclusivo escrito no Natal de 1978, retomei, para terminar o debate desdramatizando-o, um divertido apólogo inventado pelo amigo Luciano Cafagna. Era a narrativa de uma princesa caprichosa que queria a todo custo um licorne nas dependências reais. Em vão o pai se esforçou para lhe explicar que existiam o leão, animal feroz e terrível, o cavalo, animal

---

13 Os artigos de Bobbio sobre o tema estão reunidos no volume *Le ideologie e il potere in crisi*, p.123-54. O primeiro artigo, A terceira via não existe, é de 1º set. 1978; o último, Vida difícil para a terceira força, é de 2 jan. 1979.

128 NORBERTO BOBBIO

belo e manso, mas um animal que tivesse a cabeça de leão e a cauda de cavalo jamais existira. Obstinada, a princesa tentou reuni-los, mas o resultado foi que o leão despedaçou o cavalo.

Curiosamente, a imagem do licorne reapareceu alguns anos mais tarde no relatório introdutivo de Giorgio Napolitano para um seminário organizado pelo Instituto Gramsci piemontês, em março de 1982, sobre as transformações do Partido Comunista.[14] No final de seu discurso, "O PCI segundo o PCI", sobre as peculiaridades do PCI, que o tornavam, apesar das mudanças em curso, diferente dos tradicionais partidos social-democratas, Napolitano se perguntava se o partido devia ser comparado, de acordo com a conhecida metáfora de Togliatti, a uma girafa, animal estranho mas real, ou a um fabuloso unicórnio, entendido como o animal que no medievo representava a pureza. Deixava em suspenso a resposta, mas dava a impressão de que lhe agradava mais a primeira do que o segundo. Coube-me, na intervenção sucessiva, "O PCI visto pelos outros", pôr em dúvida, uma a uma, as várias "peculiaridades" exemplificadas por Napolitano e concluir que o PCI estava se assemelhando cada vez mais a um partido social-democrata europeu e se distanciando cada vez mais dos partidos comunistas de estrita observância soviética, como eram os partidos dos países do Leste Europeu.

Entre os amigos comunistas, gostaria de recordar, além de Napolitano, Aldo Tortorella e Pietro Ingrao, Gian Carlo Pajetta, que eu conhecia desde os anos de liceu. Quando escreveu *Il ragazzo rosso va alla guerra* [O rapaz vermelho vai à guerra] (Milão, Mondadori, 1986), estive entre os apresentadores do livro no Círculo da Imprensa. Como se sabe, era um homem de temperamento enérgico, dotado de forte *vis* polêmica, mas também simpático e espirituoso. Quando, em 11 de junho de 1984, Enrico Berlinguer morreu, fui convidado a participar de uma solenidade, aqui em Turim, em uma Praça San Carlo tomada pela multidão. Naquela ocasião, falando do elogio que se faz aos adversários em face da

---

14 VV.AA., *La giraffa e il liocorno: il Pci dagli anni '70 al nuovo decennio.*

AUTOBIOGRAFIA **129**

morte, eu o comparei à homenagem que o vício presta à virtude. Um mês depois, Sandro Pertini, presidente da República, nomeou--me senador vitalício, junto com Carlo Bo. Entre os telegramas de congratulação, recebi o de Pajetta, que dizia: "Esta é a homenagem que a virtude presta à virtude".

Alguns anos mais tarde, em uma entrevista a Nello Ajello no *La Repubblica*, quando a fissura no edifício comunista já se ampliara até o ponto de fazê-lo ruir, Bobbio verá na queda do Muro e no fim da URSS não uma derrota da esquerda, mas uma possibilidade de regeneração: "Com o Muro, não desapareceu a esquerda. Só desapareceu uma esquerda ruim. Perseguindo o ideal do igualitarismo, praticou-o de modo repressivo e despótico. Agora tal esquerda não existe mais. Pode haver outra. Na Itália, de fato, há. E não tem mais nada a ver com aquela soviética".

"A era do despotismo de esquerda é só uma triste recordação?", pergunta Ajello. "Pode-se esperar que sim", responde Bobbio. "Hegel definia o despotismo como aquela forma de governo em que um só, 'o Senhor', é livre e tem abaixo de si uma multidão de servos. Na democracia, ao contrário, todos são igualmente livres. Igualmente: o advérbio é fundamental. Essa igualdade também requer, a meu ver, o reconhecimento dos direitos sociais, a partir daqueles essenciais (instrução, trabalho, saúde), que tornam possível, entre outras coisas, um melhor exercício dos direitos de liberdade. Os direitos sociais, o compromisso de satisfazê-los e defendê-los: eis o critério básico para distinguir a esquerda da direita".[15]

---

15 Ajello, I miei dubbi sulla destra, *La Repubblica*, 10 fev. 1995.

V
O PROFESSOR

Se lanço os olhos ao passado, como é costume dos velhos, não tenho dúvida sobre qual foi minha principal atividade: o ensino universitário. Extintas as paixões políticas, depois de 18 de abril de 1948, também voltei a uma vida tranquila, como tantas pessoas que se dedicaram à política impelidas por razões morais. Depois das experiências vividas em Camerino, Siena e Pádua, em 1948-1949 comecei a ensinar em Turim, como sucessor de Solari na cátedra de Filosofia do Direito, e permaneci nessa universidade até que me aposentei, em 1984, como professor emérito. Na maior parte de minha vida, portanto, desempenhei duas tarefas dificílimas: ensinar e escrever. E confesso ter sido sempre perseguido pela dúvida de não estar à altura desses dois árduos compromissos.

Uma estante da grande biblioteca no escritório de Bobbio contém uma sequência de pastas pretas, com uma encadernação de cartolina bem modesta, sem título na capa ou na lombada, à parte algumas etiquetas amareladas coladas no papelão. São as apostilas dos primeiros cursos paduenses, datilografadas e mimeografadas graças a estudantes aplicados, como então era costume, começando com as *Lições de Filosofia do Direito* (Universidade de Pádua, Faculdade de Direito, editora La Grafolito), ano acadêmico 1940-1941, reunidas pelos estudantes P. Antonelli e G. Chiesura. Este último é o escritor e poeta Giorgio

132 NORBERTO BOBBIO

Chiesura, que depois de 8 de setembro se entregou aos alemães, escolhendo a via-crúcis dos *Lager* em vez de combatê-los; a esse sacrifício dedicou em 1969 o romance em versos *La zona immobile* [A zona imóvel] – "Estou aqui porque cansado de enganos" – e em 1993 o diário (julho-setembro de 1943) sobre os dias da derrota, *Sicilia 1943*, até o momento em que decide obedecer à intimação e entregar-se prisioneiro: "A guerra é um Mundo Separado, isto é, uma daquelas situações em que se vivem experiências, emoções e sensações que não têm nenhuma possibilidade de ser repetidas e continuadas na vida normal".[1] Depois de quarenta anos de silêncio, em 1995 quis rever Bobbio e almoçou, com a mulher, na casa de seu velho professor.

Entre os outros volumes de apostilas paduenses, as *Lições de Filosofia do Direito* do ano 1941-1942, compiladas pelo estudante Giulio Pasetti Bombardella, agora professor de Direito Civil na Universidade de Roma, e *Le origini del giusnaturalismo moderno e il suo sviluppo nel secolo XVII* [As origens do jusnaturalismo moderno e seu desenvolvimento no século XVII], do ano 1945-1946, compiladas pelos estudantes G. Milner e R. Toso. Durante o curso do ano acadêmico 1942-1943, Bobbio dizia:

Todo homem tem a possibilidade de diferenciar-se dos outros segundo a própria lei intrínseca, que é a própria liberdade, e, portanto, de ser avaliado de modo correspondente à sua diferenciação [...]. Mas o que constitui a característica própria do homem e lhe dá, ao mesmo tempo, a possibilidade de diferenciar-se dos outros seres e dos outros homens é a *liberdade*. Justiça, portanto, não é simplesmente igualdade – critério abstrato –, mas igualdade referida à liberdade – critério concreto. Vale dizer, não é pura e simplesmente igualdade, mas *igualdade na liberdade*, ou, melhor e mais especificamente, igual possibilidade de usar a própria liberdade. Estabelecendo desse modo como fundamento da avaliação da justiça a liberdade, o problema da justiça se desloca: passa-se de uma concepção da justiça como abstrata igualdade a uma concepção da justiça como igualdade na liberdade, isto é, como igualdade na livre

---

1 Cf. Chiesura, *La zona immobile*; id., *Sicilia 1943*, p.101.

AUTOBIOGRAFIA **133**

explicitação da própria personalidade. Com esse critério, justiça não quer dizer que eu seja igual a você, mas que sou igual a você na possibilidade de explicitar a própria personalidade. Desse modo, a igualdade abstrata faz-se concreta na liberdade.[2]

A fidelidade ao ensinamento era mais forte do que a censura fascista. Pode-se imaginar quais efeitos essas lições podiam ter em muitos estudantes. Um destes era um alemão, Heinz Riedt, que conseguira a baixa do serviço militar por doença e obtivera uma bolsa de estudos em uma universidade italiana. Nas salas de aula do Palazzo Bo entra em contato com grupos antifascistas e, depois de 8 de setembro, participa da Resistência como membro de uma formação do GAP. Depois da guerra, de volta à Alemanha, será o tradutor da edição alemã de *É isto um homem?* "Um alemão anômalo", define-o Primo Levi em uma página do volume *Os afogados e os sobreviventes*. "Vindo da Alemanha, parecia-me estar em um país livre", disse Riedt, evocando sua experiência de estudante na Universidade de Pádua e as aulas de Bobbio.[3] Eis como se concluía o curso de Filosofia do Direito:

A característica do Estado democrático é esta: indivíduo e Estado não mais estão armados um contra o outro, mas se identificam na mesma vontade geral, que é a vontade de todos que comanda cada qual. Na luta entre liberalismo e socialismo, deflagrada no século passado e ainda aberta, a democracia sempre representou a salvação do Estado liberal que não quer transformar-se em seu oposto e do Estado socialista que não quer cair na anarquia. Foi invocada em várias ocasiões como corretivo de um e de outro. Como tal, representou de fato o ponto de união das tendências opostas. E hoje representa indubitavelmente o ponto de chegada de nossa situação.

---

2 Para o texto destas lições, cf. *Lezioni di Filosofia del Diritto: Ad uso degli studenti*, tenute a Padova nell'anno accademico 1942-43, p.113-4.

3 Cf. Papuzzi, Se questo è un tedesco, *La Stampa*, 14 abr. 1995; id., *Il mondo contro*, p.102.

134 NORBERTO BOBBIO

Certamente, com isso não queremos dizer que a democracia seja hoje possível, sobretudo na Europa. Queremos simplesmente dizer que a democracia, como termo de união das duas opostas e intransigentes exigências da justiça, é a direção na qual caminha nossa civilização. Que seja alcançada cedo ou tarde depende do maior ou menor amadurecimento de nossa consciência civil.[4]

De volta a Turim, dei aulas no Palazzo Campana (ex-sede da Federação Fascista), em uma pequena sala do primeiro andar. No início não tinha muitos alunos. Em seguida, desci para a chamada Sala Magna, pois era maior do que as outras, mas igualmente simples, a que se podia chegar sem passar pelo saguão e pelos corredores, mas diretamente por uma pequena porta que dava para a Via Principe Amedeo; a sala, de resto, era muito barulhenta porque lá fora passava o bonde. Em Palazzo Campana lecionei por vinte anos até que a faculdade se transferiu, em 1968, para a nova sede do chamado Palazzo Nuovo. Mas ministrei todos os meus cursos mais conhecidos entre as paredes um tanto sombrias e cinzentas do antigo edifício, de costas para o Museu Egípcio e de frente para a Praça Carlos Alberto, onde deveria literalmente explodir, vinte anos depois de minha entrada, a contestação estudantil, com a primeira e histórica ocupação, na Itália, de um edifício universitário em fins de 1967. Nesse meio-tempo nasceram outros dois filhos: Andrea, já recordado, em 24 de fevereiro de 1946, e Marco, em 5 de setembro de 1951. Em 1953, adquirimos a "segunda casa": um pequeno apartamento de quatro cômodos, no primeiro "arranha-céu" construído em Cervinia, onde os meninos aprenderam a esquiar sob a orientação da mãe, logo superada, e onde passamos, e continuamos a passar, Valeria e eu, nossas férias de verão.[5]

Nossa faculdade gozava da fama de ser severa. Eram considerados duríssimos sobretudo os primeiros exames: Instituições de

---

4 Bobbio, *Lezioni di Filosofia del diritto*, p.219-20.
5 Cf., também, Papuzzi, I fiori di Bobbio, *Alp*, XII, n.137, p.56-7.

AUTOBIOGRAFIA 135

Direito Privado, com Mario Allara, por muito tempo reitor, inclusive no período da contestação e da ocupação, e História do Direito Romano, com Giuseppe Grosso, prefeito de Turim e presidente da província, expoente absolutamente íntegro de uma classe política hoje desaparecida. Instituições de Direito Romano, com Silvio Romano, também era considerada uma prova árdua. Estes eram os primeiros três exames pelos quais os estudantes deviam passar. Como muitos não conseguiam, assistia-se a um verdadeiro êxodo para universidades menores. Entre os docentes que abrilhantavam a faculdade, recordo em particular Paolo Greco, conhecido estudioso de Direito Comercial, que foi o presidente de fato do Comitê de Libertação durante a ocupação alemã, e Francesco Antolisei, fundador de uma escola de Direito Penal: seu Manual foi por anos um texto clássico para os concursos de procurador e magistrado.

A faculdade em que me vi a lecionar era séria, bem avaliada, exigente. Filosofia do Direito era assunto do primeiro ano, dedicado aos conceitos gerais do Direito que todo estudante deverá conhecer se quiser enfrentar as várias disciplinas jurídicas específicas. Sempre busquei repetir o mínimo possível o mesmo curso. Isso implicava o esforço de preparar quase todo ano cursos monográficos. Preparei muitos deles, dos quais, no final, um pouco na trilha de meus apontamentos, um pouco graças aos apontamentos dos estudantes, extraíam-se volumes de apostilas impressos pela editora Giappichelli. Dois desses volumes ainda são adotados, como atestam as prestações de contas que continuo a receber da editora: trata-se de dois cursos realizados no fim dos anos 1950, em seguida revistos e continuamente reimpressos, *Teoria da norma jurídica* e *Teoria do ordenamento jurídico*, ligados entre si. Recentemente, a editora quis passá-los do estado de apostilas para o de livro, em um volume único, intitulado *Teoria geral do Direito*, mesmo porque tiveram, já nessa forma, uma edição em língua espanhola.[6] De ano em ano alternava cursos de caráter teórico e de caráter histórico, os

---

6 Bobbio, *Teoría general del derecho*.

136 NORBERTO BOBBIO

primeiros dedicados essencialmente ao esclarecimento de questões de natureza propedêutica, os segundos dedicados a explicar o pensamento de grandes personagens ou correntes da Filosofia do Direito. Entre os cursos sobre pensadores específicos, os dois mais conhecidos são aqueles sobre Kant (1957) e sobre Locke (1963), cujas reflexões pode-se dizer que fundamentam a teoria liberal do Estado.[7] Entre as correntes de Filosofia do Direito, dediquei um curso, várias vezes reimpresso, ao *Positivismo jurídico* (1961).

No início dos anos 1950, ocupei-me sobretudo da natureza da ciência do Direito, um velho problema, mais verbal do que real, de que frequentemente se ocuparam os juristas, que jamais renunciaram, sobretudo durante o século do positivismo triunfante, à ideia de que a obra do jurista fosse "científica". Tratava-se de saber, no sistema cada vez mais articulado das ciências, qual era a posição da "ciência" do Direito, ou melhor, do Direito como ciência. O problema me apaixonou desde o início de meus estudos. Um de meus primeiros escritos se intitula *Ciência e técnica do Direito* (1934).

Logo depois da guerra me aproximei, através de minha participação no Centro de Estudos Metodológicos, do neopositivismo e da filosofia analítica anglo-saxã que dera vida à chamada "virada linguística do filosofar", segundo a qual – digo-o um pouco superficialmente – a "análise da linguagem" tinha a virtude terapêutica de libertar a filosofia de muitos problemas falsos. O Centro de Estudos Metodológicos foi fundado em Turim por Ludovico Geymonat. Era composto por estudiosos de formação variada: filósofos, como Nicola Abbagnano, juristas, como Bruno Leoni, economistas, como Ferdinando Di Fenizio, e cientistas, Eugenio Frola, Piero Buzano, Prospero Nuvoli, Enrico Persico, Cesare Codegone, que tinham a ambição de superar as barreiras tradicionais que separavam cultura científica e cultura humanista.

---

7 Cf. as apostilas litografadas pela Giappichelli *Diritto e Stato nel pensiero di Emanuele Kant* (lições compiladas pelo estudante G. Sciorati, 1957) e *Locke e il diritto naturale* (1963).

AUTOBIOGRAFIA **137**

Em março de 1949, fui convidado pelos amigos do Centro a realizar uma conferência sobre a ciência do Direito, que intitulei "Ciência do Direito e análise da linguagem". Nela, argumentei que o positivismo lógico havia elaborado uma teoria da ciência, baseada mais no conceito de rigor do método do que naquele de verdade dos conteúdos, que permitia finalmente aos juristas considerar o próprio trabalho, que era eminentemente o de tornar rigorosa a linguagem do legislador, como "científico". A tese era original, mas de modo algum fundamentada. Todavia, publicada a conferência na prestigiosa *Rivista Trimestrale di Diritto e Procedura Civile*, o ensaio teve repercussão e suscitou razoável debate. No mesmo ano dei um curso sobre o tema e publiquei um volume de apostilas, intitulado *Teoria da ciência jurídica* (Turim, Giappichelli, 1950). Voltei mais uma vez ao tema em uma intervenção durante o Congresso do Centro de Estudos Metodológicos de 1952, que intitulei "O rigor da ciência jurídica". Na segunda metade dos anos 1950, abandonei essa linha de pesquisa, que não aprofundara suficientemente, mas meu artigo foi considerado o início da chamada escola turinense da ciência do Direito, a qual teve seguidores ilustres, capazes de desenvolver a disciplina muito melhor do que o autor destas linhas, primeiro dentre todos Uberto Scarpelli.

Um ramo da Filosofia do Direito, absolutamente novo, a que me dediquei com artigos e conferências por cerca de dez anos é a lógica das proposições normativas, dita mais tarde lógica deôntica. Se digo: todos os homens são mortais, Sócrates é um homem, Sócrates é mortal, estou no âmbito da lógica assertiva, cujo nascimento remonta a Aristóteles. A lógica deôntica, em que se insere a lógica do direito, é uma lógica não do ser, mas do dever ser. Exemplo: "O homicídio *deve* ser punido, Caio cometeu homicídio, Caio *deve* ser punido". A lógica deôntica opera com as categorias modais do "dever" e do "poder" e, assim, dizer que "não se deve fazer" é como dizer que "pode-se fazer", tal como dizer que "deve-se não fazer" é como dizer que "não se pode fazer". Mas não quero me estender nesses jogos linguísticos, que sempre me apaixonaram e de que há tempos não me ocupo mais.

138 NORBERTO BOBBIO

Creio mesmo ter sido o primeiro a me interessar pela lógica deôntica na Itália em 1954, ainda que tenha me detido nos rudimentos e caiba a outros o mérito de ter transformado essa pequena corrente do saber em uma disciplina universitária e em uma escola filosófica. Minha curiosidade por esse tema originou-se de dois livros publicados em 1951, ambos os quais tinham no título as palavras "lógica jurídica": *Introducción a la lógica jurídica* [Introdução à lógica jurídica], do mexicano Eduardo García Máynez, e *Jüristische Logik* [Lógica jurídica], de Ulrich Klug. O verdadeiro fundador da lógica deôntica foi o finlandês Georg Henrik von Wright, aluno de Wittgenstein, do qual recordo *Deontic Logic* [Lógica deôntica] e *An Essay on Modal Logic* [Ensaio de lógica modal]. Em 1954, escrevi um artigo sobre o tema que representou uma espécie de introdução à lógica deôntica.

O mais conhecido adepto dessa disciplina em nosso país é o estudioso Amedeo Conte, que diz ter se enamorado dela depois de minha conferência no Colégio Ghisleri de Pavia. Conte era então um estudante com menos de 20 anos da Faculdade de Jurisprudência. Recentemente colocou-me sob os olhos um documento escrito, irrefutável: o *Annuario 1952, 1953, 1954, del Collegio Ghisleri*, organizado pela Associação dos Alunos, no qual se registram as conferências realizadas no triênio. Entre elas, a do "Prof. Norberto Bobbio, da Universidade de Turim: 'Direito e lógica'". Mas eu mesmo reencontrei entre os papéis de meu arquivo o texto integral: 22 páginas, escritas à mão, em letra miúda, sob o título: "'Direito e lógica', conferência proferida em Pavia, em 29 de abril de 1954".

No preâmbulo, eu sublinhava a importância de definir as palavras de que nos servimos, citando uma frase de Montaigne: "*La plus part des occasions des troubles du monde sont grammairiennes*".[8] Também recorria a uma citação do romance *Les employés* [Os empregados], de Balzac: "*A côté du besoin de définir, se trouve le danger de s'embrouiller*".[9] Escrevi a Conte sobre essa descoberta, em uma

---

8 "A maior parte das razões dos problemas do mundo é gramatical."
9 "Ao lado da necessidade de definir encontra-se o perigo de se embaralhar."

AUTOBIOGRAFIA 139

carta por ele usada como Prefácio ao segundo volume dos estudos sobre *Filosofia da linguagem normativa*.[10]

Você argumenta que o rapaz de 19 anos, apresentado a mim pelo reitor do Colégio, prof. Aurelio Bernardi, ouvindo aquela conferência, descobriu a própria vocação. Não tenho razão para desmenti-lo, ainda que seja sempre um pouco desconfiado em relação à investigação póstuma dos momentos exemplares de quem narra a própria vida e, sem percebê-lo, idealiza-os, como você mesmo faz na carta de 2 de janeiro último, na qual qualifica aquele encontro com um adjetivo (intencionalmente, mas não sem uma ponta de ironia) hiperbólico, "epocal". De resto, epocal não só para você, mas também para mim, tendo sido aquela conferência o ensaio geral do artigo por mim escrito no verão seguinte sobre a obra de García Máynez, publicado em fins de 1954 na *Rivista Internazionale di Filosofia del Diritto*. E – por que não? –, já que tocamos no assunto, epocal também para a fortuna da lógica deôntica na Itália.[11]

O professor e o discípulo, destinado a superá-lo na matéria específica, tiveram durante suas vidas acadêmicas diversas oportunidades de encontro, entre as quais, em 1963, uma visita de Conte à nossa casa, em companhia do mencionado Von Wright, para organizar não sei mais qual congresso. Pode interessar ao leitor como Conte define a lógica deôntica:

A *metafísica* indaga *tò òn* (o ser, o *Sein*) em sua constitutiva onticidade; a *deôntica* indaga *tò déon* (o dever ser, o *Sollen*) em sua constitutiva deonticidade. A determinação do conceito de *déon* (dever ser, *Sollen*, *devoir être*, *ought*) e a determinação da relação entre *déon* e *òn* (entre dever ser e ser, entre *Sollen* e *Sein*, entre *devoir être* e *être*,

---

10 Cf. Conte, *Filosofia del linguaggio normativo*, v.II, *Studi 1982-1994*.
11 Ibid., p.XV.

140 NORBERTO BOBBIO

entre *ought* e *is*) são as duas tarefas primeiras de uma crítica da razão deôntica.[12]

A premissa é divertida. Segundo Conte,

> Em uma parede do metrô de Nova York apareceu um dia a frase:
> "*God is the answer*"
> "Deus é a resposta"
> No dia seguinte, debaixo desse grafite apareceu outro:
> "*What was the question?*"
> "Qual era a pergunta?"

Essa anedota ilumina o espírito das investigações reunidas em *Filosofia da linguagem normativa*. Qual é a pergunta? Essas minhas investigações pretendem determinar não a *resposta* a perguntas específicas da deôntica (*Deontik, déontique, deontics*) concebida como ciência filosófica, mas a própria *pergunta*. Nesse sentido, elas se configuram como momentos de uma crítica da razão deôntica, de uma *Kritik der deontischen Vernunft*.[13]

Mais divertido ainda é o fato de que Conte e seus discípulos formaram um time de futebol, em cuja camisa, no meio, está escrito *déon*. A camisa tem duas versões: azul com a palavra em vermelho e branca com a palavra em azul. Ambas me foram doadas recentemente, em sinal de homenagem ao suposto pai fundador.

Como herdei a cátedra que tinha sido de Gioele Solari, pode-se perguntar se a passagem de bastão, do mestre para o discípulo, teve o caráter de continuidade ou de ruptura. Posso dizer que a continuidade foi principalmente afetiva. Solari era, sobretudo, um historiador da Filosofia: seu curso, em parte publicado postumamente, era na realidade um curso de história da Filosofia do Direito, dos gregos até hoje. Suas duas principais obras, *L'idea individuale nel*

---

12 Ibid., p.XXV-XXVI.
13 Ibid., p.XIX-XX.

diritto privato [A ideia individual no Direito privado] (1911) e *Storicismo e diritto privato* [Historicismo e Direito privado] (1915), são ambas de caráter histórico: a primeira é uma história do iluminismo jurídico, a segunda um estudo do historicismo jurídico, especialmente da escola histórica do Direito que tem por fundador o grande jurista alemão Von Savigny. Inúmeros foram seus estudos monográficos sobre pensadores específicos: Grotius, Spinoza, Kant, Hegel, Rosmini, reunidos no volume *Studi storici di Filosofia del Diritto* [Estudos históricos de Filosofia do Direito] (1949), que traz uma bela e afetuosa introdução de Luigi Einaudi.

Em direção completamente diferente seguia a teoria geral do Direito cultivada por mim, para não falar naturalmente da lógica deôntica. O livro com o qual venci o concurso, no distante ano de 1938, intitulado *L'analogia nella logica del Diritto* [A analogia na lógica do Direito], já era uma investigação, como diz o próprio título, de lógica jurídica. Dizia respeito à prática de suprir as lacunas do Direito com normas extraídas de casos semelhantes. No livro também havia uma parte histórica, mas a parte de reconstrução teórica do raciocínio por analogia era a mais relevante e também a mais ambiciosa. Os cursos de Solari seriam perfeitamente apropriados a uma faculdade de Filosofia. De resto, a faculdade jurídica turinense, naquele tempo, era uma escola que tinha grandes tradições humanistas: pensemos em docentes como Francesco Ruffini, Luigi Einaudi, Achille Loria, Pasquale Jannaccone. Quando sucedi a Solari (em 1948), inaugurei um tipo de ensino que considerava mais pertinente em uma faculdade de Jurisprudência que estava se tornando cada vez mais técnica. Fiz questão de observar a profunda diferença entre a Filosofia do Direito dos filósofos e a Filosofia do Direito dos juristas. A lição de Solari, que na medida de minhas possibilidades também tentei transmitir através de meu ensino, é a que ele mesmo chamava de função civil que a Filosofia do Direito deve ter ao elevar os problemas de natureza política a questões filosóficas e, em última análise, a questões de consciência.

Naquela época, o ambiente acadêmico era muito mais restrito e separado do que hoje: os professores titulares eram uma elite, não mais de quinze em nossa faculdade, tanto assim que muitos de nós terminamos por também assumir outras funções a fim de garantir todas as disciplinas previstas pela faculdade. Eu, por exemplo, além da Filosofia do Direito, ensinei por anos Ciência Política, a partir de 1962. As coisas mudaram nos anos 1970 com o aumento repentino e excessivo dos estudantes em decorrência da liberalização de acesso, devido à pressão das novas camadas que prosseguiram os estudos além da escola elementar e da média inferior. Daí se seguiu necessariamente a duplicação das cátedras, a multiplicação das disciplinas, a expansão em particular dos direitos especiais e a consequente formação de uma ampla faixa de professores adjuntos. Mas acredito que a diferença mais evidente em relação às condições atuais da universidade era a distância que separava docentes e estudantes: os estudantes eram substancialmente ouvintes passivos. Não existia a tradição de contatos pessoais entre professores e estudantes que é típica das universidades americanas e inglesas. De fato, na origem da contestação estudantil também terá havido a legítima exigência de mudar as relações entre estudantes e professores. O único ponto de referência da faculdade, para os estudantes, era o bedel: para exames, conferências, teses e qualquer outra informação útil, os estudantes passavam pelo bedel, uma figura cuja memória hoje está completamente perdida.

Minhas aulas eram sempre concorridas, unicamente porque se tratava de uma matéria que quase todos os estudantes seguiam no primeiro ano. Eu era um dos poucos a fazer seminários. "Fazer um seminário" significava organizar um grupo de estudantes selecionados que se reuniam uma vez por semana para discutir um tema específico ou um livro. Durante muitos anos, mesmo depois de ter deixado definitivamente a cátedra, ocorreu-me encontrar alguns ex-estudantes – que nesse meio-tempo se tornaram magistrados, advogados ou por sua vez professores, como Gustavo Zagrebelsky, hoje juiz constitucional – que haviam participado de alguns desses seminários e, encontrando-me, me interpelavam: "Lembra-se, professor, do seminário sobre 'sanção'?".

AUTOBIOGRAFIA **143**

Os vinte anos transcorridos entre o início de meu magistério turinense e o "turbilhão" de 1968 foram bastante monótonos. São anos em que não aconteceu em minha vida pública nada de particularmente interessante para contar. Tive a vida normal de um professor: aulas, exames e, de vez em quando, alguns artigos em revistas acadêmicas e alguns livros, nos quais reunia os artigos que considerava mais interessantes. São os anos em que saíram, além dos volumes de apostilas já citados, os *Estudos sobre a teoria geral do Direito* (1955), a coletânea de meus escritos sobre o inflamado debate que divide os adeptos do direito natural e os positivistas, entre os quais me alinho, *Jusnaturalismo e positivismo jurídico* (1965), uma nova coletânea, a mais conhecida, de *Estudos para uma teoria geral do Direito* (1970), além de uma coletânea de escritos sobre Pareto, Mosca, o elitismo na Itália, a que dei o título de *Ensaios sobre a ciência política na Itália* (1969) e de que foi publicada uma nova edição, revista e ampliada, recentemente. São os anos em que vi crescer, inesperadamente, minha notoriedade, a ponto de ser convidado a proferir a intervenção introdutória seja no VI Congresso da Hegel Gesellschaft, sobre Hegel e o direito natural, realizado em Praga em 1966, seja no Congresso Internacional de Filosofia do Direito, realizado em Gardone em 1967, sobre o tema "Ciência jurídica entre ser e dever ser".

Dois pensadores assinalaram em particular minha trajetória de estudos: o jurista Hans Kelsen e o filósofo Thomas Hobbes. Quando, em 1994, recebi o Prêmio Balzan, declarei ter sido a leitura de Kelsen que me inspirou a concepção da democracia como um sistema de regras que permitem a instauração e o desenvolvimento de uma convivência livre e pacífica. O primeiro escrito sobre Kelsen é de 1954: "A teoria pura do Direito e seus críticos".[14] Em 1957, em Paris, por ocasião de um seminário do Instituto Internacional de Filosofia Política, no qual apresentei um texto que tinha por tema *"Quelques arguments contre le droit naturel"* [alguns argumentos

---

14 Na *Rivista Trimestrale di Diritto e Procedura Civile*, VIII, n.2, jun. 1954, republicado no volume *Studi sulla teoria generale del Diritto*.

144   NORBERTO BOBBIO

contra o direito natural], ocorreu meu único encontro com o jurista austríaco. A ele dediquei verbetes de enciclopédia, artigos, resenhas e até um volume, *Direito e poder*: ensaios sobre Kelsen, que foi publicado em 1992 e contém dez textos escritos entre 1954 e 1986.[15] Kelsen ocupa um lugar fundamental não só em meus estudos de teoria do Direito mas também naqueles de teoria política. A Kelsen devo o fato de ter me tornado um defensor da chamada concepção procedimental da democracia, que remonta à ideia de democracia proposta por Schumpeter como competição entre elites para a obtenção do consenso através de eleições livres. "O método democrático", escreve Schumpeter, "é o instrumento institucional para chegar a decisões políticas, com base no qual determinados indivíduos obtêm o poder de decidir através de uma competição que tem por objeto o voto popular."[16] Em seus escritos, em grande parte reunidos em um volume da editora Mulino intitulado *La democrazia* [A democracia] (1955), o fundador da Escola de Viena e pai da Constituição austríaca retoma essa ideia schumpeteriana, distinguindo as formas de governo em dois modelos fundamentais: a democracia, baseada no poder a partir de baixo, e a autocracia, derivada do poder a partir de cima (distinção que reflete aquela kantiana entre autonomia e heteronomia). Daí se segue que a seleção da classe política ocorre nas democracias através da eleição, nas autocracias através da nomeação. Isso significa conceber a democracia como método, ou seja, como sistema de regras para tomar decisões coletivas com o mais amplo consenso dos sujeitos envolvidos nas decisões. Contrariamente aos críticos que rechaçam a concepção procedimental da democracia, muitas vezes observei, embora com pouco sucesso, que esta é, sim, uma definição mínima de democracia, mas não é de modo algum avalorativa: é uma definição que estabelece os requisitos mínimos que um sistema democrático deve possuir, que são requisitos formais, mas não exclui a referência a alguns valores fortes. Considerar a democracia um instrumento

---

15 Bobbio, *Diritto e potere. Saggi su Kelsen.*
16 Schumpeter, *Capitalismo, socialismo e democrazia.*

que regula a competição entre as elites para a conquista do consenso implica a referência a valores como a igualdade dos cidadãos no direito de voto, a liberdade de escolha diante do voto e, como consequência, a solução pacífica dos conflitos sociais. A esse propósito gostaria de recordar que a primeira tradução italiana importante do grande jurista austríaco se deveu a meu amigo Renato Treves, que encontrou Kelsen em Colônia durante nossa viagem à Alemanha em 1932, e que a obra de Kelsen mais completa, *Teoria geral do Direito e do Estado*, publicada nos Estados Unidos em 1946, foi traduzida em 1952, para a editora Comunità, por Sergio Cotta, que era então meu assistente.[17]

Thomas Hobbes é o filósofo com o maior número de citações na bibliografia de meus escritos (e o segundo autor em absoluto, depois de Piero Gobetti, por número de citações: 42). Dele me ocupei, pela primeira vez, em 1939, resenhando o ensaio de Carl Schmitt dedicado ao *Leviatã*. Em seguida, em 1948, organizei para a Utet a edição de *De Cive*, na coleção "Clássicos Políticos" dirigida por Luigi Firpo.[18] Falei de meu amor pelo filósofo inglês em 1989, por ocasião dos festejos de meus 80 anos na Universidade de Turim.

Reconheço: Hobbes foi um de meus autores. Dele me ocupei a intervalos por toda a vida. Mas não me reconheço outro mérito além de ter dado conta da importância central do pensamento político de Hobbes quando ainda era pouco conhecido, pelo menos na Itália. Mas se compreende: durante o fascismo, seu nome despertava suspeitas. Não se percebera que o Leviatã não era o Estado totalitário, mas o Estado moderno, o grande Estado territorial moderno que nasce das cinzas da sociedade medieval, um corpo

---

17 Cf., também, a entrevista de Bobbio, Democrazia minima, feita por Papuzzi, in: VV.AA., *Che leggere? Lo scaffale del buon democratico.*

18 Hobbes, *Elementi filosofici del cittadino.* Uma nova edição com o acréscimo de um raro escrito hobbesiano da velhice, Diálogo entre um filósofo e um estudioso do direito comum da Inglaterra, foi publicada na mesma coleção em 1959.

político que pode se realizar historicamente nas mais diversas formas de governo, entre as quais não se encontra necessariamente a autocrática. O Leviatã é substancialmente o detentor do monopólio da força legítima, e legítima porque baseada no consenso dos cidadãos. A importância de Hobbes me foi revelada pelo estudo que fizera nos anos anteriores do sistema jurídico de Samuel von Pufendorf, que é a seu modo um hobbesiano.[19] Surpreendeu-me, sobretudo, a novidade de Hobbes em relação ao método. O discurso de Hobbes não se baseava mais no princípio de autoridade, histórica ou revelada, mas exclusivamente no raciocínio, em argumentos racionais. Que a influência de Hobbes no curso de minhas ideias tenha ocorrido mais pela parte do método do que pela do conteúdo é uma observação correta. Creio, porém, que mesmo em relação à substância existam ideias hobbesianas que contribuíram para formar meu pensamento político. Indico três delas: o individualismo, o contratualismo e a ideia da paz através da constituição de um poder comum. Acrescento certo pessimismo sobre a natureza humana e a história. Quando comecei a me ocupar de Hobbes, jamais poderia imaginar o quão grande e rápida seria a fortuna de seu pensamento na Itália, mas não só na Itália [...]. Os comentaristas hobbesianos são tão numerosos que um livro conta sua história. Foi intitulado *Qual Hobbes?* Precisamente assim: qual Hobbes? Diria de modo muito simples, e talvez banal, o Hobbes interpretado com um mínimo de bom senso e de senso histórico, que faltam, a meu ver, em muitos críticos que saíram à caça de novidades a todo custo. Também se publicou recentemente uma interpretação existencialista, heideggeriana, de Hobbes. O que significa: confundir o príncipe da luz com o príncipe das trevas.[20]

A Hobbes está ligada a curiosa relação que tive com Carl Schmitt. Conheci-o em Berlim em 1937. Nesse ano, passei na Alemanha parte de minhas férias para completar um estudo sobre Max

---

19 Von Pufendorf, *Principi di diritto naturale*.
20 Bobbio, Le repliche di un ottuagenario, *Notiziario*, VI, n.6.

AUTOBIOGRAFIA **147**

Scheler, que concluía minhas investigações sobre a fenomenologia: "A personalidade de Max Scheler", publicado na *Rivista di Filosofia* um ano depois. Durante a estada alemã encontrei Schmitt, que então andava pelos 50 anos. Como disse a Antonio Gnoli, em uma entrevista para o *La Repubblica*,[21] continuo a me espantar com o fato de que um personagem como Carl Schmitt tenha acolhido com tanta cordialidade um rapazola desconhecido. Convidou-me para jantar, em seguida continuamos a conversa no jardim. Presenteou--me com alguns de seus escritos, entre os quais um ensaio juvenil de 1912, *Gesetz und Urteil* (Lei e juízo), e o raro opúsculo *Politische Theologie* [Teologia política], de 1924, com breve dedicatória: *"Mit besten Grüssen"* (com as melhores saudações), assinada C. S. e datada *"10.X.37"*. No ano seguinte me enviou seu novo livro sobre Hobbes, *Der Leviathan in der Staatslehre des Thomas Hobbes* [O Leviatã na teoria de Estado de Thomas Hobbes], que resenhei na *Rivista di Filosofia*. Doze anos mais tarde, também manteria com ele intensa correspondência.

O célebre jurista e filósofo alemão é que reapareceu, em 1948, pedindo um exemplar do *De Cive*, que resenha na revista *Universitas*, em março de 1949. Desse pedido origina-se uma correspondência que irá durar até 1953, com um surpreendente apêndice em 1980 (isto é, cinco anos antes da morte de Schmitt).

A correspondência Schmitt-Bobbio foi publicada e cuidadosamente anotada por Piet Tommissen na revista *Diritto e Cultura* por iniciativa de A. Carrino (V, n.1, jan.-jun. 1995). Compõe-se de nove cartas em alemão de Schmitt e onze em italiano de Bobbio. Às duas primeiras cartas, de 1948, seguiram-se onze em 1949, uma em 1950, três em 1951, uma em 1953, duas em 1980.[22] Nas duas primeiras cartas se refletia o clima incerto em que se reatavam, na Europa do pós--guerra, as relações entre os intelectuais.

---

21 Gnoli, Bobbio racconta Schmitt, *La Repubblica*, 19 dez. 1995. A entrevista dava sequência a um artigo do mesmo Gnoli sobre a correspondência entre Bobbio e Schmitt: Quel breve incontro, *La Repubblica*, 8 dez. 1995.

22 A correspondência Bobbio-Schmitt está conservada no arquivo privado de Norberto Bobbio. A tradução das cartas de Schmitt é de Geminello Preterossi.

148 NORBERTO BOBBIO

> Plettenberg (Westfalia)
> (Zona Britânica) 15/XII 48

Estimado prof. Bobbio

Perdoará a um velho admirador e estudioso de Hobbes dirigir-se diretamente ao senhor para perguntar-lhe se é possível receber sua edição do *De Cive*? Ficaria muito contente em conhecer sua edição. Perdi minha grande e esplêndida biblioteca, mas, para minha alegria particular, salvei sua edição da *Cidade do sol* de Campanella. Posso pedir-lhe, se a expedição de livros para a Alemanha comportar dificuldades, que expeça um exemplar ao sr. Armin Mohler, Registr. 36, em Basileia, na Suíça?

Em um meu pequeno bosquejo privado, *Ex captivitate salus*, do ano de 1946, ainda surge o nome de Hobbes. Poderia mandar-lhe um exemplar, se fizesse a bondade de comunicar-me seu endereço. No Boletim da Faculdade de Jurisprudência de Coimbra de 1948 (v.XXIV, fasc. 1), poderá encontrar minha nota: *Historiographia in nuce* (sobre Tocqueville). No mesmo fascículo li uma referência do prof. Mereo (de Coimbra) a um livro de Passerin d'Entrèves sobre Filmer. Se não for indiscreto, posso perguntar-lhe como está o sr. Passerin d'Entrèves e onde trabalha atualmente?

Peço-lhe ainda que considere com espírito amigável minhas perguntas. Mas: *on se lasse de tout excepté de penser*. Com os votos de minha sincera estima.

> Turim, 26 dez. 1948
> Via Sacchi, 66

Ilustre Professor Schmitt,

Imagine que, desde que terminou a guerra, sua carta é a primeira voz direta que me chega da Alemanha culta, à qual, como o senhor sabe, estava ligado por vínculos não só culturais, mas também pessoais. Portanto, recebi esta carta como um bem-vindo sinal de que a vida intelectual não se extingue mesmo em meio às enormes dificuldades que a ela se oponham, e com os votos de que

AUTOBIOGRAFIA **149**

represente o início de novas relações para as quais eu, por minha conta, me alegro muito em dar minha pequena contribuição.

Pedi ao editor que mandasse ao endereço indicado pelo senhor minha edição do *De Cive*. Para que sua expectativa não se frustre, devo acrescentar que se trata de uma tradução italiana do célebre texto, por mim comentada e acompanhada de uma introdução de caráter geral, que é mais uma apresentação para pessoas cultas do que uma investigação científica pessoal. De todo modo, espero que não lhe desagrade.

Não conheço o escrito de D'Entrèves sobre Filmer. Mas duvido que exista. Sigo de perto a atividade do amigo, mas jamais ouvi falar de tal obra. Talvez seja um artigo de revista. Para ter maiores informações, o senhor mesmo poderá escrever a D'Entrèves, o qual desde o fim da guerra é professor de estudos italianos na Universidade de Oxford. Seu endereço é o seguinte: Charlbury Road, 13 – Oxford.

E agora também tenho um favor a pedir-lhe. Sou redator geral da *Rivista di Filosofia*, na qual periodicamente se dão notícias sobre a Filosofia na Itália e fora dela. Mas infelizmente não sabemos nada, ou quase, da Alemanha. Temos até agora intercâmbio com uma só revista, *Die Wandlung*, que não é uma revista especificamente filosófica. Teríamos interesse muito grande em estabelecer relações com outras revistas mais específicas. Ainda se publicam as velhas e célebres revistas filosóficas, como *Logos* e *Kantstudien* etc.? Publicam-se novas? Por qual editora e com qual diretor? O senhor poderia dar-me ou providenciar algumas notícias a respeito? As informações que puder me dar, ou os contatos que puder fornecer, seriam de grande utilidade.

Neste ano comecei a lecionar na Universidade de Turim, minha cidade natal, depois de ter estado oito anos em Pádua. Já estou casado, com dois filhos, e voltei depois de longas peregrinações à minha velha casa de Turim, na Via Sacchi, 66. Teria muito prazer em receber notícias pessoais suas e sobre seus estudos.

Peço desculpas por escrever em italiano, mas, depois de muitos anos sem prática, temo não saber escrever mais em alemão de modo legível.

Receba minhas cordiais e sempre afetuosas saudações.

Na carta seguinte, o filósofo alemão faz menção fugaz aos próprios contratempos judiciários. Com a queda do nazismo, fora destituído da cátedra na Universidade de Berlim, pois era membro do Conselho de Estado prussiano e presidente da Associação de Juristas Nacional-Socialistas. Detido e processado, foi absolvido depois de dois anos de cárcere.

> Plettenberg (Westfalia)
> 30 de janeiro de 1949

Ilustre professor Bobbio
Estimadíssimo colega
Sua carta de 26 de dezembro chegou-me em meados de janeiro. Fiquei extraordinariamente feliz com ela e agradeço-lhe sinceramente. Recebi com particular interesse as notícias sobre sua sorte. Também voltei para casa depois de muitas "peregrinações". Vivi a tomada de Berlim por parte dos russos, estive três vezes nas fauces do Leviatã e encontrei refúgio em uma pequena localidade, na casa de meus pais, com minha mulher e minha filha de 17 anos. Talvez tenha interesse na nota, escrita no campo de prisioneiros, que anexo, *Salus ex captivitate*, por causa da passagem sobre Hobbes. Seu *De Cive* ainda não chegou [...].

Seguem-se notícias sobre as revistas de filosofia alemãs, em resposta ao pedido de Bobbio. Três dias depois, em 2 de fevereiro de 1949, Schmitt envia outra carta para avisar que recebera o *De Cive*: "Estou muito feliz", escreve, "com esse precioso presente e apresso-me em acusar o recebimento e manifestar-lhe meu vivo agradecimento. Já li um pouco e estou plenamente satisfeito com esta edição". Bobbio responde no dia 20 de fevereiro.

Ilustre professor Schmitt,
Recebi suas cartas de 30 de janeiro e 2 de fevereiro, e, junto com a primeira, o texto *Ex captivitate salus*, que li com grande interesse e vivo envolvimento, não só pelas palavras dedicadas a Hobbes (e compartilho seu juízo e sua admiração), mas pela avaliação nele expressa sobre a história do pensamento jurídico e pelo pro-

fundo *pathos* autobiográfico. Mas, verdadeiramente, em meio a todas essas ruínas, não há outro caminho além do silêncio? Ou esse silêncio é só um momento necessário de recolhimento para depois retornar ao mundo com consciência mais tranquila pelo trabalho realizado e com novos e mais fortes propósitos pelo trabalho ainda por realizar?

Sou-lhe muito grato pelas gentis palavras que me dirige por causa de meu Hobbes e fico feliz se tiver oportunidade de divulgá--lo em alguma revista alemã. Gostaria de continuar a trabalhar sobre esse destruidor inconformista de mitos, se não estivesse voltado neste momento para muitos outros trabalhos. Mas é um tema que certamente, mais dia menos dia, retomarei, porque também para mim Hobbes tem um valor paradigmático e a leitura de suas obras foi extremamente rica em sugestões e iluminações. [...]

Nas cartas seguintes fala-se ainda de livros, de revistas, de edições hobbesianas, de um erro contido na resenha de Schmitt sobre o *De Cive*, de Bobbio. Em 3 de julho de 1949, estimulado pela leitura de um artigo em uma revista, o filósofo alemão pede ao interlocutor italiano um juízo sobre o termo "Estado", em alemão *Staat*. Bobbio responde em 23 do mesmo mês.

Mais de um ano depois, em 10 de dezembro de 1950, Bobbio envia a Schmitt uma carta em que comenta as páginas autobiográficas de *Ex captivitate salus*, o pequeno livro sobre o período de prisão do filósofo alemão (que será publicado pela editora Adelphi em 1987). Relida hoje, a carta tem o sabor de um juízo de valor sobre a crise de transição que a civilização europeia estava atravessando.

Quanto a suas páginas autobiográficas, compreendo muito bem o sentimento de amargura e quase perturbação que nelas transparece. Compreendo-o e também admiro a forma nobilíssima pela qual o senhor o expressou, de modo a tornar mais intensa e comovente a comunicação. Mas não sou capaz de compartilhá-lo completamente. A catástrofe da Europa de que todos somos vítimas, os vencedores e os vencidos, não é só o fim de certo período da história, mas é também o início de uma nova história. Devemos ver em nossa época só o que finda e não também o que nasce? E o que

152 NORBERTO BOBBIO

nasce, ainda que na tragédia e no terror, não é digno de ser considerado com certa confiança, diria quase com certo respeito? A revolta das classes mais miseráveis contra os mesquinhos detentores da riqueza (em nosso país sabemos algo a respeito disso), a revolta dos povos coloniais contra quatro séculos de massacres (iniciados precisamente pelos compatriotas de Donoso e abençoados por teólogos como ele)[23] não serão uma luta pela justiça e pelo direito?

Quero dizer que nós estaremos derrotados enquanto quisermos manter em pé uma civilização que terminou e continuarmos a lamentar um paraíso que está irremediavelmente perdido. Estaremos derrotados na medida em que considerarmos que a luta pela justiça no mundo terminou, que não há nada a fazer além de nos resignarmos, que o mundo é um caos imenso, para livrar-nos do qual só nos resta olhar para o outro mundo.

Não sou marxista e muito menos comunista. A admiração pelos escritores iluministas ensinou a defender-me da tentação do fanatismo. Mas, enquanto por trás de Marx vejo povos que têm "sede de justiça", por trás de teólogos como Donoso só vejo os poderosos que têm cada vez mais sede de poder.

Caro professor Schmitt, peço-lhe que receba estas minhas palavras (que lhe parecerão certamente vagas e ingênuas) como expressão de um desejo de continuar o diálogo com o senhor, desejo que a leitura de seus livros, a admiração por sua figura de estudioso e de jurista, a recordação de uma distante conversa de quinze anos atrás em Berlim, em sua casa em Dahlem (estarei certo?), e a seguir continuada no jardim ao redor, há tempos me despertaram, e que teve a oportunidade imediata para se realizar com a oferta muito bem-vinda de seus livros. Hoje mais do que nunca sente-se a necessidade de dialogar *antes que seja mais uma vez tarde demais!*

---

23 Referência ao pequeno livro *Donoso Cortés* de Schmitt (1950), que Bobbio recebera junto com *Ex captivitate salus*. Estudioso e político espanhol, Donoso Cortés (1809-1853) abjurou as ideias liberais em favor da supremacia da Igreja.

AUTOBIOGRAFIA 153

Em 1951, Schmitt propõe a Bobbio um seminário para celebrar os trezentos anos de publicação do *Leviatã*. Em seguida, envia-lhe seu artigo sobre Hobbes publicado na revista *Die Tat*. Bobbio parte daí para precisar seu pensamento sobre Hobbes e distinguir entre análise teórica e ação prática (em duas cartas, a primeira de 4 de fevereiro, a segunda de 24 de abril).

Depois de trinta anos de silêncio, quando já deixara a cátedra universitária, em 1980 Bobbio escreverá de novo a Carl Schmitt, que lhe responderá quase imediatamente. A ocasião será um artigo que o semanário *L'Espresso* dedicara ao filósofo alemão ("Alti e bassi di una carriera", n.45 de 1979). A missiva de Bobbio e a resposta de Schmitt terão o sentido de um adeus.

Via Sacchi, 66 – 10128 Turim

4 de janeiro de 1980

Caro prof. Schmitt,

Jamais esqueci a visita que lhe fiz em Berlim no verão de 1937. Tinha 28 anos e era não só jovem, mas desconhecido. Tive muitas vezes a oportunidade de recordar aquele encontro agora que seu nome voltou a aparecer cada vez mais frequentemente nas revistas acadêmicas e, por último, também em um periódico de atualidade e de grande difusão como o *L'Espresso*. E nunca deixei de expressar meu espanto com o fato de que um professor então no auge da notoriedade, como era o senhor naqueles anos, tivesse recebido tão afavelmente um jovem em seus primeiros passos no caminho dos estudos […]. Não só o senhor me recebeu e esteve a me ouvir com meu mau alemão (agora o esqueci quase inteiramente, salvo a leitura), mas me reteve para jantar com o senhor e sua família, e também nos entretivemos em um pequeno jardim a brincar com as crianças […].

Várias vezes tive a oportunidade de pensar no senhor nestes anos. E há tempos prometi a mim mesmo escrever-lhe. Mas continuei a adiar um pouco por preguiça, um pouco porque esperava a ocasião propícia. Agora a ocasião me foi oferecida pelas páginas dedicadas ao senhor pelo *L'Espresso* e por uma subsequente correspondência com Miglio. Lembro que o senhor me dedicou seu ensaio *Ex captivitate salus* com estas palavras: *Doceo sed frustra*. Ora, pelo menos a julgar por aquilo que se escreve sobre o senhor na Itália, não se poderia mais repetir *frustra*. Há também um aluno meu, Pier Paolo Portinaro, que está a se ocupar de seu pensamento, em particular da *Verfassungslehre*, que é uma de suas obras menos conhecidas na Itália.[24]

Não dou mais aulas desde 1º de novembro, tendo feito em outubro passado 70 anos. O jovem de então não é mais tão jovem! Gostaria de enviar-lhe os votos rituais de *happy new year*. Mas, com o que está sucedendo no mundo (e também em nosso pobre país), não ouso pronunciar a palavra *happy* nem como um sussurro.

Desejo-lhe boa saúde, isto sim, e bom trabalho. Queira aceitar minhas cordiais e afetuosas saudações.

D 597 Plettenberg – Pasel 11C
10 de fevereiro de 1980

Caro prof. Norberto Bobbio
Caro e estimado colega

Recebi em 23 de janeiro sua carta, amiga e rica em conteúdo, de 4 de janeiro. Li-a com profunda emoção e sincero reconhecimento por sua fiel e reiterada lembrança dos anos de Berlim. As experiências comuns e as vicissitudes vividas, próprias de uma ciência arriscada, lançam os fundamentos de uma forma específica de amizade. Somos ambos juristas de profissão, e não revolucionários de profissão, e só lamento não ter tido o prazer de ir encontrá-lo pessoalmente e repetir-lhe de viva voz a admiração que manifestei publicamente por seu *De Cive*.

Tocou-me particularmente o fato de que tenha mencionado meu pequeno livro, *Ex captivitate*. Esse interesse de um companheiro de viagem tem para mim um valor absolutamente inigualável. Tomei a liberdade de enviar-lhe em anexo, como particular sinal de meu reconhecimento, a edição espanhola destas memó-

---

24 Cf. Portinaro, *La crisi dello jus publicum europaeum*: saggio su Carl Schmitt.

AUTOBIOGRAFIA **155**

rias. Na edição alemã falta naturalmente o "Prólogo a la edición española". Ao senhor, caro e estimado colega, como grande estudioso de Hobbes e Mediador, o pentâmetro no final da poesia autobiográfica de Hobbes dirá mais do que a qualquer outro leitor. Com muitas felicitações pela aposentadoria, desejo-lhe boa saúde e bom trabalho, com minhas afetuosas e cordiais saudações.

O ano de 1968 irrompe na normalidade a que o professor Bobbio se recolhera. O epicentro do terremoto é justamente Turim. Em 27 de novembro de 1967, o movimento estudantil decide a ocupação do Palazzo Campana, que durará um mês, até quando, entre Natal e Ano-Novo, a polícia irá desalojar os ocupantes. O episódio que acende a centelha de uma contestação destinada a se difundir, como um contágio, por todas as universidades, ligando em irrepetível agitação cultural o protesto político e a rebelião geracional, é curiosamente subestimado pela classe dirigente: o cotidiano *La Stampa* dedica-lhe um pequeno título, quatro colunas na parte inferior, entre as páginas reservadas ao noticiário da cidade.

Também nós, acadêmicos, fomos tomados por total surpresa. Pessoalmente, eu acreditava que a experiência de centro-esquerda já estivesse consolidada e que nossas instituições rumariam para um período de democracia mais realizada e modernização mais rápida. Ao contrário do que sustentam os novos liberais, nosso país, naquela época, quanto ao mundo dos estudos sociais, estava decididamente sob a influência dos Estados Unidos, não certamente do marxismo. Uma obra que refletia esse comportamento era *L'università come impresa* [A universidade como empresa], publicada em 1967 (Florença, La Nuova Italia), de Gino Martinoli, que, partindo da constatação da baixíssima produtividade da universidade italiana, como escreve Aldo Visalberghi na apresentação, propunha-se aplicar a teoria da organização empresarial ao templo das ciências. No entanto, eclodiu de surpresa a revolta dos estudantes justamente contra a redução da universidade a empresa. Reconhecia que a contestação mirava disfunções reais, em especial na relação entre docentes e estudantes, mas não até o ponto de derivar para um estado de exaltação coletiva: cursos autogeridos, nos quais eram os estudantes que decidiam o que estudar, levando aos exames simplesmente *papers* escritos por eles, não individualmente mas em grupos, sobre temas da atualidade, como a Guerra do Vietnã, a revolução chinesa ou a revolta de Praga. Era contrário aos exames de grupo e à avaliação de grupo, porque o exame – dizia – é um ato de responsabilidade individual. Mas não encontrava ouvidos dispostos a me ouvir. Sobretudo era contrário à violência verbal (e em alguns casos não só verbal) com que a contestação muitas vezes fazia acompanhar as próprias exigências, que inspirava muitos de seus documentos e enchia as páginas do jornal *Lotta Continua*, que me chegava em casa todos os dias (creio ser um dos poucos a possuir toda a coleção).

Infelizmente, nós, docentes, não estávamos preparados para enfrentar a revolta: a contestação desabou sobre nós sem que a tivéssemos previsto. Eu – como disse – previa um processo de normalização cada vez mais rápido de nossa democracia. Assistimos à sua crise exatamente quando pensávamos que o país se encaminhava para ser uma democracia normal. Na evolução rumo a uma democracia a ser consolidada ocorreu aquilo que ninguém imaginava: a explosão de furores revolucionários, prenhe de sérias ameaças (como demonstraria a seguir a irrupção do terrorismo). Para os intelectuais de minha geração e com minha experiência, era não só surpreendente mas escandaloso que se pusesse em discussão a democracia nascida da Resistência. Não esqueçamos que o reitor Allara tinha sido empossado pelo CLN. Isso explica por que alguns de nós – não eu, na verdade – também suspeitássemos de que os contestadores tivessem uma matriz fascista. "Vocês negam a democracia que os fez nascer livres" – era a censura que se dirigia aos jovens de 1968. Para citar o caso talvez mais estridente e emblemático, Franco Venturi, um dos protagonistas da Resistência piemontesa, diretor em 1945-1946 do jornal *Giustizia e Libertà*, rechaçou toda e qualquer contestação como uma provocação fascista. Ele, um dos maiores historiadores italianos, se limitou a dar suas aulas a pouquíssimos estudantes que lhe restaram fiéis. Na realidade, os contestadores não renegavam a Resistência, mas nos acusavam de ter

AUTOBIOGRAFIA 157

traído seus ideais revolucionários. Ou melhor, acusavam sobretudo os comunistas, aos quais se recriminava a exaustão de todo impulso revolucionário. Como pátria ideal, a União Soviética de Brejnev fora substituída pela China de Mao.

Não posso deixar de mencionar o fato de que, em meu caso, sobrepôs-se ao conflito do professor com os estudantes, tornando-o sob certos aspectos mais dramático, mas sob outros menos radical, um conflito familiar. Luigi, meu filho primogênito, foi um dos líderes do movimento estudantil. Tornou-se o secretário da Interfacoltà, o pequeno parlamento dos estudantes, que nas eleições de 1967 vira, pela primeira vez, vencer a esquerda, a UGI, que compreendia comunistas e socialistas, contra o grupo dos estudantes católicos, a Intesa. Era ele quem assinava os *ukases* destinados ao reitor, aos diretores, ao conselho administrativo, ao senado acadêmico. Recordo o tumultuoso confronto, na sala magna, entre o senado acadêmico e os diversos componentes do movimento estudantil, com seus líderes, inclusive Luigi. O reitor Allara estava encolhido na cátedra em que normalmente dava suas aulas, muito pálido, incapaz de dar conta do que estava acontecendo. Da mesma forma recordo seu dramático telefonema quando me encontrava no conselho editorial da Einaudi, as famosas "quartas-feiras" de Einaudi: "Ouça, Bobbio, você tem de intervir, porque a sala em que estávamos realizando a reunião do conselho administrativo foi ocupada pelos estudantes e seu filho também está lá. Eles nos impedem de continuar nosso trabalho". Naturalmente lhe respondi que não podia fazer absolutamente nada. Não tinha nenhum poder "político" sobre meu filho e, ainda que o tivesse, não o exerceria. A única vez que lhe pedi que moderasse seu comportamento para não me criar embaraço foi por ocasião do ano acadêmico 1968-1969, em que devia, segundo a tradição, tomar a palavra também o secretário da Interfacoltà. No ano anterior assistíramos a uma cena penosa, porque Allara expulsara o representante dos estudantes antes que terminasse o discurso. Em 1968, cabia a Luigi falar em nome dos estudantes. Só lhe pedi que me deixasse ler seu discurso. Devo dizer que ele não quis me trazer dissabores e a manifestação transcorreu sem incidentes.

158 NORBERTO BOBBIO

Na *Bibliografia* de Norberto Bobbio restaram poucos traços de seu envolvimento nas polêmicas de 1968: quatro artigos na *Resistenza*, entre janeiro e junho de 1968, em que o professor intervinha a propósito dos males da universidade italiana.[25] Vive a experiência direta de um confronto com o movimento estudantil quando aceita a nomeação para membro do comitê coordenador, com Marcello Boldrini, da Universidade Católica, e Beniamino Andreatta, da Universidade de Bolonha, encarregado de presidir e dirigir o Instituto Superior de Ciências Sociais de Trento, que em 1968 passa de entidade local, instituída pela Província de Trento, a faculdade pública: um dos lugares candentes da contestação italiana.[26]

Nos quase trinta anos transcorridos desde a onda de 1968 muitas evocações aconteceram, muitas explicações se deram dessa ruptura cultural e política que permanece como um episódio único no último meio século. Reflete-se em 1968 o resultado final de transformações começadas na sociedade e nos costumes entre o fim dos anos 1950 e o início dos anos 1960: é o atestado de um processo de longa duração no qual o movimento nascido da contestação imprime a marca indelével de aspectos radicalmente novos. Mas as tendências de longo período eram diametralmente opostas, como escreveu Paul Ginsborg, aos projetos sociais e políticos alimentados no seio da contestação: "Os valores mais profundos que propugnavam – o anticapitalismo, o coletivismo e o igualitarismo – seriam derrotados".[27]

Nos dois anos que durou meu compromisso trentino, o movimento estudantil esteve ininterruptamente em agitação. A contestação foi agravada quer por ser a cidade do Concílio uma cidade sem tradição universitária, quer por estar o instituto superior, nela fundado alguns anos antes, destinado exclusivamente ao ensino da Sociologia, disciplina então de grande atração por sua novidade e

---

25 Cf. Un dialogo difficile ma necessario; Il potere accademico: una definizione; "Arte di arrangiarsi" e libertà del docente; e Arduo il dialogo con gli studenti, respectivamente em *Resistenza*, XXII, n.1, jan. 1968; n.2, fev. 1968; n.3, mar. 1968 e n.6, jun. 1968.

26 O comitê foi nomeado pelo ministro da Instrução Pública em 14 fev. 1968, quando as agitações estudantis já se disseminavam por toda a Itália.

27 Ginsborg, *Storia d'Italia dal dopoguerra a oggi*, p.463-4.

pelas esperanças (vãs) que suscitava nos jovens. Acrescente-se que nele se podia ingressar também a partir dos institutos técnicos e comerciais, os quais, antes da reforma que liberalizou o acesso à universidade, só permitiam a matrícula nas faculdades de Economia e Comércio. Os jovens acorriam de todas as partes da Itália e, quando chegavam em tropel, sobretudo no período dos exames, viviam longe da família, em plena liberdade. A contestação aí encontrou um dos terrenos mais propícios para sua rápida explosão. Em poucos anos os inscritos se tornaram milhares. Embora os residentes fixos, graças a uma hospitaleira casa do estudante, fossem uma pequena parte dos matriculados, constituíam mesmo assim uma massa bastante numerosa para a cidade, tanto mais que, não tendo nela muitas ocasiões de distração, estavam todo o dia juntos e, dados os humores daqueles anos, frequentemente reunidos em assembleia. Cabia-nos muitas vezes enfrentá-los quando, em suas tumultuosas reuniões, nos apresentavam suas reivindicações com veemência e com uma linguagem ríspida que não evitava a insolência. Recordo o dia em que Andreatta, o mais jovem de nós três, com um salto repentino, se pôs de pé na cátedra para dominar melhor a situação, e explodiu uma gargalhada de libertação.

Como membro do comitê coordenador, eu fazia parte do conselho da faculdade composto por trinta professores, todos temporários, provenientes de outras universidades. Com a morte de Boldrini, ocorrida no ano seguinte, tive de substituí-lo também como diretor. Nossas reuniões eram longuíssimas, duravam muitas vezes todo o dia. Acontecia às vezes sermos interrompidos por alguns entre os mais facinorosos que irrompiam na sala de nossas reuniões sem maiores embaraços. Sempre havia razões para protestar. Não muitos ainda lembram que o grupo dos mais extremistas se autodenominava "catangueses": um nome por si só não muito tranquilizador.[28]

---

28 O nome "catanguês", atribuído aos membros das forças de "autoproteção" do movimento estudantil, fazia referência à província secessionista de Catanga e à sangrenta guerra civil no antigo Congo Belga, depois República Democrática do Congo. (N. T.)

Felizmente, a ligação entre nós, docentes, era muita estreita. O entendimento que nos unia decorria também de termos a impressão de ser uma cidadela assediada. Os colegas, na maior parte muito mais jovens do que eu, tinham mais do que eu o gosto da inovação. Senti-me muito bem entre eles, e tenho daquelas reuniões, apesar de serem muito cansativas, uma boa recordação, tal como tenho uma boa lembrança de minhas estadias na cidade, geralmente nos fins de semana, e das longas horas transcorridas naquele velho edifício da Via Verdi, a que se tinha acesso saindo à direita da praça da Catedral. Também fazia parte do conselho de administração, presidido com mão firme, mas também com sabedoria, pelo presidente da administração provincial, Bruno Kessler, que fora o principal promotor do instituto. O diretor administrativo era o paciente dr. Tarcisio Andreolli, que jamais perdia as estribeiras. Kessler morreu prematuramente há alguns anos, depois de se tornar senador da Democracia Cristã. Nosso último encontro se deu, exatamente, depois de muitos anos, em uma das salas do Senado.

A tarefa do comitê era dar vida a um conselho de faculdade composto por pelo menos três professores titulares. O primeiro a ser nomeado por nós foi Francesco Alberoni, que provinha da Universidade Católica de Milão e vencera naquele ano um dos primeiros concursos de Sociologia. Também se tornou o diretor do instituto e se viu repentinamente em contato com uma massa de estudantes não facilmente governável. Conseguiu montar sobre o tigre ora domando-o, ora, por assim dizer, deixando-o sem controle.

O movimento estudantil foi um movimento libertário. Mas, entre as liberdades que reivindicava com força e até com estrépito, e quase sempre obtinha engrossando a voz, também estava a liberdade em relação ao rigor do estudo e à severidade dos exames. O professor mais hostilizado foi o moderadíssimo Mario Volpato, de Matemática, cuja matéria não se podia estudar e cujo exame não se podia superar fazendo um dos muitos trabalhos de grupo, como aqueles sobre o Vietnã e o poder negro. Era preciso estudá-la. Muitos não eram capazes. Aborrecido com os contínuos ataques dirigidos a ele,

AUTOBIOGRAFIA   161

não responsável pela ingrata matéria de que era titular, demitiu-se e nos abandonou. Nossos interlocutores principais naqueles anos foram Mauro Rostagno e Marco Boato. Os anos de Renato Curcio já estavam no passado. Não me lembro de tê-lo encontrado alguma vez. Eram ambos, Rostagno e Boato, muito bons oradores, que se faziam ouvir por seus companheiros e também por nós. Boato se tornou muitos anos depois senador e no Senado nos revimos, superados os antigos antagonismos. Rostagno, como bem se sabe, morreu tragicamente na Sicília, combatendo a máfia, e, como costuma acontecer na Itália, até agora nada se sabe sobre a causa e sobre os autores do delito.

De ano em ano, o número dos estudantes crescia desmedidamente, sem proporção com a capacidade da universidade e da própria cidade de acolhê-los. Os cidadãos da calma, pacífica, comportada, tradicional cidade do Buon Consiglio mal os suportavam. "Sociólogo" tornara-se um insulto na fala cotidiana. Kessler, que fora o principal responsável pelo instituto, tomou, ou melhor, foi obrigado a tomar por força das coisas, no final do ano acadêmico de 1969-1970, a decisão de limitar o número de vagas. O conselho de administração aprovou. Coube a mim anunciar a decisão diante de uma assembleia repleta e hostil. E o fiz com embaraço porque bem sabia que a medida era impopular. Mas tive de transformar a necessidade em virtude. Nesse meio-tempo havíamos conseguido convocar dos últimos concursos outros professores titulares, de modo que o novo ano acadêmico de 1970-1971 poderia iniciar com um conselho de faculdade regular. Como consequência, nosso comitê foi dissolvido no final do ano. A aventura trentina terminara. Guardo uma carta cordial de 2 de fevereiro de 1971, em que Kessler me agradece, comunica que o número de matriculados se ajustara em 3.200 estudantes e as aulas recomeçaram com absoluta regularidade.

Tinha estado em Trento muitos anos antes em abril de 1943, nada menos do que em viagem de núpcias e em busca de um raro manuscrito da *Cidade do sol*, de Tommaso Campanella. Voltei outras vezes nestes anos, inclusive para participar de um seminário

162 NORBERTO BOBBIO

sobre um tema, de modo algum incendiário, como a teoria dos sistemas normativos, promovido pelo professor Giuliano di Bernardo. A recordação dos anos de agitação já estava distante. "Estou convencido de que a hostilidade contra qualquer forma de poder tradicional, a transformação radical nas relações entre os sexos, o valor subjetivo do compromisso político nasceram de um trauma profundo na esquerda italiana. O movimento de 1968, pelo menos na Itália, foi a consequência de uma ruptura que atravessa os anos 1960. A crise do PCI, depois de 1956, e a entrada dos socialistas na área de governo abrem um vazio em que se insere um novo partido, o PSIUP [Partido Socialista Italiano de Unidade Proletária], surgido em 1964, quando a esquerda socialista se afasta definitivamente dos partidários de Nenni. Dele faziam parte homens como Vittorio Foa e Lelio Basso; em Turim havia Gianni Alasia, protagonista de uma dura experiência operaísta. O PSIUP foi em Turim o ambiente em que se formaram muitos jovens do movimento de 1968, impacientes com uma social-democracia agregada à DC e com a ortodoxia marxista-leninista do PCI. Uma segunda ruptura foi determinada pelos ecos da revolução cultural chinesa. Então brilhava a estrela de Mao, era o momento da descoberta da China, ao passo que na URSS o fim da era khruscheviana e o início da brejneviana representaram o adeus a toda esperança de renovação. Um dos grupos de contestação, Servire il Popolo, apontava a China de Mao como modelo ideal. A revolução chinesa era um mito para a maior parte dos contestadores. Recordo as discussões com Laura De Rossi, a primeira mulher de Luigi, entusiasta da revolução cultural e dos guardas vermelhos. Apontava-me, como exemplo a ser imitado, os velhos professores, da velha burguesia colonial, forçados a se reeducarem limpando latrinas. Parecia-me, e ainda parece, uma das muitas formas da revolta dos filhos contra os pais. Quando era jovem, os estudantes cantavam "Giovinezza". Aquela também havia sido uma revolta geracional: a dos filhos que escolhiam o impetuoso fascismo contra os pais liberais e socialistas, que depois da convulsão da guerra haviam retomado as ações de paz.

AUTOBIOGRAFIA 163

De minha atitude em face do movimento de 1968 quem ofereceu viva recordação autocrítica foi Giulio Einaudi, por ocasião da festa de meus 87 anos, que coincidiu com a publicação de *O tempo da memória*, meu último livro. Einaudi recordou que *Profilo ideologico del Novecento italiano* [Perfil ideológico do século XX italiano], escrito em 1968 e publicado em 1969, na *Storia della letteratura italiana* [História da literatura italiana], de Cecchi e Sapegno (editora Garzanti),[29] previa um último capítulo intitulado "A liberdade inútil", nunca escrito. "Qual era o clima", perguntou Einaudi, "que o levava a pensar que a liberdade, tão duramente conquistada na Itália, fosse inútil? Você, que com tanta paixão se dedicava ao ensino, mal suportava os extremismos acríticos culminados no movimento dos estudantes." Lembrou uma carta que lhe enviei em setembro de 1968, em resposta aos entusiasmos que ele e alguns de seus colaboradores mostravam pela revolta estudantil.

Cultura é equilíbrio intelectual, reflexão crítica, senso de discernimento, horror a qualquer simplificação, a qualquer maniqueísmo, a qualquer parcialidade.

Sobretudo, não acreditava ter de repeti-lo a você e aos amigos da editora, porque aprendemos juntos, não sem dificuldade e sofrimento, a apreciar o valor da liberdade intelectual.

Estava escandalizado, e mesmo seriamente preocupado, com a violência verbal dos contestadores. Mas então estava muito longe de pensar que da violência verbal, de que tivera tantas experiências em Trento, as franjas extremistas passassem à violência física. Ainda em janeiro de 1971, participando de uma contrainauguração do ano judiciário em Brescia, promovida pela revista de magistrados de esquerda, *Qualegiustizia*, expressava a convicção de que a

---

29 Esse texto teve várias edições edições sucessivas: Cooperativa Libraria Universitaria Torinese, 1972; Einaudi, 1986; Garzanti, 1990; edição inglesa, em 1995, por iniciativa da Fundação Giovanni Agnelli (com introdução de M. L. Salvadori).

164   NORBERTO BOBBIO

violência desses grupos revolucionários fosse somente verbal e só a direita subversiva fosse responsável por atos terroristas. O massacre de Piazza Fontana, sobre o qual jamais duvidei ter sido obra de grupos de extrema-direita, ajudados ou protegidos pelos serviços secretos, ocorrera pouco mais de um ano antes (dezembro de 1969). Em nome do Comitê de Professores pela Defesa de Giuseppe Pinelli e Pietro Valpreda, fiz um discurso no Teatro Eliseo, de Roma, em 14 de novembro de 1971, no qual lamentava que alguns magistrados tivessem feito de tudo para tornar fantasiosa a versão oficial do massacre de Milão.[30] Alguns anos depois, em um artigo sobre o tema a que voltei várias vezes, "A democracia e o poder invisível", no qual expressava a convicção de que a democracia italiana estava minada por poderes ocultos, que se abrigavam sobretudo nos serviços secretos, escrevi a propósito do massacre de Piazza Fontana e das conclusões do primeiro processo (mas seguiram-se muitos outros):

> Limito-me a evocar a suspeita, que permanece depois da conclusão do processo, de que o segredo de Estado serviu para proteger o segredo de antiestado. Volto ao massacre de Piazza Fontana mesmo à custa de parecer preso a um episódio remoto (mais do que remoto, recalcado), ainda que ressurgente, porque a degeneração de nosso sistema democrático começou aí, isto é, no momento em que um *arcanum*, no sentido mais apropriado do termo, entrou de modo imprevisto e imprevisível em nossa vida coletiva, perturbou-a, e foi seguido por outros episódios não menos graves que restaram igualmente obscuros.[31]

Não mudei de ideia. Em busca dos culpados, seguiram-se vários procedimentos por muitos anos até a sentença da Corte de Apelação de Catanzaro, que comentei em um jornal da Resistência:

---

30 Quale giustizia o quale politica?, *Il Ponte*, XXVII, p.1437-46.
31 Esse artigo, derivado de uma conferência realizada por Bobbio na Universidade de Veneza por convite de Emanuele Severino, foi publicado na *Rivista Italiana di Scienza Politica*, X, p.182-203, e depois incluído no volume *Il futuro della democrazia*, p.98.

AUTOBIOGRAFIA 165

A sentença de Catanzaro suscitou surpresa e indignação no país. Ao refletir sobre as várias fases pelas quais o longo procedimento passou nestes longos anos, há motivo para sentir vertigem. Não falo tanto das diversas fases processuais quanto das diversas hipóteses que nas diversas fases se aventaram. Foram quatro essas hipóteses: 1. os culpados do massacre são os anarquistas; 2. os culpados são os fascistas (com a cumplicidade dos serviços secretos); 3. os culpados são tanto os anarquistas quanto os fascistas; 4. não são culpados nem os fascistas nem os anarquistas. Ao final, todos absolvidos. Pareceria uma farsa se não fosse a realidade daqueles mortos, que não tiveram justiça, uma farsa macabra.[32]

Ao massacre de Piazza Fontana seguiram-se outros, tanto que se quis dar à repetição desses episódios criminosos um nome que os abrangesse a todos: "estratégia da tensão". Não inteiramente convencido da propriedade dessa expressão, muitas vezes discuti sobre ela com o amigo Franco Ferraresi, que se ocupou longamente do tema e é autor do livro mais fundamentado sobre a história do terrorismo de direita na Itália,[33] e em uma extensa correspondência com Falco Accame, estudioso de estratégia.[34]

Argumentava que só teria sentido falar de estratégia se existisse um conjunto ordenado de ações voltadas para um objetivo, por parte de um grupo organizado. Mas existe para os terroristas um objetivo bem definido? Não sabendo exatamente qual é seu objetivo, tentamos estabelecê-lo com uma palavra tão vaga quanto enganosa: tensão. Mas o uso de uma palavra de conotação tão sombria é a melhor prova da obscuridade em que inutilmente continuamos a nos debater. E nesse meio-tempo aumenta a sensação angustiante de impotência.

---

32 *Lettera ai Compagni*, XIII, p.1.
33 Ferraresi, *Minacce alla democrazia. La destra radicale e la strategia della tensione in Italia nel dopoguerra.*
34 Strategia e terrorismo. Carteggio tra Norberto Bobbio e Falco Accame (1993-4), suplemento do n.7 de *Agorà 92.*

166 NORBERTO BOBBIO

Voltei ao tema escrevendo o prefácio à decisão de instaurar processo penal pelo massacre na estação de Bolonha, escrita por dois corajosos juízes de instrução, Vito Zincani e Sergio Castaldo. Nele denunciei a inacreditável e perversa obra sistemática de despistamento realizada por alguns setores dos serviços secretos "que pertencem não ao antiestado, mas ao Estado, cuja missão estatutária não é favorecer a subversão, mas oferecer os meios, dos quais só uma atividade secreta pode dispor, para combatê-la". Entre outras coisas, escrevi:

> O obstáculo à busca da verdade pode ocorrer de vários modos, que parecem todos postos em prática, inclusive os mais pérfidos: [...] a falta de transmissão de informações, a informação não tempestiva, deliberadamente morosa, a desinformação, a notícia manipulada e mesmo a informação intencionalmente falsa ou falsificada, ou, como se diz no jargão, o "despistamento". O caso mais escandaloso e moralmente abjeto é representado por todas aquelas ações que visam conscientemente, e com um plano político preciso, a deslocar as investigações de um grupo subversivo a outro para salvar os culpados e fazer recair a culpa sobre inocentes politicamente malquistos. Considere-se também que até agora esse desvio só ocorreu em uma direção: enquanto existem provas de que em alguns casos tenha sido feita a tentativa de atribuir a grupos de esquerda atentados cometidos pela direita, jamais ocorreu o contrário.[35]

Quando explodiram as últimas bombas subversivas na noite de 20 de julho de 1993 (com o colapso do sistema soviético, o terrorismo de direita não tem mais razão para sobreviver), comentei na mesma noite o evento, escrevendo que estávamos atravessando um dos momentos mais trágicos da história republicana:

> A Itália sempre foi um país trágico, apesar de nossas máscaras, por meio das quais somos conhecidos pelos estrangeiros, serem máscaras cômicas: o servo contente e o patrão ludibriado. Um país

---

35 De Lutiis (org.), *La strage. L'atto di accusa dei giudici di Bologna 2 agosto 1980.*

AUTOBIOGRAFIA **167**

trágico, ainda que a maior parte dos italianos não o saiba ou finja não sabê-lo. Ou melhor, não queira sabê-lo.[36]

Alguns anos antes, por ocasião de outro gravíssimo episódio que perturbara a consciência dos italianos, em 23 de dezembro de 1984, uma tremenda explosão no expresso Nápoles-Roma-Milão, fiz a mim mesmo a pergunta sobre a finalidade desses atos terroristas e não consegui encontrar uma resposta convincente:

> Os massacres até agora realizados só tiveram como resultado semear pânico, suscitar indignação, provocar lutos cujas consequências privadas são infinitamente superiores àquelas públicas e políticas. O curso dos eventos seria diferente em nosso país se os massacres não tivessem ocorrido? Teríamos governos mais estáveis, políticos menos discutidos, maior ou menor inflação, maior ou menor desemprego? Um terremoto, então, não deveria ser igualmente desestabilizador? Em um naufrágio não morrem outras tantas vítimas inocentes?[37]

Em relação ao terrorismo de esquerda, abriu-me os olhos dolorosamente, dado que não os abrira já antes, o assassinato do amigo Carlo Casalegno, vice-diretor do *La Stampa* em 29 de novembro de 1977. Logo escrevi em nosso jornal, evocando nossa antiga amizade e "nossa paixão comum pela democracia". No primeiro aniversário da morte, repeti uma vez mais a pergunta, a que não conseguia dar resposta, sobre o significado e as consequências de uma ação terrorista, observando a desproporção entre o evento desatinado e o resultado. Perguntava-me:

> Qual o resultado? Qual o resultado além do fato material, e esgotado em si mesmo, da morte? Uma punição exemplar. Mas

---

36 Bobbio, Un paese tragico. In: *Verso la seconda Repubblica*, p.45.
37 La violenza oscura, *La Stampa*, 27 dez. 1984, agora em *L'utopia capovolta*, p.83.

uma pena pressupõe a culpa, e a pena pressupõe sempre a proporção entre crime e castigo [...]. Qual outra mensagem nos vem desses justiceiros, a não ser uma mensagem de ódio e de morte, e, se a justiça for proporção, ponderação entre razão e erro, equilíbrio entre pena e culpa, de absoluta injustiça?

Incutir terror, certamente. Mas, "se interrogo os impulsos de meu espírito diante desse evento, devo reconhecer que neles domina não o terror, mas provavelmente o horror, um sentimento bem mais profundo, bem mais difícil de descrever, quase insondável". Tentava explicar a diferença: "Aterroriza-me o temporal porque temo que um raio me atinja na rua. Causa-me horror, ao contrário, a visão do sangue, quando um menino mata lentamente um gato indefeso, o espetáculo dos cadáveres abandonados em um campo de batalha".[38]

Alguns meses antes, Eugenio Montale, por ocasião da deserção de jurados no processo de Turim contra as Brigadas Vermelhas, que assassinaram o presidente da Ordem dos Advogados turinenses, um velho cavalheiro, dera razão aos desertores. Essa declaração suscitou um debate sobre "os intelectuais e o medo", no qual também intervim com um artigo em que afirmava o dever de ser pessimista e em que dizia:

Deixo de bom grado aos fanáticos, isto é, àqueles que querem a catástrofe, e aos frívolos, isto é, àqueles que pensam que no final tudo se acomoda, o prazer de ser otimistas. O pessimismo hoje, seja-me permitida ainda essa expressão impolítica, é um dever civil. Um dever civil, porque só um pessimismo radical da razão pode suscitar algum estremecimento naqueles que, de uma parte ou de outra, demonstram não perceber que o sono da razão gera monstros.[39]

---

38 Uomini come cose, *La Stampa*, 29 nov. 1978, agora em *Ideologia e potere in crisi*, p.94.

39 *La Stampa*, 15 maio 1977. Traduzido para o francês em um pequeno livro intitulado *Italie '77. Le Mouvement et les intellectuels*, p.153-9.

AUTOBIOGRAFIA 169

Em 1972, fui chamado para a recém-inaugurada Faculdade de Ciências Políticas como titular da cátedra de Filosofia da Política. Vi-me a ensinar em ambiente novo, cujos recursos didáticos estavam postos à prova por uma dupla liberalização, a do acesso à universidade e a dos planos de estudo. Mesmo fisicamente a paisagem havia mudado, porque nesse meio-tempo as faculdades humanistas se transferiram do Palazzo Campana para o Palazzo Nuovo, paralelepípedo de aço e vidro que logo desnudará, sob a pressão da universidade de massa, toda a sua ineficiência arquitetônica. Começou assim, depois das agitações de 1968, um segundo período de minha vida de professor, de 1972 a 1979.

O convite para me transferir para as Ciências Políticas também se devia ao fato de que fora, desde 1962, como disse, professor temporário de Ciência Política; disciplina com grande tradição na Itália graças a Gaetano Mosca, autor no final do século de um livro considerado clássico, *Elementos de ciência política*. A edição definitiva, publicada em 1923, com introdução de Croce, foi resenhada por Luigi Einaudi. Um texto antecipador, tanto é verdade que nos anos 1930 foi traduzido para o inglês e publicado nos Estados Unidos. Evento raro para um livro italiano de ensaísmo político. A fortuna da ciência política, em nosso país, havia se eclipsado sob o fascismo. Creio que as duas primeiras cátedras tenham sido a minha, em Turim, e a de Giovanni Sartori, mais jovem do que eu, na Universidade de Florença, primeiro titular da disciplina por concurso. Meus cursos tinham por objeto o tema principal da ciência política: os partidos políticos. Utilizava o texto de um dos maiores constitucionalistas europeus, Maurice Duverger, traduzido para o italiano pela editora Comunità. Entre meus alunos, nessa disciplina, recordo com emoção Paolo Farneti, morto tragicamente em um acidente automobilístico em 15 de agosto de 1980.[40]

---

40 Bobbio escreveu o necrológio de Farneti: Ha avvicinato i due grandi nemici: storici e sociologi, *Avanti!*, 19 ago. 1980. Cf., além disso, os prefácios de Bobbio aos livros de Farneti, *La democrazia in Italia tra crisi e rivoluzione*, e *Diario italiano*; e VV.AA., *Il sistema politico italiano tra crisi e innovazione*, com introdução de Bobbio dedicada a Farneti.

Quando, em 1969, instituiu-se em Turim a Faculdade de Ciências Políticas, a cátedra de Filosofia Política foi dada a Alessandro Passerin d'Entrèves, que vinha do Direito. Tendo nascido em 1902, aposentou-se em 1972. Pediu-me que entrasse em seu lugar: "Devemos estabelecer uma tradição. Não pode me dizer 'não'". Ainda que não haja nunca aspirado a cargos acadêmicos e até os tenha sempre detestado, tive também de ser diretor por três anos, sendo o docente mais antigo, depois que D'Entrèves se aposentou. O curso que mais teve sucesso e difusão é aquele recolhido no volume de apostilas *A teoria das formas de governo na história do pensamento político*,[41] em que estudo como a tipologia das formas de governo mudou no curso dos séculos, partindo da célebre tripartição dos antigos, monarquia, aristocracia e democracia, e detendo-me, porém, no século XIX e em Marx. Dei também um curso sobre a história do conceito de revolução, partindo do Livro V da *Política* de Aristóteles sobre as "mutações". Michelangelo Bovero, então meu assistente, agora meu sucessor, reuniu as anotações dos melhores estudantes; daí surgiram dois grandes volumes, que jamais tive a paciência de rever e preparar para publicação. Minha história de docente terminou em 1979, aos 70 anos, depois de mais de quarenta de ensino.

A última aula em 16 de maio, uma quarta-feira. Na cátedra um grande buquê de flores, com um cartão: "De seus estudantes do último curso". Bobbio cita Max Weber: "A cátedra universitária não é nem para os demagogos nem para os profetas". Entrevistado pelo *La Stampa*, o professor declara: "A última aula é um fato natural, previsto. Na vida, somos pegos de surpresa só por eventos extraordinários".[42]

---

41 Original datilografado e mimeografado, publicado em 1976 pela editora Giappichelli, traduzido para o espanhol e o português.
42 Rizzo, Un alfiere di libertà, *La Stampa*, 20 maio 1979.

VI
BATALHAS POLÍTICAS

Em dezembro de 1957, realizou-se em Turim um encontro em defesa das liberdades democráticas nos lugares de trabalho. Estava--se no coração dos *Anos duros na Fiat*, tal como os chamaram, em seu contundente livro, os sindicalistas comunistas Emilio Pugno e Sergio Garavini. Os anos 1950 são a década da grande reconstrução econômica do país, mas também de uma derrota histórica do sindicato:

> Todos os ingredientes do paternalismo e da discriminação são então empregados com sucesso: ataque ao direito de greve, chantagem no local de trabalho, discriminação política, promoção do sindicalismo "amarelo". Os instrumentos da "guerra fria" são utilizados até o fim e, ao centro, está a chantagem das "encomendas americanas".[1]

A Fiat torna-se uma ilha na realidade industrial da Itália, com relações sindicais baseadas na discriminação entre "construtores" e "destruidores":

---

1 Pugno; Garavini, *Gli anni duri alla Fiat*, p.3.

172 NORBERTO BOBBIO

A CISL,[2] assimilando os métodos americanos de contratação por empresa e assumindo, em face da empresa, uma atitude de leal colaboração, beneficiou-se amplamente da situação. Por seu turno, a CGIL perdeu outras forças: seja pela continuação das demissões efetivadas segundo critérios rigorosamente políticos, seja pela transformação cada vez mais evidente da classe trabalhadora.[3]

Em 1955, a Fiom [Federazione Impiegati Operai Metallurgici] publica um livro branco intitulado *Documentos sobre o ataque aos direitos de liberdade dos trabalhadores na Fiat*. Em 1968, a revista *Nuovi Argomenti* publica uma *Investigação na Fiat*.[4] O encontro turinense para a defesa das liberdades democráticas nas fábricas é organizado para romper o isolamento em que o sindicato de classe se vê confinado: "O trabalhador sabe que nada, se por motivos políticos ou sindicais se tornar indesejado na Fiat, poderá impedir sua inclusão na primeira demissão de massa".[5] O encontro tem o típico objetivo das iniciativas realizadas pela esquerda naquela época: pôr em comunicação o mundo da fábrica e o dos intelectuais. Porque a cidade estava dividida, como recordou Diego Novelli, prefeito comunista em 1975, então jornalista do *L'Unità*: "Turim vivia naquele tempo duas vidas: a vida operária, sindical, dos companheiros, e a outra vida, a da burguesia, que se mostrava impermeável aos dramas do proletariado".[6]

Aderi ao encontro de 1957 com uma carta contra as discriminações políticas nas fábricas, que foi publicada no *Risorgimento*, periódico da Resistência católica dirigido por Enrico Martini Mauri, ex-comandante da Brigada Autônoma de Langhe.

---

2 No embate descrito a seguir, estão em campos opostos a CISL (Confederazione Italiana Sindacati Lavoratori), de inspiração democrata-cristã, e a CGIL (Confederazione Generale Italiana del Lavoro), ligada ao Partido Comunista. (N. T.)

3 Bairati, *Valletta*.

4 Depois republicada em Carocci, *Inchiesta alla Fiat*.

5 Ibid., p.66.

6 Cf. Papuzzi, *Il provocatore*, p.47.

AUTOBIOGRAFIA 173

Esse encontro sobre as liberdades civis nas fábricas deve oferecer a oportunidade de discutir um dos problemas mais graves do direito constitucional contemporâneo: o problema da defesa dos direitos de liberdade não só em relação aos poderes públicos, mas também em relação aos poderes que continuam a se chamar privados. Uma constituição que tenha resolvido o primeiro problema, e não o segundo, não pode ser considerada uma constituição democrática. Na realidade, as constituições dos atuais Estados democráticos surgiram de uma luta secular contra o Estado, isto é, contra aqueles que, tendo conquistado o mais alto poder sobre os homens, eram os únicos em condições de dele abusar. Elas são o resultado de uma conquista lenta e gradual de liberdades específicas, isto é, de esferas cada vez mais amplas de ação, em que o cidadão pode determinar a própria conduta seguindo uma norma ditada só por sua própria consciência. Em uma palavra, elas representam a garantia do cidadão contra o abuso de poder por parte do Estado. O significado fundamental de uma constituição democrática é o de afirmar que o poder sobre os homens, qualquer que seja, e seja qual for o grupo ou a pessoa que o exerça, deve ter limites juridicamente estabelecidos, e que nada existe de mais contrário à efetivação de uma convivência estável e pacífica entre os homens, em que consiste o objetivo do Estado, do que um poder ilimitado em sua natureza e arbitrário em seu exercício.

Pois bem, a afirmação das liberdades civis permaneceria letra morta e o fim principal a que tendem as garantias constitucionais seria cancelado, se as liberdades do cidadão, afirmadas contra os órgãos do Estado, não fossem igualmente afirmadas e protegidas contra o poder dos particulares. Uma das características da atual sociedade capitalista é a concentração de grandes poderes nas mãos de instituições privadas. Damo-nos conta de que esses poderes são tão grandes que suspendem, lesam ou mesmo tornam vãs algumas liberdades fundamentais que até agora só pareciam ameaçadas pelos órgãos do poder estatal. Nossa constituição reconhece e protege a liberdade religiosa. Suponhamos que uma grande empresa estabeleça como condição para a admissão dos próprios emprega-

174 NORBERTO BOBBIO

dos a profissão de certa religião. Nesse caso, o cidadão seria livre para professar sua religião diante do Estado. No entanto, não mais seria livre para professar sua religião diante da empresa. Pergunto--me: nessa situação ainda existiria ou não mais existiria a liberdade religiosa? Nossa constituição reconhece e protege a liberdade de pensamento. Suponhamos que uma grande empresa estabeleça como condição para a admissão de seus empregados a adesão a certa tendência política. Nesse caso, mais uma vez, o cidadão seria livre para ter uma opinião política própria diante do Estado. No entanto, não mais seria livre para tê-la diante da empresa privada. Pergunto--me: em uma situação semelhante, ainda existiria ou não existiria mais a liberdade política? Poder-se-ia objetar que o privado, faça o que fizer, não impõe uma crença ou uma opinião política, mas considera uma e outra como condição para obter trabalho. Respondo que do mesmo modo se poderia argumentar que o Estado mais tirânico também não impõe uma crença ou uma opinião, mas se limita a estabelecer certas condições para sermos considerados cidadãos com plenos direitos, isto é, limita-se a deixar a liberdade de escolha entre aceitar a crença ou a opinião que impõe, ou acabar na prisão.

Constituição democrática é aquela que não só afirma as liberdades civis, mas cria os órgãos e as leis capazes de fazer que essas liberdades se tornem efetivas e sejam salvaguardadas contra todos, e que, se as barreiras erguidas contra os abusos de poder se rompem ou ameaçam romper, é capaz de providenciar reparos, elevando novas barreiras. Existem em nossa constituição os pressupostos para enfrentar o perigo. Mas, para que o perigo seja enfrentado, são necessárias três coisas: a consciência de que o perigo existe, um exame igualmente preciso dos remédios, a vontade unânime de viver em uma sociedade democrática.[7]

O problema que eu então propunha era um problema real, que conduziria às reivindicações de liberdade nas fábricas e à condena-

---

7 Cf. *Risorgimento*, VIII, n.1, p.19.

AUTOBIOGRAFIA **175**

ção de toda discriminação política dentro da fábrica, e seria enfrentado no Estatuto dos Trabalhadores, apresentado pelo ministro Giacomo Brodolini e aprovado pelo Parlamento em 20 de junho de 1969.

Na realidade, naqueles anos não me ocupava mais de política, tendo me dedicado exclusivamente aos estudos e ao ensino. Vi-me envolvido naquele encontro porque sempre mantive relações de diálogo com a esquerda. Além disso, participava do seminário a revista *Nuovi Argomenti*, de Alberto Carocci e Alberto Moravia, na qual eu colaborava. Mas foi um episódio isolado. É verdade que então se vivia em um mundo dividido ao meio e um intelectual dedicado aos estudos e ao ensino tinha pouquíssimas oportunidades de contato com a realidade do trabalho industrial, não por atitude de desinteresse nem por escolha pessoal, mas porque os dois mundos, o intelectual e o operário, tinham pouquíssimos canais de comunicação. De resto, não me parece que as coisas mudaram muito.

Na realidade, meu retorno ao compromisso político aconteceu muitos anos depois com a unificação socialista, quando o PSI e o PSDI decidiram fundir-se em um único partido. Sendo um socialista democrático, considerei que fosse meu dever dar minha contribuição pessoal a uma virada que parecia abrir uma fase completamente nova na vida política.

Era 30 de outubro de 1966. Alguns dias antes, o XXXVII Congresso do PSI e o XV Congresso do PSDI haviam terminado, decidindo-se pela unificação. O novo partido, que tomou o nome de Partido Socialista Unificado (PSU), nasceu no Palácio de Esportes de Roma, apinhado de gente. "Talvez a maior assembleia do socialismo italiano", escreveram os jornais. Falou-se de 30 mil pessoas, espremidas na enorme arena, para a constituinte socialista.[8] Entre elas, estava também Bobbio.

Era o momento culminante da experiência de centro-esquerda. Em fevereiro, foi nomeado o terceiro governo de Aldo Moro, com Nenni vice-presidente.

---

8 Cf. a reportagem de M. Pinzauti no *La Stampa*, 31 out. 1966.

176 NORBERTO BOBBIO

Apontou-se Gianni Agnelli para substituir Vittorio Valletta na presidência da Fiat. Em maio, a Câmara aprovou a lei sobre demissão por justa causa. Naquele ano, pela primeira vez se introduziu na Itália o horário de verão. Quando o periódico *Il Mondo*, na primavera, decidiu fechar as portas, Bobbio escreveu a Mario Pannunzio uma carta para lamentar o fim do jornal, apesar de nunca ter nele colaborado. Pannunzio respondeu-lhe com longa carta:

Roma, 12.3.66

Caro Bobbio,

Grato por sua carta tão amiga. Gostaria de poder responder às perguntas que faz, mas receio não ter condição para tanto. Talvez *Il Mondo* tenha vivido por tempo demais. Jornais como este, que se propõem uma tarefa não só de observação, mas de comentário, estímulo, iniciativa, têm uma vida fatalmente difícil. Basta olhar ao redor: qualquer empreendimento que dê um simples sinal de compromisso moral e político encontra sempre, entre nós, uma curiosa hostilidade, aguerrida, tenaz, invencível. Para enfrentá--la, seria preciso um impulso contínuo, um fervor paciente, a concordância espontânea de grande número de pessoas animadas pela mesma intenção. E no entanto... A esquerda democrática está dividida, conflituosa, sem confiança. A centro-esquerda revelou quão alto era o grau de imaturidade e despreparo. Vivemos em um clima de sonolência e dispersão. Os jovens, que ontem se apresentavam numerosos e cheios de energia, hoje se metem nas profissões privadas e na literatura "descomprometida". Um jornal é uma espécie de observatório: e os dezessete anos do *Il Mondo* me fizeram ver mudanças inacreditáveis. Recordo, por exemplo, os tempos de De Gasperi: o conformismo dominava, mas havia dezenas de "protestantes" crentes e resolutos que não se resignavam. Onde estão hoje? Muitos desapareceram, e os mais vivos, devo dizer, nem sempre estão entre os que restaram.

Mas não sou pessimista. O senhor bem o diz: é preciso reorganizar a esquerda democrática. Todos devemos pensar sobre isso, estudar o que fazer. Quanto a mim, estou certo de que algo irá sur-

AUTOBIOGRAFIA **177**

gir. Mesmo nestes dias, em meio ao lamento de tantos amigos pelo fechamento do *Il Mondo*, percebi que certos discursos jamais se interrompem e que é nosso dever, como o senhor diz, "estimular e preparar". E não creio que seja só meu sentimento particular, um sentimento solitário.

Mais uma vez obrigado, caro Bobbio. Desculpe-me a longa carta. Uma saudação amiga de seu

Mario Pannunzio[9]

Os trabalhos da assembleia de unificação socialista foram abertos por Sandro Pertini. Giuseppe Saragat, presidente da República, enviou uma mensagem. Pietro Nenni foi eleito presidente do Partido Socialista Unificado, Francesco De Martino, ex-PSI, e Mario Tanassi, ex-PSDI, eram os cossecretários. Na declaração de unificação, tentava-se um compromisso entre a tradição marxista e a social-democrata, para não deixar, à esquerda, espaço excessivo para o PCI e o PSIUP: o novo partido assumia "as experiências doutrinárias, a começar daquela fundamental do marxismo, e as experiências políticas, amadurecidas em três quartos de século de lutas de classe, sempre duras e muitas vezes sangrentas". Pretendia-se criar "uma sociedade livre das contradições e coerções derivadas da divisão em classes produzida pelo sistema capitalista". Em uma fotografia publicada no dia seguinte nos jornais, via-se Nenni a sorrir, por trás de grossas lentes, entre Tanassi e De Martino que se estreitavam as mãos. A unificação duraria só dois anos. O velho amigo Vittorio Foa, que então estava na outra margem, escreveu assim: "Não bastava a afirmação da autonomia socialista, devia-se definir seu conteúdo para além da pura aliança com a Democracia Cristã. Muitas vezes penso que os socialistas, uma vez separados dos comunistas, deveriam por alguns anos desenvolver a 'própria' oposição. A derrota eleitoral do partido unificado demonstrou que a autonomia socialista ainda era só uma intenção".[10]

Não estava inscrito no Partido Socialista, mas fui convidado para a assembleia constituinte porque assinara, com Franco Venturi

---

9 Cf. VV. AA., *Pannunzio e i "Il Mondo"*.
10 Foa, *Questo Novecento*, p.301.

e outros colegas, um apelo à unificação proposto por Aldo Garosci.
Expliquei os motivos que me levaram a aderir ao Partido Socialista Unificado em uma intervenção escrita em nome de um grupo de
intelectuais ex-*azionistas*, intervenção que não pude ler na assembleia e foi publicada no *Avanti!*. Essa foi a única vez, depois da derrota do Partido de Ação, em que aderi a um partido, manifestando
uma confiança e um otimismo que não me são habituais e que,
também desta vez, os fatos brutos se encarregaram de desmentir
rapidamente.

O intelectual tem uma tendência natural a agir com independência; essa tendência pode ser muito bem explicada e foi uma
centena de vezes estudada e analisada. Não sei qual definição se
possa dar de intelectual e se é possível dar alguma; entende-se em
geral por intelectual aquele que encarna ou deveria encarnar o espírito crítico que não se acomoda ou não deveria se acomodar em
nenhuma doutrina acabada e pré-constituída; o semeador de dúvidas, o herético por vocação, o inadaptado a qualquer disciplina, o
irredutível alimentador do dissenso.

Nestes anos, muitos intelectuais desempenharam à perfeição, e
não podiam deixar de desempenhar, esse papel; em relação aos partidos, estiveram mais fora do que dentro, neles entravam e deles
saíam, viam-se mais confortáveis em pequenos grupos, partidos
provavelmente de nome mas não de fato, que afinal faziam e des-
faziam a seu bel-prazer, um pouco mais à direita da esquerda, um
pouco mais à esquerda da direita, na busca irrequieta de uma posição
que jamais correspondia à dos grupos de poder constituídos, como
uma bola de roleta – desculpem-me a imagem um tanto irreverente
– que continua a pipocar sobre o quadrante para escapar do destino
demasiado mesquinho e banal de parar no vermelho ou no negro.

Não digo que alguns desses grupos não tenham travado batalhas memoráveis e, portanto, não tenham dado uma contribuição positiva, real, ainda que com sua intervenção extraordinária,
à política ordinária; mas muito frequentemente permaneceram à
margem, em posição de expectativa, ou no mais das vezes de des-

AUTOBIOGRAFIA   179

confiança, de recriminação, de protesto, com a atitude de quem, não podendo salvar a pátria, tenta pelo menos salvar a alma. Parece só ter havido uma escolha entre um poder efêmero pago ao preço da própria independência e uma livre mas em longo prazo deprimente impotência. Hoje a formação de um grande partido socialista e democrático, através de uma reunificação que se prenuncia como abertura para toda a área da esquerda democrática, está destinada a ocupar em nosso espectro político um espaço tão amplo que nos poderemos movimentar com liberdade, sem preconceitos doutrinários, sem vetos sectários, rumo a uma única direção, ainda que partindo de pontos de vista diversos e quem sabe salvaguardando a própria vocação minoritária. É preciso saber distinguir entre vocação minoritária e atitude cismática rígida, obstinada e, afinal, estéril.

Os grupos e os grupelhos, as pequenas seitas de iniciados, as confrarias de flagelantes e, mais frequentemente, de flageladores obedecem a uma necessidade histórica e moral do momento de laceração, incerteza ou dispersão. Hoje, no momento em que se está iniciando um processo contrário de convergência para fins comuns, não têm mais razão de ser. Ainda mais que estamos convencidos de que a atração para o socialismo democrático de outras partes do espectro político seja, na atual situação do desenvolvimento democrático italiano, inevitável e destinada a aumentar.

Quero ainda acrescentar que, se a área do socialismo democrático não estivesse destinada a aumentar, seria um mau sinal não só para o socialismo, mas também para a democracia. Encontramo-nos durante anos nessa estranha situação de pregar o compromisso e logo em seguida nos perguntarmos: "Compromisso em favor de quem?". Hoje acreditamos poder responder, sem medo de cair em contradição e sem criar muitas ilusões, que o compromisso para a formação de um partido socialista moderno e democrático em nosso país seja um compromisso que vale a pena assumir, ainda que não tenhamos nenhuma garantia de que a experiência vá ter um resultado segundo nossos desejos e nossas esperanças. Aliás, podemos acreditar que a experiência seja difícil, mas essa será uma razão adicional para não recuar e não perder a coragem antes de dar o primeiro passo, que é o da adesão ao novo partido.

Depois de vinte anos de vida democrática, apesar de difícil e confusa, muito longe de exemplar, a democracia lançou raízes em nosso país; para distinguir entre um regime aceito e um regime só obedecido, os teóricos da política invocam o princípio de legitimidade. Pois bem: a legitimidade da democracia hoje na Itália é um fato consolidado para a grande maioria dos italianos. A democracia sempre foi na história da Itália, e não só em 1945, uma dura conquista, e foi uma conquista para a qual deu contribuição essencial, e em 1945 decisiva, o movimento operário.

[...] No momento em que se constitui um partido socialista democrático que se projeta para o futuro, é extremamente importante alcançar, e fazer alcançar aqueles que estão à nossa esquerda, a consciência de que a democracia a que nos atemos, considerando-a o fundamento comum da casa que estamos construindo e em que deveremos e gostaríamos de viver por muitos anos, está ligada desde agora indissoluvelmente – pelo menos em nosso país – à história do socialismo.

Em matéria de socialismo sem democracia, a história se encarregou de nos dar nestes anos, e continua a nos dar com pedantismo e severidade de mestre inflexível, lições terríveis que nenhum aluno, por mais obstinado, desinteressado ou presunçoso que seja, terá deixado de aproveitar. Essa lição, disso tenho certeza, foi bem aprendida até por aqueles que não o dizem ou ainda não podem dizê-lo. O velho Hegel, mestre de realismo, diria: "... o palavrório emudece diante das sérias réplicas da história".

O que hoje podemos desejar é que as "sérias réplicas da história" tenham nos ensinado duradouramente a jamais dissociar a tensão rumo ao socialismo da prática do método democrático. Togliatti costumava dizer dos comunistas: "Nós viemos de longe". Pois bem, nós podemos dizer que viemos de mais longe ainda. Mas devemos dizê-lo sem arrogância. Cometemos tantos erros que não podemos posar de mestres. E ainda nos encontramos, eles e nós, tão aperta-

AUTOBIOGRAFIA 181

dos no mesmo barco, e ainda longe de sair da tempestade, que não podemos nos permitir o luxo de nos virarmos as costas. Ao contrário, seremos bons alunos se aprendermos da história, antes de tudo, uma lição de humildade. De resto, temos, eu e meus amigos, uma só força, que é a de não ter ambições a impor e muito menos interesses a defender, a de considerar a atividade política como um dever civil, às vezes até molesto: antes se dizia um dever com a pátria, mas, agora que a pátria é o mundo, nosso dever é com a grande pátria de todos os homens reunidos por um destino comum de vida e de morte.

Nessa pátria, nosso lugar é da parte dos deserdados, dos oprimidos, das vítimas, daqueles que combatem e morrem pela liberdade. Aderindo ao partido unificado, damos voz a uma antiga convicção, expressamos uma exigência de coerência, fazemos uma profissão de fé e assumimos uma tarefa. E formulamos uma esperança, a de que a unificação, indo além da necessidade de que surgiu, abra um novo caminho menos áspero, mais reto e seguro, para o desenvolvimento democrático de nosso país.[11]

Retomei esses argumentos em um artigo, em janeiro de 1967, na publicação mensal *Resistenza*, fundada por ex-*azionistas* turinenses. O artigo se intitulava "Depois da unificação". Relendo-o hoje, pode ser indicado como exemplo até caricatural da discrepância entre a prática e a gramática. Segundo a gramática, vale dizer, segundo a interpretação que dava da unificação, esta tinha chegado no momento oportuno para dar uma virada, em sentido muito mais democrático, em nosso sistema político. Falava mesmo de uma necessária "racionalização" do sistema. Escrevia:

Na atual situação e naquela previsível nos próximos anos, só há lugar ou para uma contestação global do sistema, ou para sua transformação a partir de dentro, que é o objetivo tradicional dos partidos social-democratas [...]. Desse ponto de vista, a unificação

---

11 Cf. *Avanti!*, 1º nov. 1966.

182 NORBERTO BOBBIO

socialista corresponde à mudança da situação histórica e pode ser considerada como um processo de natural adequação.

Continuava:

Depois da crise do stalinismo aumentou a consciência da importância não só instrumental, mas essencial, da democracia formal, isto é, do valor constitutivo e não só procedimental de certas regras do jogo e da necessidade de um prévio acordo por parte de todos a respeito delas.

Concluía:

O problema de fundo da esquerda italiana, e não só italiana, é o de encontrar o ponto de sutura correto entre consolidação democrática e desenvolvimento socialista. Não é um problema de fácil solução e, provavelmente, é um problema que só permite soluções provisórias. Mas é um problema que deve exigir os esforços de todos aqueles que veem uma gradual unificação da esquerda italiana como processo de racionalização, desta vez, não mais só de uma parte do sistema, mas de todo o sistema.

Como "gramática", o discurso era impecável. Mas a "prática" não demorou muito para desmenti-lo.[12]

O apoio à unificação tinha como pano de fundo minha adesão à política de centro-esquerda. Considerava a centro-esquerda uma escolha justa para o futuro do país e pensava que se devia reforçar a ala socialista da coalizão, encerrando as discussões que dividiam a esquerda.

O político que gozava de minha confiança era um velho amigo, Antonio Giolitti, já recordado: deputado comunista na Constituinte e na Câmara, deixara o PCI em 1957, passando para as fileiras da esquerda socialista e sendo nomeado em 1963-1964 ministro

---

12 Cf. *Resistenza*, jan. 1967.

do Orçamento e da Programação. Tinha a ilusão de que a centro--esquerda fosse capaz de realizar as grandes reformas de que nossa democracia necessitava. Infelizmente, os socialistas perderam boa parte de sua força com a cisão da qual em 1964 nascera o PSIUP.[13] Estou convencido de que essa ruptura, que enfraquecia o componente de esquerda da coalizão, foi um erro muito grave. Sempre tive a convicção de que para reforçar a democracia italiana se devia ampliar sua base. Essa necessidade, vital para o país, ficou clara para mim sobretudo depois da derrota da Frente Popular em 1948 e da batalha sobre a *legge truffa* em 1953. De fato, a centro-esquerda representava para mim a realização do velho sonho de uma aliança política entre católicos democráticos e socialistas democráticos: quantas vezes dissemos que, se dom Sturzo e Turati tivessem conseguido estabelecer um acordo, o fascismo não teria acontecido? Nossa geração foi obcecada pelo perigo de direita. Assimilamos a convicção de que o fascismo era, como escrevera Gobetti, "a síntese das históricas enfermidades italianas". Mas também devíamos acertar as contas com o problema representado pelo Partido Comunista e por suas dificuldades para se livrar definitivamente do abraço do stalinismo. Da consciência dessa instabilidade estrutural da democracia italiana nascia a convicção de que se devia realizar a aliança política entre um centro democrático e a esquerda democrática. Cultivávamos a ideia de que a democracia italiana era frágil porque seus componentes democráticos estavam divididos. Tratava-se de superar o que Giovanni Sartori chamou de "pluralismo polarizado", de modo que todos aqueles que se consideravam segura e lealmente democráticos pudessem se aliar para sustentar o distanciamento de Nenni do PCI. A aliança que não fora feita por Sturzo e Turati podia ser realizada por Moro e Nenni? Naquele ponto, tornava-se absurda a divisão entre dois partidos socialistas que se consideravam, ambos, democráticos e que já haviam amadurecido,

---

13 Partido Socialista Italiano de Unidade Proletária, que se constituiu em 12-13 de janeiro de 1964, ao término de um congresso da esquerda socialista. O secretário era Tullio Vecchietti, no comitê central figuravam personalidades de destaque, como Lelio Basso, Vittorio Foa, Emilio Lussu, Cesare Musatti.

ainda que em tempos diversos, a convicção de que uma forma qualquer de aliança com o Partido Comunista não mais era possível. A reunificação selava, com um ato formal, esse processo, que tendia a tornar mais estável nossa democracia.

Infelizmente, o surgimento do novo partido se mostrou baseado em um erro de previsão. Nas eleições políticas de 1968, o partido unificado obteve um resultado total inferior àquele que PSI e PSDI poderiam ter obtido caso se apresentassem com listas separadas.[14] Eu considerava necessário ter paciência e saber esperar. Mas o medo dos políticos de perder apoio levou a divergências que terminaram dissolvendo o novo partido.[15] A quinta legislatura, 1963-1968, foi a última a durar regularmente por cinco anos. Em seguida começaram as legislaturas curtas, demonstrando que a democracia não saíra reforçada, mas sim enfraquecida.

Pela segunda vez, depois do fracasso do Partido de Ação, minha participação direta em uma ação política desembocava em estrondoso insucesso. A desilusão confirmou minha ideia de que existe uma profunda diferença entre quem escolhe fazer política em tempo integral e quem se ocupa de outras coisas e de vez em quando entra na arena política. Conservei uma carta de Pietro Nenni, na qual me convidava a aceitar a candidatura na lista do PSU nas eleições de 1968.

Roma, 15 de dezembro de 1967

Caro Professor,

Falei com os amigos comuns Garosci e Paonni sobre o vivo desejo que eu teria (e, aquilo que mais conta, sobre o interesse que teria o partido) a respeito de uma decidida participação sua na próxima campanha eleitoral.

---

14 O PSU obteve 14,5% para a Câmara e 15,2% para o Senado, perdendo mais de cinco pontos em relação à soma dos votos obtidos pelo PSI e PSDI nas eleições de 1963: 19,9% para a Câmara e 20,3% para o Senado.

15 Os ex-sociais-democratas e um grupo autônomo saíram do partido reunificado, que retomou o nome PSI, em julho de 1969.

Paonni me diz de sua natural relutância à vida pública. Em tal caso, a candidatura ao Senado na circunscrição Turim-Centro permitiria assegurar ao partido sua participação pessoal na campanha eleitoral com escassas possibilidades de eleição, ainda que uma circunscrição senatorial possa mudar radicalmente, segundo a personalidade do candidato.

Pense a respeito, caro professor, e, se puder dar uma resposta afirmativa, saiba que será para todos motivo de viva satisfação. Muito cordialmente e com votos de boas festas.

Seu,
Nenni

Gentilmente recusei. Sabia muito bem que não tinha nenhuma aptidão para a vida pública. E também sabia que entrar na vida pública significava renunciar aos estudos e ao ensino, renúncia ainda mais grave em um momento no qual a vida universitária estava permeada pelos primeiros sinais do movimento de 1968. Como expliquei em minha resposta a Nenni em 18 de dezembro:

À parte minha natural e invencível reserva sobre participação ativa na vida política, precisamente neste momento me encontro em absoluta impossibilidade moral de aceitar uma candidatura.

Como o senhor sabe, um pouco em toda a Itália e, de forma mais grave e mais aguda em Turim, explodiram agitações universitárias que colocam em crise a estrutura, de resto decrépita, de nossa universidade. Nossos melhores estudantes, aqueles que dirigem as agitações, pedem, e têm razão de pedir, maior moralização da vida universitária, de modo particular um comprometimento mais sério por parte dos docentes no desenvolvimento de seus deveres acadêmicos. Estou totalmente a favor deles, contra a maior parte de meus colegas. E, se a luta se radicalizou neste ano sob a forma de um extremismo revolucionário que preocupa a todos os que zelam pelo destino de nosso ensino superior, isso decorre do fato de que muitos professores mostram-se surdos a qualquer reivindicação que os afaste de suas atividades extrauniversitárias.

Precisamente por esses dias ouvimos no Parlamento discursos de professores universitários que reivindicaram o direito de ser ao mesmo tempo deputados e professores. Esses discursos provocaram em nossos estudantes mais sérios, com os quais tenho contato cotidianamente, uma nova e justa indignação. A universidade italiana só se salva com docentes que façam seriamente, com plena dedicação, o próprio dever. Deve-se reconhecer que a maior parte dos estudantes, depois de entrar na universidade, são completamente abandonados a si mesmos. E os quatro ou cinco anos que passam na universidade (falo sobretudo das faculdades da área de humanas) representam, no mais das vezes, um imenso desperdício de energias. Só quem vive diariamente a vida de nossas faculdades sabe que chegamos ao limite da ruptura.

Há anos tenho pregado, mas pregado no deserto. Agora aproveito a ocasião dessas agitações para ter contato com os estudantes aplicados e aceitar uma leal e sincera colaboração com eles com o objetivo de pôr sobre novas bases minha atividade de professor. Creio que seja o único modo de reconhecer quem defende, ainda que nem sempre com meios legítimos, uma causa justa. Preparei com eles e para eles um programa comum de seminários múltiplos que exigirá de minha parte um esforço constante. Diante dos estudantes que me puseram à prova e diante dos colegas que me observarão com suspeita, não posso me permitir falhar. Sobretudo, não posso me permitir, justamente agora, participar de uma competição política que me desviaria de meu trabalho livremente assumido e pareceria um desmentido a minhas repetidas afirmações contra o relaxamento dos costumes acadêmicos.

Queira compreender, caro deputado, essas minhas preocupações em seu sentido justo, que é o de não subtrair à universidade minhas poucas mas firmes energias, as quais seriam desperdiçadas em uma atividade eleitoral que não me é própria.

Estava convencido de que minha vocação era a de estudioso e meu lugar na sociedade era o de professor, tal como reiterei cerca de dez anos depois – eleições de 1976 – em um telegrama a Francesco

AUTOBIOGRAFIA   187

De Martino, então secretário do PSI, e em uma carta à federação socialista turinense. Tenho suficiente conhecimento de mim mesmo para saber que não me adapto à vida política. Tive, em geral, pouquíssimas relações com políticos. Relacionei-me eventualmente com intelectuais de vários partidos. Um dos poucos dirigentes com o qual tive encontros frequentes e amistosos foi Lelio Basso, mas estávamos em desacordo perene sobre a ação política a ser empreendida, mesmo conservando uma amizade cordial. Conhecemo-nos no início dos anos 1930 em um piquenique organizado por Barbara Allason em Pecetto Torinese, onde ela era dona de uma casa de veraneio, no dia da Pasquetta.[16] O objetivo da festiva reunião de amigos era apresentar o jovem casal Basso.

Duvido que então soubesse que aquele jovem advogado havia sido colaborador da revista *Rivoluzione Liberale* e já fosse conhecido como escritor político. Depois daquele encontro ouvi falar dele novamente quando, nos anos de conspiração, circulou a notícia da formação de um grupo clandestino que se afastara do PSI com propósitos de profunda renovação: o Movimento de Unidade Proletária, a que aderiram muitos amigos que gostaríamos de ter como companheiros no recém-formado Partido de Ação. Um dos fundadores do Movimento foi Lelio Basso, e seu nome se destacava entre aqueles dos mais respeitados animadores dos grupos de oposição ao fascismo. Não saberia dizer quando e como nos reencontramos depois da libertação, tão viva é minha memória das vicissitudes ligadas à libertação, tão desfocada a dos anos subsequentes em que voltei ao ensino e aos estudos [...].

Basso se considerou sempre marxista, mas, como é bem sabido, o marxismo em que se inspirou baseava-se na interpretação de Rosa Luxemburgo, que, no início do século, refutara o revisionismo bernsteiniano e, em seguida, refutará também o autoritarismo de Lênin. No início dos anos 1960, conversamos e trocamos cartas

---

16 Feriado italiano na segunda-feira após a Páscoa.

188 NORBERTO BOBBIO

a propósito da eventual publicação de uma coletânea de escritos de Rosa Luxemburgo que ele propôs à editora Einaudi e cuja tradução ele próprio fez em momentos diversos. De fato, seus livros luxemburguianos saíram, afinal, por outra editora por razões que não consigo mais recordar. Ao contrário, lembro muito bem que em nome do Centro Piero Gobetti, com o qual ele manteve sempre relações amistosas (mas sobre as relações entre Basso e Gobetti haveria um longo e interessante estudo por fazer), convidei-o a pronunciar a palestra de abertura anual dos trabalhos do Centro, que cai em fevereiro, o mês da morte de Gobetti, precisamente sobre Rosa Luxemburgo.

Basso era um orador muito eficaz que sempre admirei e até invejei um pouco. Não se abandonava à eloquência comum aos políticos que também são advogados. Era claro, rápido, cortante, persuasivo. Teria sido um professor universitário muito bom. Eu estava tão convencido disso que o convidei duas vezes para realizar um seminário com os estudantes do Instituto de Ciências Políticas, quando, no início dos anos 1960 (1968 estava às portas), percebi que os estudantes queriam escutar outras vozes e era preciso romper o isolamento da universidade e aproximá-la da sociedade e das batalhas civis que nela se travavam. Basso era o homem adequado. Sua forte vocação política não o afastou nunca dos estudos, de que se nutriam seus ensaios e seus discursos, publicados nas mais diversas revistas italianas e estrangeiras. Entre estas, a *Problemi del Socialismo* logo se fez notar como revista de cultura política séria. Exatamente por essas suas qualidades de homem de cultura não diletante, ele foi um dos poucos políticos italianos cujos escritos foram amplamente publicados em revistas de outros países e também se tornou conhecido fora da Itália por causa da atividade realizada em prol do Tribunal dos Povos.[17]

---

17 Cf. Pedone (org.), *Socialismo e democrazia:* rileggendo Lelio Basso, Atas do encontro "Rileggendo Lelio Basso: socialismo e democrazia oggi", realizado em Milão, em 28 nov. 1988, Concorezzo (Mi): Ronchi Editore, 1992, p.13 e 15.

AUTOBIOGRAFIA **189**

Mas não tenho aptidão para a política, até porque sofro da típica deformação profissional do estudioso, a de estar eternamente em dúvida. Quem faz uma pesquisa, especialmente no campo das ciências humanas, uma vez examinados os prós e os contras pode também se permitir terminar essa pesquisa com um ponto de interrogação. Os amigos me censuram o fato de que meus livros se concluem muitas vezes com palavras de dúvida. Como se vê, também há razões existenciais profundas que contribuíram para me manter longe de cargos públicos: o político não pode deixar de ser um homem de ação, o que eu absolutamente não sou. Tendo de escolher entre a vida ativa e a contemplativa, sempre escolhi a segunda. Como escrevi na apresentação de *Maestri e compagni*:

> Todos [os mestres e companheiros] tiveram vivo interesse pela política, como disse, mas não foram políticos no sentido pleno da palavra. Só ocasionalmente realizaram atividade política verdadeira. Foram impolíticos? Em certo sentido, sim.
>
> Foram impolíticos no sentido restrito da palavra, se por política se compreende a ação no interior da própria cidade, da pequena cidade além da qual existem outras cidades, cada qual com seus muros, com suas pontes levadiças, e os guardiães sempre em armas, prontos para atacar o inimigo. Com seus muros e, pior, com seus deuses.[18]

O fracasso da centro-esquerda amadureceu em mim a convicção de que a democracia italiana sempre tivera e estava destinada a ter uma vida difícil, porque comprimida entre uma extrema-direita e uma extrema-esquerda que lhe impedem a política dos pequenos passos. Esse foi o fio condutor da primeira redação de meu *Perfil ideológico do século XX*. Nos anos 1970, as interrogações sobre a democracia ligavam-se ainda uma vez à contribuição que o mar-

---

18 Discurso proferido em 18 abr. 1984, no Palazzo Vecchio. Cf. *Nuova Antologia*, n.2151.

190 NORBERTO BOBBIO

xismo poderia nos dar, revitalizado pela explosão dos movimentos juvenis: a questão era se a construção de uma democracia socialista podia valer-se, de algum modo, de uma teoria marxista do Estado. Minha resposta era claramente negativa, como expliquei em um ensaio de 1973 para um volume dedicado aos 80 anos de Pietro Nenni, na *Quaderni di Mondoperaio*, a revista do Partido Socialista então dirigida por Federico Coen.[19] Daí nasceu um debate com a participação de intelectuais de toda a esquerda: socialistas, comunistas, sociais-democratas, integrantes da esquerda extraparlamentar, sobre o tema: "Existe uma teoria marxista do Estado?". Desse debate nasceu o volume *Quale socialismo?* (Turim, Einaudi, 1976), que defini como "minha segunda saída *extra moenia*", isto é, fora dos muros da cidadela acadêmica, depois de *Política e cultura*. O envolvimento no debate socialista fez que me empenhasse de novo, em primeira pessoa, na batalha política que conduziu o PSI das mãos de Francesco De Martino para as de Bettino Craxi.

Craxi foi eleito secretário em 1976. No ano anterior ocorrera o sucesso comunista nas eleições administrativas. No XL Congresso (Roma, 2-7 de março de 1976), os socialistas confirmam como secretário Francesco De Martino. A hipótese estratégica era que as esquerdas pudessem alcançar 51% dos votos. Mas as correntes de Craxi e Mancini não escondem suas reservas sobre a alternativa, pensando em um reequilíbrio das relações de força entre PCI e PSI. Em abril, os democratas-cristãos, com o apoio dos neofascistas do MSI, derrubam o projeto de lei sobre o aborto. Em maio cai o governo Moro, um governo totalmente democrata-cristão apoiado pelo PSI. Nas eleições antecipadas de 20 de junho de 1976, a esquerda atinge 46,79%: é o maior sucesso do pós-guerra, mas o PSI se vê diante de "um resultado eleitoral decepcionante".[20] Na reunião do comitê central, no Hotel Midas (Roma, 13-15 de julho), eclode o terremoto que leva ao vértice do partido o líder da corrente autonomista, Bettino Craxi, escolhido por uma coalizão que também compreende as correntes de Riccardo Lombardi,

---

19 Cf. Democrazia socialista?. In: VV.AA., *Omaggio a Nenni, Quaderni di Mondoperaio*.

20 Cf. Galli, *Ma l'idea non muore. Storia orgogliosa del Socialismo italiano*, p.279-80.

AUTOBIOGRAFIA **191**

Giacomo Mancini e os demartinianos de Enrico Manca. Para *Il Manifesto*, venceu "Craxi, o amerikano".

Nesse clima, a revista *Mondoperaio* organiza um seminário sobre "A questão socialista depois de 20 de junho" (Roma, 20-21 de julho), em que Bobbio faz a intervenção inicial: "Questão socialista e questão comunista". A intervenção suscita inúmeras reações. Em agosto, o semanário *L'Espresso* publica-a em parte, sob o curioso título "L'aquilotto, la pernice, la Sfinge" ["A aguiazinha, a perdiz, a Esfinge"]. Em setembro, o texto da intervenção é publicado na *Mondoperaio*.[21] Em uma primeira parte, Bobbio examinava a posição histórica do Partido Socialista.

O dado de partida sobre o qual somos chamados a refletir é um só e é muito claro. Em trinta anos, isto é, de 1946 até 1976, o Partido Socialista viu seus votos caírem à metade, passando de 20% nas eleições para a Constituinte a 10% nas eleições de 1972 e 1976. Ao mesmo tempo – e é por isso que não se pode apresentar a questão socialista sem apresentar simultaneamente a questão comunista –, o Partido Comunista fez o caminho inverso, isto é, quase dobrou os próprios eleitores, passando de 19% em 1946 para 34,5%.

A aguiazinha não alçou voo apenas porque não era, com toda a probabilidade, uma aguiazinha. Era uma perdiz que fez um pequeno voo e depois pousou novamente. Metáforas à parte, na tipologia bem conhecida de Duverger, segundo a qual em termos de dimensão os partidos se dividem em partidos com vocação majoritária, grandes, médios e pequenos, o Partido Socialista, privado de sua direita e de sua esquerda, e estabelecido, como está, em 10% dos votos, é um partido médio, ou seja, é um clássico partido de coalizão, seja de direita, esquerda ou centro, seja de governo ou oposição.

Na segunda parte, "o mais respeitado intelectual da área socialista", como o definia Paolo Mieli no *L'Espresso*, esclarecia a diferença fundamental entre comunistas e socialistas.

---

21 Cf. *L'Espresso*, XIII, n.31, e *Mondoperaio*, 29, n.9.

Jamais acreditei haver espaço político para tantos socialismos diferentes. As grandes correntes históricas do socialismo são duas, a revolucionária e a reformista. E nem mesmo acredito que socialismo revolucionário e socialismo reformista sejam incompatíveis em sentido absoluto. Existem períodos históricos, tradições culturais, condições sociais e políticas, composições de classe, que favorecem o socialismo democrático em detrimento do revolucionário. Não excluo que, na corrida de obstáculos rumo à democratização integral do pós-guerra socialista, nós os tenhamos precedido. Mas é indiscutível que eles nos alcançaram. Naturalmente, os socialistas sabem muito bem que seu espaço político será tanto maior quanto menos tiverem em seu encalço os irmãos inimigos. Mas como se faz para manter a distância quando o outro se aproxima e você permanece parado? Ou, antes, quando o outro se aproxima e você o chama e diz que não pode fazer nada sem ele? Em outras palavras, para o Partido Socialista existe uma questão comunista na medida em que a força do partido é diretamente proporcional à diferenciação que ele consegue manter em face do Partido Comunista. O problema da distinção crítica (não puramente tática ou estratégica) do não comunismo em relação ao Partido Comunista (não comunismo que é coisa bem diferente do anticomunismo que associa democratas-cristãos e sociais-democratas) é, para o Partido Socialista, um problema fundamental. Mas deve-se reconhecer que a solução desse problema torna-se, nas condições presentes, cada vez mais difícil.

[...] Acredito que a diferença entre o comunista e o socialista deva ser buscada em um nível mais profundo. Acredito que deva ser referida a uma diferença provavelmente insuperável de visão do homem, de sua história, de seu futuro. Para caracterizar essa diferença em uma palavra, falaria de uma concepção laica da história contraposta a uma visão totalizante da história, em um contexto em que por concepção laica se entende que a história não só é feita pelos homens mas, para ser realmente humanizada, não deve ser concebida como feita por homens que se creem na posse, como deuses, de uma verdade absoluta a ser imposta também aos recalci-

AUTOBIOGRAFIA **193**

trantes; em um contexto em que não há mais lugar para os príncipes, nem para o velho príncipe a quem Maquiavel confiou a tarefa de libertar a Itália do "bárbaro domínio" nem para o novo príncipe a quem Gramsci confiou a tarefa de transformar a sociedade. Elementos dessa concepção são o sentido da enorme complexidade da história, e daí a recusa da utopia puramente consolatória; a convicção de que, uma vez entrado na história do mundo, e não preciso dizer através de quantas lágrimas e quanto sangue, o princípio da liberdade – vale dizer, da liberdade dos indivíduos e dos grupos –, toda e qualquer tentativa de sufocá-lo é um retrocesso; a ideia do conflito como mola da história; o sentido da multiplicidade de opiniões, para a qual o único remédio é a tolerância e a substituição do método da violência pelo método da persuasão. A convicção de que não existem soluções definitivas e é preciso dar um passo de cada vez e nunca ter a pretensão de recomeçar do início, ainda que se deva sempre estar pronto a recuar, a representação da história como uma imensa floresta em que não há nenhum caminho traçado antecipadamente e em que nem sequer sabemos se existe uma saída.

A intervenção teve certa repercussão. O jornal *La Stampa* falou de "impiedoso e duro diagnóstico ideológico, que acreditamos tenha agradado mais aos intelectuais do que aos políticos socialistas".[22] O *Paese Sera* reconheceu a Bobbio "a capacidade e a força de dizer o que pensa, seja diante de quem for".[23] Para o *Corriere della Sera*, "é a ele que os refundadores socialistas se dirigiram para jogar luz sobre o futuro de seu partido".[24] Mensagens de simples filiados chegaram à casa de Bobbio de toda a Itália.

Depois do Congresso de Turim (30 de março-2 de abril de 1978), realizado nos dias tenebrosos do sequestro de Aldo Moro, em que o grupo dirigente socialista, favorável a uma negociação

---

22 Scardocchia, Il fiato dei comunisti sul collo del Psi, *La Stampa*, 21 jul. 1976.
23 Goria, Le verità di Bobbio, *Paese Sera*, 23 jul. 1976.
24 Pa., Che cosa può fare il Psi tra la Dc e i comunisti, *Corriere della Sera*, 22 jul. 1976.

194 NORBERTO BOBBIO

entre o Estado e as Brigadas Vermelhas, dissocia-se da linha da firmeza, o partido tomou o caminho da chamada "alternativa socialista", que se traduziu em um choque ideológico com os comunistas. Foice e martelo foram substituídos pelo cravo vermelho. A abertura de hostilidades, se não me equivoco, deu-se com um ensaio publicado por Craxi no jornal *L'Espresso* no verão, em que contrapunha Proudhon a Marx para uma refundação do pensamento e da doutrina socialista.[25] Eu continuava a nutrir reservas sobre as concepções primárias dos comunistas, se bem que visse os passos à frente que davam para se livrar de dogmas como a ditadura do proletariado. Meu laicismo não podia aprovar sua visão totalizante da história e a perspectiva de uma sociedade sem conflitos, na qual uma nova classe exerce seu poder sobre todos. Todavia, não concordava com uma polêmica ideológica cujo verdadeiro objetivo era o Partido Comunista de Enrico Berlinguer. Foi o que disse a Craxi em uma carta de 14 de outubro de 1978:

> Também lhe digo que observo com certo distanciamento e às vezes até com preocupação a polêmica entre o partido e o PCI, que está se tornando obsessiva e parece uma espécie de tema privilegiado do *Avanti!*. Nunca recuei quando se tratou de defender os princípios da democracia contra os comunistas. Mas sempre preferi o método que chamaria "maiêutico" – que tende a extrair até mesmo do adversário uma verdade oculta – ao método oposto, que me parece agora predominante, da recriminação, da descompostura no rebelde, da invectiva contra o infame. Ninguém renega de bom grado o próprio passado. Por que pretender que o faça o Partido Comunista Italiano? Os outros partidos não terão, talvez, nada a renegar? Felizes os jovens para os quais não existe passado, mas o passado existe e cada qual o traz consigo. Não se pode recomeçar sempre tudo do zero e agir como se não tivesse acontecido nada daquilo que aconteceu. Com os comunistas, o tipo de debate

---

25 Craxi, Il Vangelo socialista, *L'Espresso*, 24 ago. 1978.

AUTOBIOGRAFIA **195**

que pessoalmente prefiro é o que tem por objeto a validade permanente de certos princípios ou a qualidade de certas propostas. Tive a impressão de que, com o "projeto" que de fato esteve na base do 41º Congresso, o partido havia tomado o caminho justo. Era um caminho, entre outras coisas, que podia reunir em torno do partido intelectuais de variada procedência interessados em comprovar a própria competência nos vários campos. Com o debate sobre o leninismo voltou-se, a meu ver, a uma daquelas batalhas ideológicas que, semeando o vento, só terminam por colher tempestade.

Dois anos mais tarde, em fevereiro de 1980, o secretário do PSI lançou um programa de grandes reformas constitucionais e institucionais. Pareceu-me manobra tática para desviar a atenção de uma questão crucial: o problema das alianças. O partido estava esmagado entre dois colossos, a DC e o PCI. Não podendo ser, por razões históricas, o partido da esquerda, ocupava uma oscilante posição de centro, reivindicando uma autonomia que não conseguia exercer. Em um sistema político caracterizado pelo imobilismo, o único pêndulo eram os socialistas.

Naquela ocasião, fiz parte de um grupo de dissidentes que tentou se opor a Bettino Craxi, sustentando a candidatura de Antonio Giolitti. Éramos liderados por Giorgio Ruffolo, que nos reunia em sua casa, e por Federico Coen, diretor do *Mondoperaio*. Entre outros, estavam presentes Giuliano Amato e Luciano Cafagna. Na época ainda esperava que o Partido Socialista pudesse constituir uma força social-democrata, capaz de introduzir em nosso sistema o modelo da alternância, em vez de aceitar um papel de mediação entre a DC e PCI, tentando colocar-se como o fiel da balança.

Mas nosso grupo foi derrotado sem combate, no curso de uma reunião histórica do comitê central (14-18 de janeiro de 1980). A esquerda do partido, que tinha como referências De Martino, Lombardi, Mancini e Signorile, pediu a demissão do secretário e o governo com os comunistas. Mas na conclusão dos trabalhos assistimos a um golpe de cena que entregou o PSI a Craxi: Gianni De Michelis, que participava do grupo de esquerda, aliou-se ao secretário. Recordo, por outra parte, que depois de um longo e obscuro discurso de Claudio Signorile, dizíamo-nos na saída: "Se a esquerda for isso...". Percebemos que Craxi não havia vencido e, sim, esmagado.

Em entrevista a Giorgio Bocca, na véspera da reunião do comitê central, Bobbio confessou: "Nunca estive tão preocupado, angustiado, como nestas horas".[26] O PSI de Craxi se tornara "o partido do nem-nem: nem comunista nem democrata-cristão". Os intelectuais de área socialista que tinham como ponto de referência o *Mondoperaio* assinaram um documento de crítica à secretaria craxiana, rechaçado pelo secretário como ataque pessoal da "casta dos intelectuais". Em uma nota no *La Stampa*, Vittorio Gorresio advertia serem os intelectuais do *Mondoperaio* que mantinham vivo o prestígio do PSI. "Elaboram documentos, fazem pesquisas, aprofundam problemas e, por isso, devem ser respeitados porque cumprem as tarefas específicas de um partido socialista, como asseverava Julien Benda: um partido conservador", ele dizia, "defende interesses constituídos; um partido socialista tem a obrigação de lutar também por ideais."[27] A conclusão da reunião do comitê central socialista foi julgada pelos observadores um compromisso entre Craxi e as esquerdas, ao manter as rédeas nas mãos do secretário e lhe reduzir o poder.

Pessimista a avaliação de Bobbio, exposta em um artigo no *Mondoperaio* (em março, o filósofo se demitirá do comitê central).

Houve um tempo em que os votos do Partido Socialista não eram determinantes para a formação dos governos de centro, nem mesmo quando se deu vida ao governo de centro-esquerda. O que mudou hoje é que, diminuída a força eleitoral da Democracia Cristã e a dos partidos laicos, os votos dos socialistas se tornaram determinantes, e esse é o nó da questão para a coalizão de centro, não tanto para a alternativa de esquerda. Nessas condições, o partido não pode jogar em dois tabuleiros, como geralmente

---

26 Cf. Bocca, Questo Psi che sta dietro solo ai giochi di potere, *La Repubblica*, 11 jan. 1980.

27 Gorresio, I rissosi orfani di Nenni, *Stampa Sera*, 14 jan. 1980.

AUTOBIOGRAFIA **197**

consegue fazer um partido de terceira força. Só pode jogar em um tabuleiro e, portanto, sua força contratual é muito menor. Pensemos na diferente força de condicionamento destas duas diferentes alternativas: "Ou com vocês, ou contra vocês", uma; "Ou conosco (Democracia Cristã), ou eleições antecipadas", outra. No primeiro caso, é o Partido Socialista que coloca uma condição à Democracia Cristã; no segundo caso, é a Democracia Cristã que a coloca ao Partido Socialista. No primeiro caso, o adversário, não aceitando a condição, perde a possibilidade de formar o governo; no segundo caso, o adversário apresenta uma condição cuja alternativa não é formar outro governo, mas assumir a responsabilidade de uma medida impopular (talvez até pouco vantajosa), como a dissolução antecipada de governo. É a diferença entre conduzir o jogo e ser pego entre dois fogos. A situação em que se encontra hoje o Partido Socialista não é a de poder conduzir o jogo (e nem mesmo a de poder ficar fora do jogo, como podia fazer quando seus votos não eram determinantes), mas a de se ver entre dois fogos.[28]

Meu desacordo político com Craxi teve várias ocasiões de se manifestar. Sobretudo a partir de quando pôde exercer uma *leadership* incontestе dentro do partido, na prática a partir do XLII Congresso em Palermo, em 1981, no qual se aprovou a eleição direta do secretário (que, portanto, só pode ser substituído em outro congresso). "Não tenho simpatia por Craxi e *entourage*", escrevi no início daquele ano a um amigo americano, o politólogo Joseph La Palombara, professor da Universidade Yale, "porque considero ser um grupo de poder que só visa ao poder e, para tê-lo, está disposto a recorrer a qualquer meio." Em sua resposta, La Palombara me informou que na América, ao contrário, a imagem de Craxi estava em

---

28 Bobbio, Un partito tra due fuochi, *Mondoperaio*, n.2, fev. 1980. O artigo de Bobbio fazia parte de uma série de intervenções sobre a política socialista: Le due anime del Psi, mesa-redonda com Amato, Colletti, Pintor e Salvadori; Gli equivoci dell'alternativa, de Ripa di Meana e Craveri; Sulla politica del Pci, de Calchi Novati e Salvadori; La Costituzione dimezzata, de Zagrebelsky.

ascensão, dado que o problema principal era manter longe do poder o agrupamento de Via delle Botteghe Oscure, coisa, aliás, de que nunca duvidamos.[29] Entre as cópias de minhas cartas aos socialistas, encontrei uma que traz a data de 20 de agosto de 1982 – quinze dias depois de o PSI derrubar o primeiro governo Spadolini, com o risco de convocação de eleições antecipadas –, endereçada a Claudio Martelli, vice-secretário de Craxi, não remetida talvez por ter um tom duro demais:

> Vocês se dão conta do que significam eleições antecipadas em um país que está arruinado e que finalmente encontrou em Spadolini um presidente do Conselho capaz, respeitado e irrepreensível no plano moral? Desaprovo do modo mais enérgico seu modo de conduzir as batalhas políticas com golpes de cena, ataques pessoais e voz sempre crispada; temo (e não sou o único) suas ambições desmedidas, preocupo-me com seu comportamento beligerante.

Via emergir, dia a dia, uma questão moral na qual os socialistas estavam enredados: a moralização da vida pública constituía o problema mesmo do bom governo e a razão da democracia. Por isso, recusei o convite de Craxi para colaborar no programa para as eleições políticas de 26 de junho de 1983. Assim terminava minha carta:

> Não é que não perceba a dificuldade objetiva em que se encontra o partido, preso em fogo cruzado, e, portanto, considero justa sua preocupação de salvar a autonomia do partido, não participando de nenhum programa eleitoral pré-constituído. Mas o problema é que, com sua prática desabusada no exercício do poder, vocês estão se tornando cada vez menos dignos de crédito. Até suas boas intenções se parecem cada vez mais com as que pavimentam o caminho do inferno.

---

29 A sede nacional do PCI ficava na Via delle Botteghe Oscure, em Roma. (N. T.)

AUTOBIOGRAFIA   199

Como considero esta competição eleitoral a consequência natural e infausta de um política malfadada e irresponsável, em que o atual Partido Socialista teve seu papel, não pretendo dela participar de maneira alguma. De resto, jamais participei (a não ser como candidato do Partido de Ação em 1946). A única vez em que me expus publicamente no âmbito da formação socialista foi no momento da unificação. E o resultado não foi nada bom. Desde então, disse a mim mesmo que as disputas políticas não eram assunto meu. Cada qual em seu lugar.

O choque mais intenso, que teve maior repercussão, aconteceu quando, no fim do Congresso de Verona (11-13 de maio de 1984), a eleição de Craxi como secretário do partido se fez por aclamação. Escrevi no jornal *La Stampa* um artigo, "A democracia do aplauso" (16 de maio), para deplorar o que acontecera:

Não consigo compreender como o Partido Socialista, que se considera democrático e até se vê no centro do sistema democrático italiano, cuja governabilidade teria tornado possível nestes anos, tenha se permitido eleger por aclamação seu secretário-geral. A eleição por aclamação não é democrática, é a antítese mais radical da eleição democrática [...]. A aclamação, em outras palavras, não é uma eleição, é uma investidura. O chefe que recebe uma investidura, no próprio momento em que a recebe, está desvinculado de qualquer mandato e só responde diante de si mesmo e de sua "missão" [...].

Quem quer que tenha um conhecimento mínimo das chamadas regras do jogo democrático sabe muito bem que uma eleição, para ser considerada democrática, deve ser o resultado dos votos dados por cada um dos eleitores *individualmente* (*uti singuli*, como se diz), independentemente uns dos outros, e se possível, quando se trata de votar a favor ou contra uma pessoa, *secretamente*. Na aclamação se expressa a opinião, e seria melhor dizer o sentimento, o estado de ânimo, a reação imediata, puramente emotiva, não de cada indivíduo mas da massa informe em que cada indivíduo conta não por si mesmo, e sim como parte de um todo que o transcende, precisamente a massa.

A eleição, para ser democrática, deve ser regulada de modo a permitir a expressão do dissenso, e é por isso que a regra de ouro das decisões democráticas é a regra da maioria, não a da unanimidade, que, se fosse exigida para uma votação de um número elevado de pessoas, como é aquele de um congresso de partido, tornaria impossível qualquer decisão. A aclamação não permite a expressão do dissenso. Ou, em todo caso, permite que alguém fique de braços cruzados, sem aclamar (imagino que tenha havido quem não aclamasse), mas quem irá percebê-lo? A eleição por aclamação é, por definição, uma eleição unânime. Por definição, não com base na prova dos fatos, isto é, da contagem dos votos.

Em nome de Craxi responderam, no *La Stampa*, Carlo Tognoli, prefeito de Milão, e Francesco Forte; o argumento principal de ambos era que, com um partido estreitamente unido em torno de seu chefe, a eleição seria uma formalidade inútil. Minha intervenção obteve muito apoio, inclusive da parte de socialistas. Na *Panorama* de 28 de maio de 1984, saiu um breve artigo, inspirado e sugerido não saberia dizer por quem, intitulado: "E Pertini diz: muito bem, Bobbio!".

A lúcida polêmica de Norberto Bobbio a propósito da "democracia do aplauso" lançada no congresso socialista de Verona ("A aclamação é a antítese mais radical da eleição democrática", escreveu o filósofo no *La Stampa*), entre tantos admiradores, encontrou um particularmente respeitável: Sandro Pertini. Na verdade, na manhã de quinta-feira, 17 de maio, o presidente da República pegou o telefone e ligou para a casa de Bobbio, em Turim. Quem lhe respondeu foi a sra. Valeria Cova, mulher do filósofo (ocupado em Milão em um seminário político). E a ela Pertini pediu que transmitisse ao marido todos os seus cumprimentos: "Sempre tive grande estima por Bobbio. Desta vez a estima é ainda maior. Diga a ele, diga mesmo, suas avaliações são as minhas. E lhe diga também que quero vê-lo".

AUTOBIOGRAFIA 201

Em 1984, Bobbio deixa definitivamente o ensino universitário, tendo completado 75 anos, e a Faculdade de Ciências Políticas de Turim lhe confere, com votação unânime, o título de professor emérito. Em 18 de julho, Pertini nomeia o filósofo senador vitalício (com o escritor católico Carlo Bo). A nomeação provoca debates sobre a interpretação do artigo 59 da Constituição, no qual se lê: "O presidente da República pode nomear como senadores vitalícios cinco cidadãos que honraram a pátria por elevadíssimos méritos no campo social, científico, artístico e literário". Deve-se entender que os senadores de nomeação presidencial são, no máximo, cinco, ou que todo presidente tem a faculdade de nomear até cinco senadores? Na época da decisão de Pertini, de fato, já tinham assento no Parlamento cinco senadores vitalícios (Amintore Fanfani, Cesare Merzagora, Leo Valiani, Eduardo De Filippo, Camilla Ravera). A segunda tese foi sustentada por um só dos constitucionalistas italianos, Giuseppe Ferrari, mas era uma voz isolada. Todavia, prevaleceu mais por fato consumado do que como conclusão de um raciocínio jurídico.

Jamais mantive um diário em minha vida. Mas a nomeação como senador era um fato tão excepcional que não resisti à tentação de contar o que estava me acontecendo. Não havia sido sequer conselheiro municipal do menor município italiano. De uma hora para outra me tornava membro da Câmara Alta do Parlamento italiano. O diário começa com a data de 18 de julho de 1984. Conto que às 18h30 me encontro no Centro Gobetti. Enquanto estou falando com Pietro Polito sobre sua tese de graduação, Carla, a diretora, me chama. Telefonam do Quirinale. "É o dr. Maccanico, conselheiro de Pertini." Ele me diz: uma boa notícia, e me passa o presidente do Senado, Francesco Cossiga. Este me dirige mais ou menos estas palavras: "Bem-vindo, colega, ao Senado italiano". Em seguida me dá a notícia de que o presidente da República assinou o decreto de nomeação como senador vitalício, para mim e para Carlo Bo. Pergunto-lhe logo como foi superada a interpretação restritiva e, a meu ver, correta, do art. 59 da Constituição, segundo a qual cinco são os senadores vitalícios nomeados pelo presidente da República. E cinco senadores vitalícios já têm assento no Parlamento. Ele me diz que está tranquilo: a Junta do Senado deu parecer favorável. Acres-

202 NORBERTO BOBBIO

centa, brincando, que a interpretação extensiva do art. 59, segundo a qual todo presidente pode nomear cinco senadores, e tendo Pertini, quase no fim de seu setenato, nomeado até então só três, livra os senadores eleitos, todos já muito anciãos (parece-me que o mais jovem seja Leo Valiani, que tem 75 anos como eu), do medo de que os muitos aspirantes desejem a morte deles.

A notícia é dada pouco depois pelos telejornais noturnos. Começam os telefonemas que duram toda a noite e recomeçam às 7h30 da manhã seguinte com o velho amigo Vittorio Foa. Desde a véspera tínhamos no vestíbulo as malas para ir a Cervinia, mas os chamados do telefone que se sucedem ininterruptamente, um depois do outro, não permitem que nos mexamos. Por volta das 10h nos telefonam da televisão. Imploro que venham rapidamente porque devemos partir. Chegam imediatamente para uma entrevista de poucos segundos, em que declaro estar preocupado porque não conheço o novo ofício. Em minha idade! Asseguro que aproveitarei a pausa de verão para estudar como senador. Entre os vários comentários, um soneto no dialeto romano do amigo Antonello Trombadori: "Du' senatori ha ffatto er Presidente/ Du' cari amichi de tant'anni fa./ Carlino Bbo, cattolico credente,/ e Bbobbio de 'Ggiustizia e Llibertà'" [Dois senadores fez o presidente/ Dois caros amigos de tantos anos faz/ Carlino Bo, católico crente/ e Bobbio de 'Justiça e Liberdade'"].

A apresentação dos dois senadores em plenário é marcada para 31 de julho. Às 11h sou recebido pelo presidente Cossiga. Falamos sobretudo de Giuseppe Capograssi, mestre e amigo comum. Presenteio-o com meu último livro, *Maestri e compagni*. Agradece-me com um volume de poesias em sardo de um antepassado seu, recentemente republicado. A entrada em plenário ocorre às 16h em ponto. Sinto-me intimidado, olho ao redor, não conheço quase ninguém. Está falando um comunista contra não recordo qual decreto de anistia de imóveis irregulares. Ao me ver, interrompe-se para saudar-me e lembrar que me encontrou em um seminário em Bolonha ou em Modena. Cossiga nos apresenta com poucas palavras, a que se seguem os aplausos rituais. Não nos é permitido responder.

Inscrevi-me no grupo socialista como independente. Devo admitir que no Parlamento me senti como peixe fora d'água, ainda que, por respeito a Sandro Pertini e também por certa atração que a nova função exercia sobre mim, tenha frequentado, de 1984 até 1988 (enquanto minhas condições de saúde o permitiram), a Comissão de Justiça do Senado. Porém, diante da exigência de tomar decisões cruciais, sempre me descobria em dúvida. Quem terá realmente razão? – perguntava-me. Quando houve a longa, interminável discussão sobre a lei contra as violências sexuais, era sempre assaltado pela dúvida, sobretudo diante das normas delicadíssimas em relação ao estupro entre cônjuges ou à maioridade penal. Na comissão, encontrava-me pessoalmente muito bem. Havia excelentes juristas, entre os quais o conhecido penalista turinense Marcello Gallo. Mas ficava sempre em dúvida quando havia uma decisão a tomar. Sou uma pessoa indecisa, até nas pequenas questões da vida: aprecio mais debater prós e contras do que extrair conclusões. Como o caçador de Pascal: mais a caça do que a presa. Um filósofo envolvido na edição castelhana de *Elogio da serenidade* me definiu filósofo *de la indecisión*.

Nesse meio-tempo, iniciei nova atividade pública: a colaboração no jornal *La Stampa*. Resisti a reiterados convites do amigo Carlo Casalegno: temia que o jornalismo acabasse por se revelar uma perda de tempo. Não estava seguro de ter os dotes necessários a um bom jornalista. A única vez que escrevi regularmente para um cotidiano fora trinta anos antes, no tempo do *Giustizia e Libertà*. Mas em setembro de 1976 participei de um debate sobre democracia e pluralismo, organizado na Festa Nacional do jornal *L'Unità*, que naquele ano se realizava em Nápoles. Os interlocutores eram os intelectuais comunistas Aldo Tortorella, Nicola Badaloni e Biagio De Giovanni. O diretor do *La Stampa*, Arrigo Levi, enviou a Nápoles Gaetano Scardocchia (que mais tarde seria meu diretor), o qual dedicou ao debate um artigo na primeira página, publicado em 17 de setembro: "Três perguntas de Bobbio ao PCI". Recordo que depois do debate fomos todos ver *Os fuzis da sra. Carrar*, na mon-

204 NORBERTO BOBBIO

tagem do Berliner Ensemble. O espetáculo era ao ar livre. Havia uma multidão imensa, muito atenta, entusiasmada, embora a récita ocorresse em alemão. Só quem tiver participado de uma Festa Nacional do *L'Unità*, nos anos em que o PCI representava a única grande força de oposição ao "sistema", é que pode entender. Como podia participar de um debate para algumas centenas de pessoas e recusar-me a falar a milhões de leitores? De volta a Turim, Arrigo Levi telefonou-me para dizer que eu não podia mais me esquivar do convite: o jornal queria fazer daquele debate sobre o "pluralismo", entendido como condição preliminar da democracia, o ponto de partida para uma discussão entre políticos e intelectuais. Terminei por aceitar. Minha intervenção foi publicada poucos dias depois, condensada em dois artigos com títulos um tanto didáticos: "O que é o pluralismo" (21 de setembro) e "Como entender o pluralismo" (22 de setembro). Partia da constatação de que todos estimam declarar-se pluralistas. E perguntava: estamos certos de saber o que se entende por pluralismo? Estamos certos de compreender, por pluralismo, a mesma coisa? Intervieram no jornal Antonio Giolitti, Pietro Ingrao, Ugo La Malfa, Valerio Zanone, Benigno Zaccagnini. O tema foi retomado em outros lugares por filósofos, historiadores, sociólogos, politólogos (Umberto Cerroni, Paolo Farneti, Franco Ferrarotti, Domenico Fisichella, Giuseppe Galasso, Lucio Lombardo Radice, Alessandro Passerin d'Entrèves, Pietro Rossi, Paolo Spriano, Carlo Tullio-Altan). Respondi com dois outros artigos – "Marx pluralista" (28 de novembro) e "Nem tudo o que reluz é ouro" (1º de dezembro) –, nos quais recapitulava as contradições a que está exposto o pluralismo e a variedade dos significados que pode assumir. No último destes quatro artigos, lê-se:

O pluralismo sempre foi bifronte: uma face voltada contra o estatismo totalizante, outra contra o individualismo atomizante. Se, do ponto de vista do Estado, a acusação que pode ser dirigida ao pluralismo é a de enfraquecer sua solidez e, portanto, diminuir a necessária força unificadora, do ponto de vista do indivíduo o perigo consiste na tendência natural de todo grupo de interesse a enrijecer suas estruturas à medida que cresce o número dos membros e se amplia o raio de atividade, de modo que o indivíduo que acredita ter se livrado do Estado patrão torna-se servo de muitos patrões.

Valha a consideração de que, em nossas sociedades caracterizadas por grupos e organizações sociais de grandes dimensões, a reivindicação dos tradicionais direitos de liberdade, como a liberdade de pensamento, de opinião, de reunião, e até da liberdade política entendida como direito de participar da formação da vontade coletiva, vai se deslocando do terreno tradicional do Estado-aparelho ao das grandes organizações que cresceram dentro e mesmo além do Estado (como as empresas). O art. 1º do Estatuto dos Trabalhadores, que proclama o direito dos trabalhadores de manifestar livremente o próprio pensamento nos lugares em que exercem sua atividade, demonstra que a liberdade do indivíduo não se defende só *contra* o Estado, mas também *dentro* da sociedade, e que, onde quer que se constitua um poder, este mostrará cedo ou tarde sua face "demoníaca".

O debate sobre o pluralismo estendeu-se tanto que, na noite do último dia do ano, fui convidado pela televisão a comentar uma das três palavras do ano, que era precisamente "pluralismo" (outra era "confronto"; não lembro a terceira).

Meus primeiros artigos tinham um tom demasiadamente professoral. Escrevia no máximo um por mês, tentando aproximar o leitor comum dos problemas de filosofia política, em particular de dois grandes temas: as ideologias políticas e a organização do Estado. Nos primeiros anos, minha colaboração no *La Stampa* girou em torno de quatro argumentos (à parte o pluralismo): os conteúdos do socialismo, a relação com a violência, a terceira via, a crise das instituições. Tratava-se de oferecer ao público do jornal questões teóricas que diziam respeito sobretudo à natureza da democracia. Giovanni Spadolini me propôs reunir uma seleção dos artigos em um volume de seus *Quaderni di Storia* [Cadernos de história], que foi publicado em 1981 pela editora Le Monnier com um título tal-

206 NORBERTO BOBBIO

vez mais acadêmico do que jornalístico, comprovando a natureza dos escritos que continha: *As ideologias e o poder em crise*. Em seguida, adaptei-me às exigências de um grande jornal, sendo solicitado para comentários de atualidade sobre os acontecimentos políticos, mas sempre tive muita dificuldade para me comportar como jornalista de opinião ou editorialista. Antes de mais nada porque não sou escritor de pena fácil: quase sempre sinto necessidade de reescrever o artigo antes de entregá-lo. Em geral, evito escrever o texto de um dia para o outro, salvo em casos excepcionais, por exemplo quando me pediram necrológios (recordo os de Karl Popper, Augusto Del Noce, Natalia Ginzburg, Franco Venturi). Em 1990, o *La Stampa* publicou, na coleção *Terza Pagina*, organizada por Metella Rovero, uma segunda coletânea de meus artigos, desta vez com título nitidamente jornalístico: *L'utopia capovolta* [A utopia invertida] (1990). Título tomado de um editorial sobre o colapso dos regimes comunistas, em 9 de junho de 1989, que terminava assim:

> Serão capazes as democracias que governam os países mais ricos do mundo de resolver os problemas que o comunismo não conseguiu resolver? Esse é o problema. O comunismo histórico fracassou, não discuto. Mas os problemas restam, precisamente aqueles mesmos problemas, provavelmente agora e no futuro próximo em escala mundial, que a utopia comunista havia apontado e considerado solucionáveis. Essa é a razão pela qual é próprio de tolos alegrar-se com a derrota e, esfregando as mãos de contentamento, dizer: "Foi o que sempre dissemos!". Ou será que alguém, iludido, realmente acredita que o fim do comunismo histórico (insisto em "histórico") tenha posto fim à necessidade e à sede de justiça? Não será bom reconhecer que, se em nosso mundo reina e prospera a sociedade dos dois terços que nada têm a temer do terço dos pobres-diabos, no resto do mundo a sociedade dos dois terços ou mesmo dos quatro quintos ou dos nove décimos é a outra?
>
> A democracia venceu o desafio do comunismo histórico, admitamos. Mas com quais meios e com quais ideais se dispõe a enfrentar os mesmos problemas de que nasceu o desafio comunista?

"Agora que não existem mais os bárbaros", diz o poeta, "o que será de nós sem os bárbaros?"[30]

A atividade jornalística também me levou naturalmente a dar juízos sobre a vida política. Sempre me esforcei por manter uma atitude equânime, sobretudo em relação às pessoas, mas não pude evitar choques com alguns personagens como Bettino Craxi e Silvio Berlusconi.

Se bem que os juízos de Craxi sobre mim tenham sido geralmente nada benévolos, as relações pessoais em nossos encontros sempre foram cordiais. A esse propósito recordo um episódio divertido. Em 1985, a revista *L'Europeo* publicou uma entrevista minha, feita por Andrea Marcenaro, sobre o governo Craxi.[31] Disse ao entrevistador que Craxi havia dado prova de "capacidades muito notáveis de governo" (ainda que me parecesse ter dito só "notáveis"). Eu era senador vitalício havia só um ano. Alguns dias depois da publicação da revista com a entrevista, no plenário do Senado vejo o presidente do Conselho chamar um funcionário e dar-lhe um bilhete para me ser entregue: "Caro professor, agradeço a avaliação que me deu. Espero merecê-la. Seu, B. Craxi".

Mostrou-se, ao contrário, decididamente hostil quando critiquei o programa de reformas apresentado pelo Partido Socialista para as eleições de 14 de junho de 1987. O sentido de minha crítica foi resumido com felicidade pelo título que o *La Stampa* escolheu para meu editorial: "Palavras sob nevoeiro".[32] Bettino Craxi respondeu com uma carta ao jornal em que me repreendia:

---

30 O artigo foi retomado com o título The upturned utopia pela revista *New Left Review*, n.177, set.-out. 1989; com o título Utopia overtuned pelo *The European Journal of International Affairs*, outono de 1989; e pela revista *El Sol*, I, n.34, 24 jun. 1989, com o título La utopia dada la vuelta. Criticado por Galli della Loggia (Caro Bobbio, mi rallegro se crolla il comunismo, *La Repubblica*, 11 jun. 1989), com resposta de Bobbio (Chi si contenta, *La Stampa*, 13 jun. 1989).

31 Marcenaro, Che cantonata ha preso il PCI, *L'Europeo*, 16 nov. 1985.

32 Cf. *La Stampa*, 8 fev. 1987, primeira página.

208 NORBERTO BOBBIO

Fica inteiramente claro que o prof. Bobbio de fato não leu o documento programático que introduzirá o debate congressual do Partido Socialista, e, se não o leu, é porque, provavelmente, nem mesmo sabia de sua existência. Refiro-me ao último documento programático aprovado pela direção socialista na reunião de 30 de janeiro e publicado pelo *Avanti!* no número dominical de 1º de fevereiro. Trata-se de um texto-síntese de setenta páginas, articulado em uma premissa geral e em dezesseis capítulos [...].

A leitura desse documento é evidentemente necessária para todo aquele que quiser exercer com alguma coerência sua crítica às características e aos horizontes do moderno reformismo socialista. De outro modo, toda crítica torna-se só exercício abstrato, preconcebido, de pouca ou nenhuma utilidade. E isso vale também para o prof. Bobbio, o qual, estou certo, sabendo agora da existência de um documento que é fruto de um trabalho coletivo conduzido com seriedade e com método por cientistas, homens de cultura, especialistas, parlamentares, administradores e homens de governo, e que representa a soma e o resultado de muitas experiências, há de querer dedicar-lhe um novo artigo baseado desta vez no conhecimento daquilo que se deseja analisar e criticar.[33]

Decidi diminuir o tom da polêmica, limitando-me a precisar, em breve réplica, que meu artigo se referia, como era evidente, a um documento publicado em um encarte do *Avanti!* no início de fevereiro. Também recordei que minhas críticas não deveriam soar como novidade, porque havia retomado ideias expostas em um seminário do Partido Socialista em Bolonha, em fevereiro de 1985, dedicado à questão "Qual reformismo?", no qual fiz a intervenção introdutiva sobre o tema "Por que somos reformistas", que concluía com estas palavras: "Um partido socialista precisa, para sobreviver e olhar com confiança o próprio futuro, de grandes ideais. Mas não precisa inventar nada. Só permanecer fiel à própria

---

33 Ibid., 11 fev. 1987, Se Bobbio leggesse il programma del PSI.

AUTOBIOGRAFIA **209**

história".[34] A réplica serena descontentou um caro amigo, Luigi Firpo, o qual me escreveu lamentando minha "moderação respeitosa" diante do que lhe parecera "a vulgaridade do ataque". Respondi a ele, entre outras coisas: "Depois da recriminação de Craxi, só me faltava a sua. Minha resposta pretendia ser moderada e meditada (a tirada sobre o partido, 'não dogmático e não sectário', até mesmo irônica), você a julga suave e respeitosa. Um verdadeiro desastre!".

O último encontro aconteceu quando escreveu uma carta cordial para me convidar a participar da conferência dos socialistas sobre as reformas institucionais, organizada em Rimini, em março de 1990.

Caro Bobbio,

Em Rimini, de quinta-feira a domingo, irá se realizar a conferência programática do PSI. Uma boa ocasião para refletir em voz alta, para debater ideias, para formular propostas. O documento introdutivo de base, que Giuliano Amato deve ter levado a seu conhecimento, tem como título "Um reformismo moderno. Um socialismo liberal". Ficaria muito contente se você pudesse estar entre nós, ainda que por pouco tempo, para um conselho, uma advertência, um encorajamento.

Envio-lhe uma saudação fraterna. Teu, B. Craxi

Telefonei a Giuliano Amato para pedir um conselho. Os trabalhos da conferência se realizariam exatamente um mês depois da morte de Sandro Pertini e se encerrariam com uma homenagem ao presidente, que eu deveria fazer. Assim aconteceu. Craxi ficou muito feliz com isso. Apertamo-nos as mãos.

Escrevi a ele naquele mesmo ano a propósito da relação com os ex-comunistas. Espantava-me que não compreendesse que, após a

---

34 O discurso, com o título "Riformismo, socialismo, uguaglianza", foi publicado na *Mondoperaio*, n.38, p.64-71, acrescido de uma resposta a Claudio Martelli, que havia dado um juízo pouco favorável sobre o texto de Bobbio. Para a resposta a Craxi, cf. *La Stampa*, 12 fev. 1987, Riformismo: Bobbio risponde a Craxi.

210 NORBERTO BOBBIO

queda do Muro e o colapso do comunismo soviético, deveria fazer a política de quem vai ao encontro dos vencidos e lhes estender a mão, quando, ao contrário, comportava-se como quem vai à beira do rio e espera que lhe passe na frente o cadáver do inimigo. Minha carta ficou sem resposta.

12 de novembro de 1990

Caro Craxi,

Recebi sua pequena carta que pede a renovação da assinatura do *Avanti!*. Será renovada, sou assinante há anos. Não só assino, mas também leio. É inútil que lhe diga que não estou de acordo com o anticomunismo contínuo, monótono, irascível. A nota editorial anônima de primeira página está dedicada, nove em cada dez vezes, a alguma tirada polêmica contra os comunistas, como se não existissem em nosso país e no mundo outras boas razões para nos encolerizarmos. Jamais fui comunista, como sabe, mas agora que, com o colapso do comunismo histórico, viria a ocasião propícia para uma grande iniciativa unitária, a pequena polêmica jornalística me parece inteiramente estéril. A meu ver, não basta trocar o nome do partido, colocar a palavra "unidade" no título e esperar que o filho pródigo volte à casa do pai. Sem uma grande iniciativa, receio que não volte. Ao contrário, jogando em sua cara continuamente o passado, que foi parte considerável do passado do Partido Socialista, ele se afastará cada vez mais. Falando de grande iniciativa, sou o primeiro a reconhecer que se trata de uma ideia vaga. Mas não sou político, sou só um observador. Expresso não propriamente uma opinião e menos ainda faço propostas. Expresso uma impressão. Assim, com a autoridade que lhe advém do fato de ter sido presidente do Conselho por quase quatro anos e, agora, da prestigiosa função internacional,[35] você pode encaminhar um fecundo diálogo

---

35 O secretário-geral da ONU, Pérez de Cuellar, anunciara que o deputado Bettino Craxi, secretário do PSI, seria nomeado seu representante pessoal para o problema da dívida nos países em via de desenvolvimento. O encargo será conferido em dezembro de 1989.

AUTOBIOGRAFIA 211

à esquerda para tentar ajudar o curso da história italiana e interromper o domínio democrata-cristão cada vez mais insuportável. Só você pode fazê-lo. Digo-lhe essas coisas porque sofro ao ver a esquerda dividida, confusa e dispersa, e a DC sempre à beira da divisão e sempre compacta no momento preciso, a ponto de ter a audácia de dizer: "O Estado sou eu".

E assim sucedeu que, com a queda do Muro de Berlim, que deveria levar de roldão o PCI e dar novo vigor ao PSI, deu-se exatamente o contrário: o primeiro se salvou, o segundo se dissolveu quase todo. Nas eleições de 5 de abril de 1992, as primeiras depois do colapso soviético, o PSI não só não obteve nenhuma vantagem da derrota de seu histórico antagonista, mas, ao contrário, o resultado eleitoral foi inferior ao das eleições precedentes.

Com Silvio Berlusconi, que jamais conheci pessoalmente, as relações não foram nunca pacíficas. As razões de divergência foram muitas, condensadas em particular em três artigos no *La Stampa*, em 1994. Antes de mais nada, partindo da definição dada por Michael Walzer do liberalismo como "arte da separação" – separação entre poder político e poder econômico, entre poder político e econômico e poder religioso e cultural –, constatei que jamais houvera nos países democráticos uma tendência à unificação de um grande poder econômico e um igualmente grande poder cultural, através do poderosíssimo instrumento da televisão, com o poder político, como aquela que estava ocorrendo debaixo de nossos olhos, através da "entrada em campo" de Berlusconi, transformado em poucos meses de campanha eleitoral em presidente do Conselho de um governo que, apesar de tudo, pretendia representar a quintessência do Estado liberal. Em segundo lugar, chamei a atenção sobre o nexo indissolúvel entre regime democrático e Estado de direito, nexo que o presidente do Conselho não parecia ter em conta, argumentando que "a maioria deve levar tudo". Apelando ao velho tema liberal da "tirania da maioria", expliquei que o Estado democrático só é a melhor, ou a menos ruim, das formas de governo se sua ação se desenvolver dentro da estrutura do Estado de direito, entendido como

212   NORBERTO BOBBIO

governo das leis contraposto ao governo dos homens (também a maioria é feita de homens). Sobre esse ponto, Giuliano Urbani me respondeu educadamente em seu nome.[36] O choque mais grave ocorreu sobre a questão do partido. Se o movimento dirigido por Berlusconi não é um partido – perguntei em um artigo intitulado "O partido fantasma" (3 de julho) –, pode-se saber o que é? Disse: já é difícil saber o que é um partido. Muito mais difícil, para não dizer impossível, saber o que é um não partido. Dessa vez me respondeu ele mesmo com um artigo no *La Stampa*, "O que é Força Itália" (5 de julho de 1994), a que respondi com "O direito de fazer perguntas" (9 de julho). Perguntei-me se existia o estatuto do movimento ou do partido. Devo a um jornalista da *L'Europeo* a descoberta de que havia um estatuto, mas fora alinhavado três meses depois da vitória eleitoral e posto em circulação quase clandestina.

Poupemos aos leitores os detalhes da odisseia de procrastinações e justificativas. Basta dizer que na sexta-feira, 8, terminado o estoque de salamaleques, ameaçamos escrever que (ao que sabíamos) o estatuto não existia e Berlusconi o inventara. Então nos disseram que o documento estava em poder de um escrivão de Roma. Tratando-se de ato público, o escrivão, na segunda-feira de manhã, ao meio-dia, teve legalmente de nos entregar uma cópia autêntica. Duas horas depois Força Itália também decidiu expedir-nos o estatuto. Talvez tenha havido certa resistência a tornar público o estatuto porque ele não responde a quase nenhuma das perguntas que Bobbio formula. A saber: com quais regras está constituída Força Itália? Qual é a divisão de papéis e competências? Como ocorre o financiamento? São limitados ou absolutos os poderes de Berlusconi? Qual a duração de seu cargo na presidência? Tem prazo, como

---

36 Cf. os artigos no *La Stampa* de 1994: Separazione come arte liberale, 10 fev., e I poteri e le leggi, 15 ago. (a resposta de Urbani, Ci vuole un clima costituente, é de 17 ago.). Republicados em Bobbio, *Contro i nuari dispotismi*, repectivamente, às p.11-3, 31-3.

AUTOBIOGRAFIA **213**

em qualquer outro partido, ou é eterna, como acontece na Coreia do Norte?[37]

Mesmo tendo escrito artigos de jornal por muitos anos (agora não os escrevo mais), estou convencido, aliás, cada vez mais convencido, de que o articulista não tem a influência sobre a ação política que acredita ter: quem faz a política são os políticos de profissão, não os jornalistas ou os intelectuais. Em relação ao que constitui realmente a luta política, o intelectual não é capaz de exercer nenhuma influência concreta. Têm razão os que representam sarcasticamente o intelectual como "mosca cocheira".[38] Há bem pouco a fazer. Isso vale para mim, mas também para os outros. Nutrimos a ilusão de que o debate sobre a nação – existe, não existe, é importante que exista –, animado em particular por Ernesto Galli della Loggia, nas colunas do *Corriere*, e por Gian Enrico Rusconi, nas do *La Stampa*, teve uma ressonância mínima, digo mínima, no mundo político? Reduz-se a uma disputa entre intelectuais que aos políticos importa bem pouco. A discussão sobre as relações entre política e cultura, nos anos 1950, com Galvano Della Volpe e o próprio Togliatti, terá produzido talvez alguns efeitos na batalha das ideias. Mas se trata de dimensões inteiramente diferentes: uma coisa é a história das ideias, outra é a política real. São dois mundos diversos, que não se superpõem nem se cruzam, mas procedem um ao lado do outro sem quase nunca se encontrarem. De uma coisa estou absolutamente certo: o poder ideológico, o único poder que têm os intelectuais, conta muito menos do que o poder que pode exercer e de fato exerce quem participa de maneira direta da vida política. Talvez não seja um acaso que meu livro de menor êxito, apesar do título muito bonito, a meu ver, dado pelo editor, *Il dubbio e la scelta* [A dúvida e a escolha] (Roma, Nis, 1993), seja aquele que reúne meus escritos sobre os intelectuais.

---

37 Gilioli, Che partito leggero! È tutto un mistero. In: *L'Europeo*, 20 jul. 1994. O antigo era acompanhado de um excerto do Estatuto da Força Itália.

38 Metáfora construída a partir de uma fábula de La Fontaine: a "mosca cocheira", esvoaçando sobre os cavalos e o próprio cocheiro, supõe presunçosamente ser ela quem leva uma pesada carroça morro acima. (N. T.)

214 NORBERTO BOBBIO

Um balanço de minha participação na vida política encontra-se em uma página de *O futuro da democracia*:

Quem escreve pertence a uma geração que perdeu as grandes esperanças há mais de trinta anos, pouco tempo depois da libertação, e não mais as reencontrou a não ser em alguns momentos tão raros quanto passageiros e, afinal, pouco decisivos: um por década, a derrota da *legge truffa* (1953), o advento da centro-esquerda (1964), o grande salto do Partido Comunista (1975). Se quisermos ver as linhas de um processo, as três etapas podem ser interpretadas, a primeira, como o bloqueio de uma involução precoce, a segunda, como o deslocamento do partido hegemônico das alianças à direita (até os neofascistas) para a aliança à sua esquerda, a terceira, como a prefiguração de uma alternativa de esquerda. Quem arrasta muitos anos de esperanças frustradas fica mais resignado até diante da própria impotência.

Doze anos mais tarde confirmei esse balanço em entrevista a Giancarlo Bosetti, no jornal *L'Unità* de 6 de abril de 1996 ("Eu, eleitor, entre dúvidas e esperanças"), às vésperas das eleições que verão a vitória da Oliveira sobre o Polo:

Sou um desiludido crônico, um desiludido, quase diria, por temperamento, por vocação, mas também um pouco por causa das experiências tidas durante esse meio século de vida democrática, vivida com certa paixão. Em todo esse tempo ocorreu-me nutrir algumas ilusões, não mais do que três ou quatro vezes, mas foram autoenganos de breve duração. Terminada uma ilusão, para abandonar-se outra vez a uma nova ilusão é preciso um pouco de tempo.

VII
PAZ E GUERRA

Em 27 de setembro de 1961, o escritor Guido Piovene publicou nas páginas de cultura do *La Stampa* um artigo sobre a Marcha da Paz, ocorrida três dias antes, em um belo domingo, de Perugia até Assis, com a participação de quase 30 mil pessoas:

Foi a primeira manifestação desse tipo provocada na Itália pela precedente crise internacional. Não posso dissociar seu significado da extraordinária graça do ambiente natural e humano: o Lago Trasimeno costeado de manhã cedo, a Perugia dominical com a população que afluía ao Corso Vannucci, entre a Catedral e o miradouro que dominava a paisagem, a lenta passagem da manifestação com suas faixas e bandeiras pelos 24 quilômetros do percurso até Assis, a parada em Santa Maria degli Angeli, com algumas jovens esposas vestidas de branco que observavam a multidão da entrada da basílica, o velho que, no aglomerado de pessoas e automóveis, tentava reservar um espaço para a comida dos pombos, o último e suado ataque às encostas de Subasio. Ao redor, a mais perfeita das paisagens apeninas, inteiramente trabalhada e nunca artificial, com as torres, os castelos e as basílicas no topo das colinas, tudo só inspiração, lucidez inteligente e genial vitalidade física.

216 NORBERTO BOBBIO

Também participei da primeira Marcha da Paz, organizada por Aldo Capitini, quando o mundo vivia sob o íncubo do equilíbrio do terror atômico e se construíam bombas que, de uma parte e de outra, eram capazes de destruir dez vezes o gênero humano. Recordo a manifestação tranquila e ordenada que, através de uma estrada secundária não asfaltada, descia rumo à Ponte San Giovanni: fazia pensar antes em uma caminhada em belo dia de final de verão. Na rodovia nacional, a fila começou a engrossar e se alongar, porque chegavam ônibus e automóveis de várias partes da Itália. Caminhava-se a passos bastante intensos. Entre as 13h e as 14h paramos para uma refeição em Santa Maria degli Angeli. Quando chegamos à Rocca de Assis, já éramos alguns milhares. Uma multidão alegre cobria os campos. Entre outros, falaram Aldo Capitini, Arturo Carlo Jemolo, Ernesto Rossi, Renato Guttuso. A moção final dizia que a paz era importante demais para ser deixada nas mãos dos governantes. Entre os amigos turinenses, recordo Italo Calvino, Franco Fortini, Carla Gobetti e Fausto Amodei com o inseparável violão. Na volta, escrevi um artigo para a revista *Resistenza*.

Foram dadas interpretações benévolas e malévolas da marcha. Constato que a maior parte das interpretações malévolas veio de quem dela não participou e a julgou com o medidor com o qual se dosa, por exemplo, a composição de um governo. Também houve uma pequena batalha de cartazes, à qual responderia propondo que nas próximas marchas (que, seja como for, deverão ser feitas) fôssemos sem cartazes, cada qual com os próprios amores e as próprias aversões, que nenhum cartaz pode expressar, e ao mesmo tempo com aquela esperança comum que só a participação ativa na marcha consegue expressar cabalmente. A paz hoje é um fato importante demais, como diz a moção, para ser deixada nas mãos dos governantes: acrescentaria de bom grado, importante demais para ser confiada à organização dos partidos. Por isso, a iniciativa de Capitini, que não é de partido, que não é motivada por nenhum cálculo político (o que não quer dizer que não tenha efeito político), mas somente por um ideal moral, é extremamente tempestiva. Hoje,

AUTOBIOGRAFIA 217

época em que a catástrofe atômica se tornou um evento possível, o problema da paz é um problema de fundo: a paz é o bem absoluto, condição necessária para a efetivação de todos os outros valores.

É preciso reconhecer que, diante do problema da paz, encontramo-nos hoje em um ponto de virada: até agora se pôde colocar o valor da paz em um prato de uma balança que contém, no outro prato, outros valores, como justiça, liberdade, honra. Mas, a partir do momento em que a guerra pode significar catástrofe atômica, não existe mais a possibilidade de colocar uma alternativa à paz. Ainda tem um sentido humano dizer: ou a liberdade ou a guerra. Mas qual sentido poderíamos dar à frase: ou a liberdade ou a destruição do gênero humano? Se é que existe uma alternativa, esta não é mais entre paz e liberdade, entre paz e honra, entre paz e justiça, mas, como diz correta e impiedosamente Günther Anders, entre ser e não ser. Quero dizer com isso que a paz, hoje, interessa aos homens como homens, parte do gênero humano, ameaçados por uma sinistra disputa de poder, não como italianos ou chineses, comunistas ou democratas-cristãos, católicos ou laicos. Uma manifestação como a Marcha da Paz é um convite a tomar consciência da gravidade e novidade da situação, a remover os *idola tribus* que dividem quando há necessidade de uma união cada vez mais ampla para contrapor à vontade de poder a vontade de viver, e, ao mesmo tempo, um apelo às forças morais, a que nos dirigimos em última instância, quando parece que só o sentido de responsabilidade daqueles que decidem e daqueles que podem influenciar as decisões está em condições de desviar o curso dos eventos do caminho da ruptura irreparável para o do acordo e da colaboração.[1]

Para alguém como eu, que vivi os anos de amadurecimento sob um regime despótico e durante uma guerra que durou cinco longos anos, os problemas urgentes, derrubado o regime e terminada a guerra, eram sobretudo a democracia e a paz, ligados entre si por

---

1 Bobbio, La marcia della pace, *Resistenza*, XV, n.10.

218 NORBERTO BOBBIO

um mesmo intento: eliminar a violência como meio para resolver os conflitos seja dentro de um mesmo Estado, seja nas relações entre Estados nacionais. Quanto ao problema internacional, o primeiro passo a dar era a federação dos Estados europeus, para esconjurar a repetição daquela tragédia que, com justeza, foi chamada de guerra civil europeia, que durou quase um século. Os Estados Unidos da Europa eram concebidos como primeira fase de uma federação universal que realizaria o sonho de Kant da "paz perpétua".

A união de Estados passa por três fases sucessivas: a aliança, a confederação, o Estado federal. Enquanto a confederação é uma sociedade de Estados, o Estado federal é um Estado de Estados. As Nações Unidas, cujo estatuto entrou em vigor em 24 de outubro de 1945, representam uma passagem intermediária entre a Sociedade das Nações, que tinha o caráter de pura associação entre Estados nacionais, e os Estados Unidos do Mundo, sonho ideal de um Superestado. O Superestado é um poder colocado acima dos outros Estados, de posse de uma força tão superior em relação à de cada Estado quanto é aquela que o Estado nacional possui em relação a cada indivíduo. Para realizar esse objetivo, é necessária a união política, a única que permite ao Superestado usar a força, se necessário. Só o Superestado pode exercer o monopólio da força, transformando relações entre iguais em uma relação de superior para inferior.

Existem duas formas de pacifismo, que não se excluem uma à outra: o institucional ou jurídico e aquele ético-religioso. O primeiro visa à eliminação da guerra entre Estados soberanos através da união dos Estados individuais em um Superestado, o segundo através da educação para a não violência. Meus escritos sobre a paz e a guerra pertencem predominantemente ao primeiro. Ao contrário, a Marcha da Paz, promovida por Capitini, era uma típica expressão do segundo. A diferença entre os dois pacifismos é evidente: o Superestado elimina a guerra, mas não o uso da força como *extrema ratio*; a educação para a não violência tende à eliminação do uso da força inclusive como *extrema ratio*. Um é menos eficaz, mas mais realista; o segundo é mais eficaz, mas também mais irrealista.

AUTOBIOGRAFIA 219

A esses temas e, em particular, à ideia pacifista desde a época da Restauração até nossos dias dediquei um curso, logo depois do fim da guerra, realizado por convite da Sociedade Italiana para a Organização Internacional, fundada em Roma por Roberto Ago, para apoiar na Itália a ação da ONU. O mesmo Ago, amigo de velha data, me encarregou de criar uma seção turinense e dar de tempos em tempos minha colaboração às atividades romanas da Sioi, que tinham sede no Palazzetto Venezia e se dirigiam aos jovens desejosos de seguir a carreira diplomática ou de se tornarem funcionários das organizações internacionais. Recordo que o curso de 1948 devia virar livro. Estava totalmente pronto para a impressão, não lembro mais por que não foi publicado.

A maior parte de meus escritos sobre paz e guerra está reunida em dois volumes: *O problema da guerra e as vias da paz* (*Il problema della guerra e le vie della pace*, Bolonha, Il Mulino, 1979) e *O terceiro ausente* (*Il terzo assente*, Turim, Sonda, 1989). Comecei a me ocupar do problema da guerra na era atômica quando a Einaudi me pediu o prefácio de *Essere o non essere. Diario di Hiroshima e Nagasaki* [Ser ou não ser. Diário de Hiroshima e Nagasaki] (1961) do filósofo alemão Günther Anders, também autor de um epistolário com Eatherly, o piloto de Hiroxima (*La coscienza al bando*, Turim, Einaudi, 1962). Visitando o Museu Atômico de Nagasaki, o filósofo vê uma mão fundida com o vidro de uma garrafa e reflete como não há mais nenhuma diferença entre a mão e a garrafa, se ambas são escombros. Disso extrai uma definição de niilismo: não que tudo é nada, mas que tudo pode ser reduzido a nada. "Tudo é *aniquilável* do mesmo modo." Apresentei o livro em Turim junto com o autor. A proposta de Anders era a de um código moral, o qual, diante da ameaça de aniquilação da humanidade, deveria enunciar novos deveres, obrigatórios para todos os homens. Sua visão estava voltada para a transformação moral da humanidade e devia impor um veto absoluto ao uso de meios atômicos. Era nítida a opção de Anders pelo pacifismo moral em relação ao institucional. Considerava que novas instituições só podiam ser eficazes com fundamento em uma nova moral. Escrevia: "A tarefa diante da qual nos encon-

220 NORBERTO BOBBIO

tramos [...] não é uma das que se deixam resolver com medidas puramente políticas (e muito menos com meios puramente técnicos). As medidas a ser tomadas pertencem a outra categoria [...]. Isso significa que a transformação deverá ser uma transformação de sua moral". Percebia a objeção dos realistas. Respondia que essa objeção nascia da eterna disputa entre moralistas e legalistas. Mas a esperança era que a consciência de nos encontrarmos diante de um veto absoluto lançasse raízes tão profundas que "qualquer um que examine a possibilidade de servir-se desses meios [as armas atômicas] para seus fins políticos logo se veja diante da indignação de toda a humanidade". Quanta ingenuidade nessa esperança! Em um juízo retrospectivo sabemos que, se a guerra atômica não eclodiu, a razão foi essencialmente o medo recíproco, o chamado "equilíbrio do terror", como bem previu Hobbes, segundo o qual só o temor recíproco podia deter no estado de natureza o *bellum omnium contra omnes*.

A ideia de um código moral seria retomada por Gustavo Colonnetti (1886-1968), cientista insigne, velho amigo, professor de Ciência das Construções no Politécnico de Turim, deputado na Constituinte e presidente do Conselho Nacional de Pesquisas depois da Libertação. Era um católico de fé profunda. Angustiado pelas tremendas responsabilidades que pesavam nos ombros dos cientistas, queria que estes se comprometessem com o juramento de não trabalhar na produção de armas atômicas. Uma espécie de juramento de Hipócrates dos cientistas. Tenho bem vivos na memória alguns encontros com ele nas manifestações do Comitê pela Paz de Turim, alguns anos mais tarde, pouco antes de sua morte: sua grande barba branca, sua atitude hierática. Os colegas o tratavam com uma ponta de ceticismo, mas a consciência da missão que se atribuíra lhe conferia uma aura de nobreza religiosa.[2]

---

2 Colonnetti promoveu um seminário sobre "a responsabilidade de cientistas e técnicos no mundo moderno", que se realizou na Academia das Ciências de Turim entre 13 e 14 de junho de 1967. Estava preocupado de modo particular com o uso militar que certamente se faria das situações de emergência e que

AUTOBIOGRAFIA 221

Naquele mesmo ano de 1961, vi-me envolvido no debate criado pelo filme francês *O grande crime*, de Autant-Lara, que abordava o tema da objeção de consciência. Desencadeara polêmicas na Mostra do Cinema de Veneza, não fora nem mesmo distribuído nas salas francesas, se bem me lembro. Participei de uma manifestação na Galeria de Arte Moderna de Turim, desenvolvendo pela primeira vez a ideia de que, diante da ameaça de uma guerra atômica, deveríamos todos ser objetores.

Objeção de consciência significa recusa a portar armas. Quando no conceito de arma se insere uma bomba que, como se lê nos jornais, tem sozinha o poder explosivo de metade de todas as bombas lançadas na última guerra, pergunto-me se o porte de arma não se tornou um problema de consciência não só para o objetor, que protesta em nome de sua fé religiosa, mas para cada um de nós, em nome da humanidade. Objeção de consciência significa, literalmente, aquela situação em que nossa consciência nos proíbe, com seu imperativo, de cometer uma injustiça. Se interrogarmos nossa consciência, não poderemos mais nos recusar a reconhecer que hoje – esta, pois, é a conclusão a que queria chegar – somos todos, pelo menos potencialmente, objetores.[3]

Isso não exclui que eu visse – e continue a ver – um limite insuperável da objeção de consciência. A fim de que a objeção de consciência alcançasse seu escopo, seria preciso que realmente todos os homens fossem objetores, porque, se todos o forem, menos um, este se tornará o dono do mundo. O mesmo raciocínio se pode aplicar ao tema do desarmamento: se todos os Estados do mundo se desarmarem, com exceção de um, este se tornará o senhor da Terra. Quan-

---

definia "aterrorizador". Não podendo participar do seminário, Bobbio mandou sua adesão, registrada nos anais.

3 Cf. *Non uccidere*, discurso pronunciado em 4 de dezembro de 1961, publicado na *Resistenza*, XV, n.12, republicado em Bobbio, *Il terzo assente*, p.129-42.

222   NORBERTO BOBBIO

do se entra na esfera política, não se pode prescindir de um mínimo de realismo. O desarmamento unilateral favorece os violentos. A alternativa à guerra de todos contra todos é o despotismo de um só. Este é o problema que os pacifistas radicais devem resolver: até que todos os homens, digo todos, se tornem não violentos, não só a não violência não alcançará seu objetivo, mas se arriscará a prestar um serviço aos violentos, para os quais é mais fácil dominar um mundo de não violentos do que um mundo de tão violentos quanto eles. O paradoxo da não violência é que encoraja a violência dos violentos. Por isso, digo: ai de nós se não fossem os objetores de consciência, mas também ai de nós se só existissem os objetores de consciência.

No ano seguinte, 1962, escrevi meu primeiro artigo sobre a filosofia da guerra, "O conflito termonuclear e as tradicionais justificações da guerra", para um número especial da revista *Il Verri* dedicado à "condição atômica", organizado pelo físico pacifista Giovan Battista Zorzoli.[4] Tomava em consideração as quatro principais teorias com base nas quais se podem tradicionalmente justificar os conflitos bélicos: a guerra justa, a guerra como mal menor, a guerra como mal necessário, a guerra como bem. Demonstrava como, diante de uma futura guerra termonuclear e de seus efeitos, essas teorias terminavam em grande parte por se dissolver. Queria evidenciar que a invenção das armas atômicas mudara radicalmente o significado tradicional da guerra. Para dar só um exemplo, quem poderia repetir os desatinos dos idólatras da guerra, desde De Maistre ("A guerra é divina em si") até Papini ("O futuro precisa de sangue"), quando guerra significa destruição do gênero humano?

Em 1963, Alberto Carocci me estimulou a escrever sobre esse tema um ensaio na revista *Nuovi Argomenti*. Na carta, ele me dizia:

> Outro ensaio que me interessaria muito seria uma espécie de prolegômeno à filosofia da paz e da guerra. É um problema em torno do qual o homem vem meditando há milênios, mas que deu

---

4 Cf. *Il Verri*, VII, n.6. O artigo foi republicado em Bobbio, *Il terzo assente*.

um salto qualitativo com a invenção da energia nuclear. Já quando explodiu a bomba de Hiroxima, que era de 20 quilotons, Einstein disse que uma guerra combatida com aquela bomba levaria a humanidade à Idade da Pedra. Hoje, com as bombas termonucleares que se medem em megatons, e das quais existem arsenais inteiros, tenho a impressão de que o homem não voltaria mais à Idade da Pedra, mas que toda forma biológica evoluída seria apagada da face da Terra e seriam necessários alguns milhões de anos para que os moluscos do mar chegassem a produzir algo semelhante ao homem. É uma reviravolta que transforma em nada tudo aquilo que o homem pensou até ontem sobre o problema da paz e da guerra.

Respondi que aceitava. Na realidade, passaram dois anos antes que me decidisse a escrever o ensaio. Nesse meio-tempo organizei todo um curso sobre esse tema no ano acadêmico de 1964-1965[5] e escrevi um discurso radiofônico para o *Terzo Programma*, transmitido pela RAI no segundo semestre de 1965.[6] O ensaio na *Nuovi Argomenti* foi publicado no número 3-4 de 1966 e tinha o mesmo título de meu curso universitário: "O problema da guerra e as vias da paz" (título também de Il Mulino, editora que o republicou em 1979).

O ensaio começa apresentando três possíveis interpretações da história com três metáforas: a mosca na garrafa, o peixe na rede, o labirinto. A primeira é tirada de uma famosa frase de Wittgenstein, segundo a qual a tarefa da filosofia é ensinar a mosca a sair da garrafa: essa metáfora dá a entender que existe uma via de saída (evidentemente, trata-se de uma garrafa aberta) e que, fora da garrafa, há um espectador, o filósofo, que sabe onde essa saída se encontra. Diferente será a interpretação, se adotarmos a metáfora do peixe na

---

5 As aulas foram reunidas em apostilas, organizadas pelas alunas Nadia Betti e Marina Vaciago, e publicadas em 1965 pela Cooperativa Libraria Universitaria Torinese, sob o título *Il problema della guerra e le vie della pace*.

6 Filosofia della guerra nell'era atomica. O texto foi publicado na revista *Terzo Programma*, n.3, 1965, e reproduzido em Bobbio, *Il terzo assente*.

224 NORBERTO BOBBIO

rede, que se debate para encontrar uma via de saída, mas a via de saída não existe e ele não sabe. Quando a rede for recolhida à margem e aberta, mas não por ele, a saída será não a liberdade, mas a morte.

Nós, homens – perguntava-me –, somos moscas na garrafa ou peixes na rede? Nem uma coisa nem outra – respondia. A condição humana pode ser mais bem representada com uma terceira imagem, que prefiro: a do labirinto. Acreditamos saber que uma via de saída exista, mas não sabemos onde está. Não havendo ninguém fora de nós que nos possa indicá-la, devemos buscá-la nós mesmos. Escrevi:

> Quem entra em um labirinto sabe que existe uma via de saída, mas não sabe qual das muitas vias que, em cada circunstância, se abrem à frente conduz a ela. Procede tateando. Quando encontra uma via bloqueada, volta e pega outra. Às vezes, a via que parece mais fácil não é a mais certa; às vezes, quando acredita estar mais próximo da meta, mais distante dela está, e basta um passo em falso para voltar ao ponto de partida. É preciso ter muita paciência, não se deixar nunca iludir pelas aparências, dar, como se diz, um passo de cada vez, e diante das encruzilhadas, quando não se tem condição de calcular as razões da escolha, mas se é obrigado a arriscar, estar sempre pronto para recuar. A característica da situação de labirinto é que nenhum ponto de chegada jamais está absolutamente assegurado, e, quando o caminho é correto, isto é, conduz a um ponto de chegada, jamais se trata de um ponto de chegada definitivo. A única coisa que o homem do labirinto aprendeu da experiência (dado que tenha chegado à maturidade mental que permite aprender a lição da experiência) é que existem caminhos sem saída: a única lição do labirinto é a lição do *caminho bloqueado*.[7]

O que o labirinto ensina não é onde está a via de saída, mas quais são as vias que não levam a parte alguma. Podemos considerar hoje

---

7 Bobbio, *Il problema della guerra e le vie della pace*, p.22-3.

a guerra atômica, à diferença das guerras do passado, uma via bloqueada? Uma vez estabelecido que as novas bombas podem matar a mim e a você, tanto meus amigos como meus inimigos, não devemos declarar que a guerra atômica não leva a parte alguma? "Podemos comparar", perguntava, "a guerra termonuclear às guerras do passado?" Respondi que não. As razões que trouxe à baila para falar de virada histórica eram três. Nenhuma guerra do passado, por mais longa e cruel, jamais colocou em perigo toda a humanidade. A maior parte das teorias justificacionistas não resiste à prova da guerra atômica. A esses dois argumentos filosóficos se acrescenta um terceiro de natureza utilitária. A guerra termonuclear não serve ao objetivo:

> O primeiro objetivo da guerra é a vitória [...]. Mas, à medida que a potência das armas aumenta, torna-se cada vez mais difícil distinguir, caso a guerra exploda com todo o seu terrível poder, o vencedor do vencido: os únicos vencedores poderiam ser os não beligerantes, os neutros, ou mais simplesmente aqueles fortuitamente imunes ao massacre.[8]

Existem dois modos – acrescentei – de considerar a guerra atômica como via bloqueada: considerá-la impossível ou injustificável. A primeira solução era a dos realistas, que confiavam no equilíbrio do terror; a segunda era a dos idealistas, que confiavam na formação de uma consciência atômica.

Se não me pedirem uma previsão, mas uma opinião, respondo: não sou otimista. Vejo em torno de mim só pequenos grupos de homens que finalmente se livraram dos mitos ancestrais da fecundidade da violência e da regeneração através do sangue. A ética dos políticos ainda é a ética do poder. Quem prega a existência de uma só moral, válida tanto para os indivíduos quanto para os Estados, ainda é considerado um visionário, um utópico, um homem

---

8 Ibid., p.35.

226   NORBERTO BOBBIO

desprovido de sentido histórico (extrema calúnia na sociedade dos doutos de que participa). Não consigo evitar o presságio de que uma sociedade na qual juristas, sociólogos, filósofos, teólogos não renunciaram a ver a violência como um meio de resgate ou de redenção esteja, mais dia, menos dia, destinada à suprema prova da violência exterminadora. A arma total chegou cedo demais para a incivilidade de nossos costumes, para a superficialidade de nossos juízos morais, para a imoderação de nossas ambições, para a enormidade das injustiças que sofre a maior parte da humanidade, sem ter outra escolha além da violência ou da opressão.

Não sou otimista, mas nem por isso creio que devamos nos render. Uma coisa é prever, outra é fazer a própria escolha. Quando digo que minha escolha é no sentido de não abrir mão de nenhum meio para a formação de uma consciência atômica, e a filosofia que hoje não se compromete com esse caminho é um ócio estéril, não faço nenhuma previsão sobre o futuro. Limito-me a fazer saber aquilo que com todas as minhas forças gostaria que não acontecesse, ainda que, bem no fundo de minha consciência, tenha o obscuro pressentimento de que acontecerá. Mas a aposta em jogo é alta demais para que não devamos, cada qual por sua própria parte, tomar posição, embora as possibilidades de vencer sejam muito pequenas. Algumas vezes sucedeu que um grãozinho de areia levado pelo vento deteve uma máquina. Mesmo que haja um bilionésimo de bilionésimo de probabilidade de que o grão, levado pelo vento, termine na mais delicada das engrenagens e detenha seu movimento, a máquina que estamos construindo é monstruosa demais para não valer a pena desafiar o destino.[9]

Mas o problema da guerra e da paz se liga à proteção internacional dos direitos do homem. Não foi por acaso que, a partir da metade dos anos 1970, movimentos pela paz e movimentos pela proteção dos direitos do homem procederam *pari passu*. Como me ocorreu dizer várias vezes, a paz é a condição *sine qua non* para uma

---

9 Ibid., p.96-7.

AUTOBIOGRAFIA **227**

eficaz proteção dos direitos humanos e, ao mesmo tempo, a proteção dos direitos do homem favorece de fato a paz. Entre 1964 e 1968, tive a oportunidade de realizar conferências e escrever ensaios em que refletia sobre tais temas. Nessas intervenções tentei, antes de mais nada, especificar os critérios filosóficos com base nos quais certos direitos podiam ser reivindicados como fundamentais e universais, mas não escondi que o problema filosófico não podia ser desconectado do estudo das condições históricas, sociais, econômicas, psicológicas, inerentes à efetivação dos direitos do homem: "O filósofo que se obstina a ficar isolado termina por condenar a filosofia à esterilidade".[10] O problema-chave, pois, estava representado pela discrepância entre o conteúdo das declarações oficiais e a realidade das relações internacionais. Como sublinhei no encerramento do texto para o Seminário Nacional dos Direitos do Homem, realizado em Turim, em dezembro de 1967:

> Não se pode pôr o problema dos direitos do homem perdendo de vista os dois grandes problemas de nosso tempo, que são o da guerra e o da miséria, o absurdo contraste entre o excesso de *poder* que criou as condições para uma guerra exterminadora e o excesso de *impotência* que condena grandes massas humanas à fome. Só nesse contexto podemos nos aproximar do problema dos direitos do homem com senso realista e sem declamações [...]. A quem se propuser fazer um exame imparcial do desenvolvimento dos direitos do homem após a Segunda Guerra Mundial, aconselharia este exercício salutar: ler a Declaração Universal e, em seguida, olhar em volta. Quantas vítimas inocentes de guerras cruéis, quanto racismo abominável, quanta pobreza degradante e quando espí-

---

10 Do texto apresentado no seminário "Le fondement des droits de l'homme", organizado pelo Institut Internationale de Philosophie (L'Aquila, 14-19 set. 1964). O texto foi publicado no volume dos anais, com o título L'illusion du fondement absolu, reproduzido com o título Sul fondamento dei diritti dell'uomo na *Rivista Internazionale di Filosofia del Diritto*, XLII, n.2, e no citado volume *O problema da guerra e as vias da paz*.

228 NORBERTO BOBBIO

rito de opressão, de domínio, de soberba, de desprezo pelos fracos, de cega inveja dos fortes; quanto fanatismo! A história do homem é velha de milênios, mas, comparada a nossas esperanças, mal começou.[11]

Ao distinguir as diversas atividades desempenhadas pelos organismos internacionais para garantir a proteção dos direitos do homem, voltava ao primeiro plano a questão de uma autoridade *super partes*. Através das declarações de direitos do homem e das convenções que os protegem de fato, pode-se fazer pressão sobre cada um dos Estados nacionais para que introduzam em seu ordenamento, caso não os possuam, disciplinas específicas e procedimentos *ad hoc*. Em segundo lugar, os organismos internacionais podem acionar controles, no interior de cada Estado nacional, para verificar se as recomendações foram acolhidas e em que medida as convenções são respeitadas. Inteiramente diferente é uma proteção jurisdicional de grau internacional, que tenha o poder de se impor às jurisdições nacionais específicas, realizando uma passagem – como escrevia – "da garantia *dentro do* Estado para a garantia *contra* o Estado". Essa autoridade supranacional, esse Estado universal, ao qual caiba a tarefa de regular os conflitos entre os Estados e garantir por toda parte a proteção dos direitos fundamentais do homem, pelo menos até agora é o "terceiro ausente", que dá título à segunda coletânea de meus escritos sobre esses problemas, publicada pela editora Sonda em 1989.

A primeira tentativa de criar um tribunal internacional acima dos governos nacionais foi representada pelo Tribunal contra os Crimes de Guerra promovido por Bertrand Russell, prêmio Nobel

---

11 Bobbio, *Solo una società più libera e avanzata potrà rispettare i diritti dell'uomo*, *Resistenza*, XXI, n.12, dez. 1967. Com algumas variantes, esse discurso se tornou o texto de uma conferência na Sociedade Italiana para a Organização Internacional, na manifestação de abertura do ano internacional dos direitos do homem, Roma, 28 jan. 1968 (cf. Id., *Il problema della guerra e le vie della pace*, p.156).

AUTOBIOGRAFIA 229

de Literatura em 1950. Russell foi um protagonista dos movimentos de desobediência civil, famoso pelos *sit-in*, em um dos quais foi também detido. Em 1955, assinou com Einstein um conhecido manifesto contra os armamentos nucleares. O Tribunal Russell, fundado em 1966, com sede em Estocolmo, acusou os Estados Unidos pela guerra no Vietnã e se propôs processar as atrocidades realizadas pelos governos em nome da razão de Estado. Vi-me envolvido no Tribunal Russell por Joyce Lussu, irmã de Max Salvadori e viúva de Emilio Lussu. Era uma mulher altiva, corajosa, simpaticíssima, ligada ao mundo político e cultural inglês através da mãe. Teve a tarefa de instituir também na Itália uma seção do Tribunal e me convidou a participar. Recebi uma carta de investidura por parte do próprio Russell, mas não recordo propriamente o que fez essa seção italiana. Reunimo-nos algumas vezes em Roma, não muitas na verdade: entre nós, iniciativas como essa nascem e morrem com a mesma facilidade.

Por ocasião da morte de Russell, ocorrida em 1970, seu compromisso foi herdado por Lelio Basso, que em 1973 fundou o Tribunal Russell para a América Latina e criou em seguida uma fundação para os direitos e a libertação dos povos. Lembro que, por ocasião de seus 75 anos, organizaram-se dois volumes de ensaios dedicados a temas de caráter internacionalista. A apresentação estava marcada para Roma, no Campidoglio, em 16 de dezembro de 1978. Entrando na sala, só vi faces aflitas. Disseram-me: "Basso não pode estar presente porque morreu esta noite". Assim, no mesmo dia nós o festejamos e lhe prestamos homenagem fúnebre.

Entre os papéis de Bobbio, conserva-se uma pasta de cartas, folhetos, recortes de jornal, atas de reuniões da seção italiana da Bertrand Russell Peace Foundation, constituída em 1965 (com sede em Roma, na Via del Babuino, 9). O próprio Bobbio, o cientista Adriano Buzzati Traverso e o economista Paolo Sylos Labini formavam o comitê da presidência, tendo Joyce Lussu como secretária. Organizou-se um comitê artístico confiado a Carlo Levi, Giacomo Manzù e Cesare Zavattini. Vinte e três intelectuais de origens diferentes – escritores, cientistas, filósofos, historiadores, editores, políticos – faziam parte do conselho

230   NORBERTO BOBBIO

de direção.[12] O estatuto indicava como objetivos da atividade da fundação: resistir às ameaças de guerra nuclear, empenhar-se para chegar a um desarmamento geral, promover pesquisas e organizar seminários para mobilizar a opinião pública italiana sobre os problemas da paz. Em 2 de outubro de 1965, a primeira reunião.

A ata citava as mensagens de adesão por parte de pacifistas italianos, como Danilo Dolci, que em 1965 publica *Verso un mondo nuovo* [Rumo a um novo mundo] (editora Einaudi), Lucio Luzzatto, presidente do Movimento Mundial da Paz, Aldo Capitini, presidente do Conselho Italiano pela Paz.

Joyce Lussu, em seguida, leu o relatório sobre as atividades que Bertrand Russell e a fundação desenvolveram, no curso desses últimos anos, na Inglaterra e em outras partes do mundo; procedeu também à leitura da recente mensagem de Russell sobre o conflito indo-paquistanês. Em torno dessa mensagem abriu-se a discussão que registrou a viva participação dos presentes.

Norberto Bobbio, considerando um tanto unilateral a condenação que, no conflito indo-paquistanês, Russell dirigira à Índia, enfatiza calorosamente a necessidade, hoje mais do que nunca, de defender a paz sem tomar posições partidárias: de outro modo, corre-se o perigo de não contribuir para a paz, mas de aprofundar as divisões.

[...] Sylos Labini, por sua parte, afirma que, enquanto um movimento pacifista deve sustentar a necessidade de negociações para a solução das crises internacionais, condenando a guerra em todo caso, no seio de tal movimento é indiscutivelmente possível debater as razões de tais crises e tomar posição sobre a parte em causa.

[...] Enriquez Agnoletti insiste na necessidade de negociações para resolver a crise. Não lhe parece existir contradição em Russell entre a condenação ao Vietnã e aquela atual; é importante ter presente que Russell fala de Londres, onde a politização partidária é

---

12 M. L. Astaldi, L. Basso, L. Bigiaretti, R. Bonazzi, D. Carpitella, C. Cases, L. Cavalieri, T. Codignola, G. Colonnetti, L. Del Fra, A. Donini, E. Enriquez Agnoletti, A. Galante Garrone, B. Giacci, G. La Pira, V. Laterza, C. Luporini, G. Manzù, T. Maselli, A. Mondadori, G. Savelli, G. Tofano, G. Toraldo di Francia.

AUTOBIOGRAFIA 231

muito menos acirrada do que entre nós; desse modo, a expressão de opiniões assume um aspecto diferente [...].

Cesare Cases aborda o problema da agressão, que, segundo ele, é atualmente a maior ameaça à paz. Pode-se também compreender, às vezes, as razões que determinam a agressão, mas, seja como for, ela pode ter repercussões terríveis. Cases distingue o problema da guerra justa ou injusta do problema do agressor-agredido; julga-os problemas diferentes e considera moralmente necessário identificar sempre o agressor e denunciá-lo à opinião pública.

Norberto Bobbio, rebatendo cada uma das intervenções, enfatiza mais uma vez que o problema da agressão está ligado estreitamente ao da justiça: pode ser que alguém agrida para se defender. Em primeiro plano, deve-se pôr o problema da paz (a justiça vem depois), mesmo porque a falta de informação ou a complexidade do caso podem incidir negativamente sobre a objetividade de nossa avaliação. Por isso, renova suas reservas acerca do juízo de Russell sobre o conflito indo-paquistanês. Buzzati Traverso conclui o debate asseverando que os objetivos e as finalidades da Fundação Bertrand Russell italiana não consistem tanto em subscrever passivamente as declarações de Russell quanto em abrir, no espírito da paz, debates sobre os problemas reais da sociedade italiana e mundial, criando iniciativas com esse propósito.

Em seguida, passou-se a discutir exatamente as iniciativas a tomar. O mesmo Buzzati Traverso propôs lançar um abaixo-assinado com 50 mil assinaturas para apresentar ao Parlamento uma nova lei: que no território nacional não se construam nem se permitam instalações de mísseis de qualquer espécie; que o território permaneça aberto a qualquer inspeção para esse propósito. A nova lei não pretenderia o fim da aliança atlântica, mas faria que a Itália, mesmo permanecendo no âmbito da Otan, assumisse uma posição nova e original, em harmonia com os recentes estudos americanos sobre as armas nucleares que demonstraram como já se acumulou o potencial necessário para destruir todo o planeta.[13]

---

13 A proposta tomou em seguida a seguinte forma: "Em relação ao art. 11 da Constituição, a República Italiana renuncia à fabricação e ao uso de armas

232   NORBERTO BOBBIO

Tudo isso significará talvez que o pacifismo institucional deu passos decisivos à frente? Acredito que não. No processo iniciado no final do século XVIII para superar a soberania do Estado nacional com gradual intensificação dos acordos internacionais, demos passos atrás nestes últimos anos. Esse processo não só se deteve, como também é difícil compreender como possa recomeçar. Entre dois contendores, a paz pode ser obtida ou com a vitória e a supremacia de um sobre o outro, ou com a interferência de um terceiro *super partes*. No primeiro caso, tem-se a chamada paz de império; no segundo caso, uma paz de compromisso, aquela que Raymond Aron chamou "paz de satisfação".[14] No interior de cada Estado, a primeira caracteriza um sistema despótico, a segunda se efetiva nos sistemas democráticos, em que o Estado pode ser representado como o terceiro, acima das partes. Mas, nas relações internacionais, o sistema democrático até agora não conseguiu prevalecer: os Estados continuam a lutar entre si ou resolvem os conflitos graças à supremacia de uma parte sobre a outra. No atual sistema internacional, o terceiro que funciona como árbitro ou mediador, ou mesmo como detentor de um poder coativo capaz de prevenir a guerra ou reprimi-la ao eclodir, só existe no papel. O terceiro *super partes*, o terceiro-pela-paz, deveria ser as Nações Unidas. Mas como as Nações Unidas exerceram esse papel?

Na história moderna, o sistema internacional baseou-se durante séculos no equilíbrio entre as potências, que, no entanto, era um equilíbrio instável, destinado a modificar-se ou a romper-se segundo a alteração das alianças entre os Estados. Como consequência, a paz é sempre uma condição provisória e a guerra é sempre uma ruptura possível. Durante séculos a paz esteve à mercê desse sistema, na ausência de normas internacionais munidas de sanções que

---

nucleares e outras de igual ou maior poder destrutivo e compromete-se a não permitir no próprio território a introdução, a conservação e o trânsito das armas citadas, seja qual for sua proveniência". No entanto, o projeto de lei não chegou ao Parlamento.

14   Cf. Aron, *Paz e guerra entre as nações*.

AUTOBIOGRAFIA **233**

se pudessem valer da força. Em um sistema no qual falta "o terceiro acima das partes", munido de poder coativo, o único obstáculo à violação de um pacto é o princípio de reciprocidade. Cada um dos dois contraentes não o rompe, porque tem interesse em que o outro também não o rompa. Mas é evidente que o pacto dura enquanto durar esse interesse. Daí a fragilidade do princípio *pacta sunt servanda*, que de fato está sempre subordinado à cláusula *rebus sic stantibus*, de modo que o pacto dura enquanto não muda a situação em que os dois contraentes têm interesse em mantê-lo. Além disso, a resistência do pacto será tanto maior quanto mais os dois contraentes forem iguais na relação de forças. É intuitivo que um Estado pequeno será induzido a observar o pacto com um Estado grande, ao passo que o inverso não vale. Já observei que o equilíbrio do terror durou enquanto entre as duas superpotências se manteve certa paridade de forças.

No século XVIII, multiplicam-se os projetos de superação de um sistema baseado exclusivamente nas relações de equilíbrio, entre os quais o mais célebre é o texto de Kant, *À paz perpétua*. Depois do período tempestuoso das guerras napoleônicas, a Santa Aliança pode ser considerada a primeira tentativa de uma ordem internacional estável, não baseada exclusivamente no equilíbrio das potências ou em alianças parciais e efêmeras. É preciso chegar à tragédia da Primeira Guerra Mundial para assistir à instituição da Sociedade das Nações, a primeira associação permanente de Estados, tendencialmente universal. Mas nem a Sociedade das Nações pôs em discussão o poder soberano dos Estados que, mesmo não sendo por si só a causa das guerras, sempre foi a condição suficiente para que um conflito entre Estados encontrasse muitas vezes a solução, ainda que em última instância, exclusivamente através da guerra.

Desde então houve quem, como Luigi Einaudi, levantasse o problema da inadequação da nova Liga de Estados para o objetivo a que se destinava, ao não propor as bases para a superação soberana de cada Estado e permanecer como uma confederação, quando do seria necessário e mais previdente, segundo Einaudi, visar logo à formação de um Estado federal, começando pelo menos dos Es-

234 NORBERTO BOBBIO

tados europeus, cuja história fora devastada por contínuas guerras destrutivas. O principal argumento aduzido por Einaudi para justificar a desconfiança em relação à confederação é de natureza histórica. Observa que as confederações do passado, surgidas com três objetivos principais – manter a concórdia entre os Estados associados, defendê-los contra as agressões dos outros Estados, perseguir metas de civilização –, em geral fracassaram, desde as Províncias Unidas do século XVIII até a Santa Aliança, e, recuando 2 mil anos, até a liga das cidades gregas. A razão principal da fragilidade das confederações decorria do fato de que o poder a elas atribuído não é o poder próprio do Estado, que consiste essencialmente na capacidade de impor tributos e no monopólio da força. Os Estados Unidos da América são o primeiro exemplo da mudança que Einaudi vaticina para a comunidade europeia, de uma sociedade de Estados para um Estado de Estados. O primeiro dos artigos por ele escrito sobre esse tema termina com estas palavras: "A guerra presente é a condenação da unidade europeia imposta com a força de um império ambicioso, mas é também o esforço para elaborar uma forma política de ordem superior".[15]

Durante a Guerra Fria, o papel das Nações Unidas foi desautorizado pelo equilíbrio de terror entre as duas grandes potências mundiais: os Estados Unidos e a União Soviética. A paz repousava exclusivamente no fato de que os dois contendores possuíam armas tão mortíferas que uma terceira guerra mundial provavelmente conduziria à destruição seja do Estado agressor, seja do Estado agredido. Essa estratégia de recíproca dissuasão revelou-se eficaz na crise provocada pelos mísseis soviéticos em Cuba, em 1962, a única vez que se chegou realmente perto da represália atômica.

---

15 Bobbio, Luigi Einaudi federalista. In: VV.AA., *Alle origini dell'europeismo in Piemonte:* La crisi del primo dopoguerra, la cultura politica piemontese e il problema dell'unità europea. Bobbio voltou ao tema por ocasião de uma mesa-redonda, em 5 fev. 1996, sobre os Estados Unidos da Europa no pensamento de Giovanni Agnelli e Attilio Cabiati. Cf. Il senatore Giovanni Agnelli e l'unità europea, *Nuova Antologia*, n.2197, p.292-7.

AUTOBIOGRAFIA 235

Naquela circunstância, o Estado ameaçado – a União Soviética – preferiu se retirar. Mas também o equilíbrio do terror era uma forma de equilíbrio instável: as relações entre as duas grandes potências se desequilibravam continuamente para se reequilibrarem em um nível mais alto de destrutividade das armas. Seja nos escritos dedicados nos anos 1980 ao problema da paz, seja no discurso que fiz em 1985 por ocasião dos quarenta anos da ONU, costumava repetir que o terror adiava a guerra mas a tornava cada vez mais destrutiva na hora em que explodisse. À estratégia do terror se opôs a do desarmamento, na qual nunca tive muita confiança porque um acordo sobre a redução dos armamentos só alcança o objetivo se as partes contraentes forem obrigadas a observá-lo. Se não existe quem possa compeli-las a manter os compromissos, recai-se em um estado de incerteza no qual ninguém está seguro da correção do outro. Na filosofia política de Hobbes, essa incerteza pertence, como se sabe, ao estado de natureza e, enquanto nele restarem, os homens estarão em guerra perpétua entre si: *homo homini lupus*. Mas, como também os Estados, para Hobbes, estão entre si no estado de natureza, *princeps principi lupus*. Não há paz nem entre os indivíduos nem entre os Estados, a menos que os homens ou os Estados criem um poder tão superior a cada indivíduo e a cada Estado que os impeça de vencer reciprocamente. Em meu ensaio para o verbete "Paz" (no volume VIII da *Enciclopedia del Novecento* [Enciclopédia do século XX]), mostrei a fragilidade inerente à estratégia do desarmamento por meio de um apólogo extraído da obra de J. W. N. Watkins, um estudioso de Hobbes:

Fulano e Beltrano são dois homens hobbesianos em um hobbesiano estado de natureza. Ambos portam armamento letal. Certa tarde, enquanto estão à procura de bolotas de carvalho, encontram-se em uma pequena clareira no meio do bosque. A vegetação torna impraticável a fuga. Fulano grita: "Espere! Não vamos nos destruir". Beltrano responde: "Compartilho seu estado de espírito. Vamos contar: quando chegarmos a dez, cada um de nós lançará as armas para trás, entre as árvores". Cada um dos dois começa ansio-

236 NORBERTO BOBBIO

samente a pensar: será ou não o caso de jogar fora as armas quando chegar a dez? Cada qual considera que, se ninguém as jogar fora com medo de que o outro não as jogue, daí advirá um combate extremado em que ambos correm o risco de morrer. Mas também considera que, se ele as arremessar fora e o outro não, a própria morte é certa. E então? Das quatro soluções possíveis – que as jogue o primeiro e não o segundo, o segundo e não o primeiro, nenhum dos dois, todos os dois –, esta última, que representaria a observância da máxima *pacta sunt servanda*, é uma só e não se pode dar como certo que seja a mais provável. Considerando o modo pelo qual procedem as tratativas para o desarmamento entre as grandes potências, não se tardará a reconhecer a exatidão da hipótese hobbesiana. Quem tomar a iniciativa em uma situação em que não está seguro de que o outro faça o mesmo não estará talvez nas mãos desse outro? Então, ninguém toma a iniciativa. Uma coisa é a estipulação de um tratado; outra, sua observância. Os pactos sem a espada de um ente superior aos dois contraentes são – ainda Hobbes – um simples *flatus vocis*. Nunca se insistirá em demasia na importância do Terceiro em uma estratégia de paz.[16]

No entanto, ocorreu algo que eu não esperava. Não previ que a *escalation* poderia produzir um desequilíbrio tão forte entre os dois contendores a ponto de tornar impossível o reequilíbrio. Quando, em 1983, o presidente americano Ronald Reagan anunciou a estratégia do escudo espacial, oficialmente definida como "Iniciativa para a Defesa Estratégica" e polemicamente rebatizada "Guerra nas Estrelas", imprimiu uma virada decisiva no conflito entre Estados Unidos e União Soviética. Expressando-nos com uma metáfora que foi muitas vezes usada, os soviéticos, no fim, foram batidos não por nocaute, mas por pontos. De fato, o presidente soviético Mikhail Gorbachev se deu conta de que o poderio dos Estados Uni-

---

16 Cf. Bobbio, Pace, concetti, problemi e ideali, *Enciclopedia del Novecento*, v.VIII, p.812-24.

AUTOBIOGRAFIA **237**

dos era inatingível. O equilíbrio do terror se desequilibrou tanto que o reequilíbrio em nível superior não era mais possível para uma das duas partes.

Era legítimo prever, nesse ponto, o início de um período de paz estável. Não foi assim. Explodiram de modo imprevisto as guerras locais, diante das quais as Nações Unidas se revelaram tristemente impotentes. As intervenções da ONU, tanto na ex-Iugoslávia quanto na Somália, foram desastrosas. Com a consequência de atribuir o poder último de dirimir as questões a uma das partes: os Estados Unidos. Em presença de um conflito, de fato, os contendores não vão debater nas Nações Unidas, mas na Casa Branca. Estamos na situação em que o supremo poder internacional é exercido por uma das partes e as Nações Unidas mostram-se completamente desautorizadas e, portanto, privadas da razão mesma de sua existência.

Em 12 de janeiro de 1991, o semanário *Il Sabato* publicou uma declaração de Bobbio sobre o silêncio dos intelectuais diante da ocupação do Kuwait por parte do Iraque. Ao jornalista que lhe telefonou, explicou que ainda não encontrara uma resposta para o dilema de entrar ou não em guerra. Mas em 15 de janeiro, no mesmo dia em que vencia o ultimato da ONU contra o Iraque, deu uma declaração sobre a guerra do Golfo ao *Telegiornale 3* do Piemonte, em que desfazia a dúvida, argumentando que a guerra era justa, mas era preciso ver se seria também eficaz. Em 17 de janeiro, o *Corriere della Sera* publicava uma entrevista em que Bobbio dizia: "Receio muito que os pacifistas terminem por fazer o jogo do adversário [...]. Continuo convencido de que não se possa nem se deva deixar impune uma agressão a um Estado soberano". Em 19 de janeiro, por fim, em editorial do *La Stampa* expressava a convicção de que as atitudes de Saddam Hussein tornaram a guerra inevitável: "Por mais longa que seja a cadeia dos 'se', esta termina inexoravelmente no ditador iraquiano". Com tais tomadas de posição, para Bobbio se abriu um período muito difícil porque foi contestado duramente até por ex-alunos. O episódio está contado em um pequeno livro, *Una guerra giusta?* [Uma guerra justa?], publicado pela editora Marsilio em 1991, por iniciativa de Carmine Donzelli.

238 NORBERTO BOBBIO

Os problemas são dois: se a guerra é justa e se, além de justa, é eficaz. Quanto ao primeiro problema, a resposta é indiscutível: é uma guerra justa porque baseada em princípio fundamental do direito internacional que é aquele que justifica a legítima defesa. Ao contrário, quanto ao segundo ponto, a eficácia, deve-se ter em conta algumas condições: a guerra será eficaz antes de mais nada se vitoriosa; em segundo lugar, se for rápida temporalmente e limitada espacialmente, no sentido de se restringir ao teatro de guerra do Iraque.

É difícil dizer quais são as previsões que os contendores estão fazendo: do ponto de vista de Saddam Hussein, pode-se dizer com certeza que, se aceita a guerra, isto é, se rechaça o ultimato, significa que considera possível vencê-la, independentemente do fato de que, afinal, seja mais ou menos rápida, mais ou menos limitada. Por parte dos americanos e de seus aliados, ao contrário, a guerra não só deve ser vitoriosa, mas também deve ser rápida e, portanto, o mais possível incruenta e o mais possível limitada à relação entre os americanos e seus aliados e o governo do Iraque.[17]

Recebi uma carta polêmica de Marco Revelli. Telefonei-lhe imediatamente para dizer o quanto ela me havia amargurado. Disse-lhe: tentemos encontrar o modo de discutir. Percebia que nossa divisão refletia uma fissura que atravessava toda a sociedade italiana, seja a esquerda, seja os católicos, diante de um conflito, que parecia insanável, entre ética dos princípios e ética das responsabilidades. De resto, não havia um só dia em que jornais, televisão, rádio deixassem de levantar a questão. Como não ocorria em muitos anos, uma interrogação moral inquietava muitos cidadãos italianos. Um grupo de docentes da Universidade de Turim, entre os quais alguns que foram meus alunos, enviou aos jornais uma carta de discordância, com um título abertamente irônico, "Desculpe-me, mestre da paz": "Nós sustentamos que por princípio não existem guerras jus-

---

17 Declaração ao *Telegiornale 3* do Piemonte, 13 jan. 1991; cf. Bobbio, *Una guerra giusta?*, p.39-40.

AUTOBIOGRAFIA 239

tas, essa é a primeira razão pela qual consideramos que a guerra do Golfo deva ser evitada e não deva ser de modo algum combatida" (*L'Unità*, 19 de janeiro). Em minha réplica, não escondi o espanto porque os signatários eram intelectuais que se inspiravam nos valores da Resistência, chamada justamente "guerra de libertação". Como guerra, ela também devia ser considerada injusta? Para serenar o conflito, organizamos um encontro na sede turinense do Instituto Gramsci, fielmente retratado pelo jornalista Loris Campetti, no *Manifesto* de 30 de janeiro, e pelo sociólogo Franco Ferraresi, no *Corriere della Sera* de 31 de janeiro. Recordo-o como um encontro muito educado, apesar da divergência de opiniões, em que defendi minhas ideias contra os ataques mais ou menos brandos que me eram dirigidos. Meu velho amigo Gastone Cottino se revelou um dos críticos mais severos.

O encontro aconteceu no Instituto Gramsci, sem a imprensa e com público limitado. Bobbio definiu novamente a própria posição: o conceito de guerra justa é técnico-jurídico e não deve ser impregnado de valores ausentes do uso jurídico. Ele implica simplesmente que em certos casos o recurso à força é legítimo: quando existe uma violação do direito internacional e se a violação aconteceu mediante força, é legítimo usar a força. É um conceito análogo ao de legítima defesa, de estado de necessidade, situações que justificam o cometimento de atos que de outro modo seriam ilícitos. Justo, pois, no sentido de legítimo, necessário. Nada disso, porém, basta, a guerra deve ser adequada ao objetivo, não se exceder nos efeitos: ai de nós se a reparação de um erro se tornar um massacre. E só se pode recorrer à guerra se tiverem sido testados todos os outros meios de composição do conflito. Aspectos estes – sustenta Bobbio – que no caso presente estão bem longe de ser resolvidos de maneira satisfatória.

Foram nestes aspectos que se detiveram os interlocutores: as aporias do conceito de guerra justa em uma fase na qual a espantosa tecnologia dos meios de destruição impossibilita correlacionar os efeitos da guerra a suas causas (Gian Enrico Rusconi); a análise das

240 NORBERTO BOBBIO

alternativas políticas à guerra, a eficácia do embargo e das pressões econômicas (Gian Giacomo Migone); a nobreza da recusa à guerra e de qualquer apelo nacionalista (Gastone Cottino). Foram intervenções ora serenas, ora apaixonadas, mas sempre feitas de maneira argumentada e com o claro sentido de discutir com o interlocutor sem esmagá-lo, de manter o nível civilizado de debate entre pessoas mesmo em profundo desacordo.[18]

O tema da guerra justa, na realidade, provocou amplo debate com muitas outras intervenções, entre as quais lembro as de Massimo Cacciari, Cesare Luporini e Danilo Zolo. Sustentavam que a distinção entre guerras justas e guerras injustas devia ser considerada obsoleta: "Confinada àqueles manuais de teologia moral", escreveu Zolo em sua intervenção ("Uma guerra justa?"), "que durante séculos ofereceram ótimos argumentos a todas as partes em causa para justificar como guerra de religião todo tipo de guerra."[19] Em minha réplica no jornal *L'Unità*, "Ainda existem guerras justas" (no mesmo dia), reiterava a distinção entre uso lícito e uso ilícito da força, mas confessava estar tomado de dúvidas sobre se todas as vias pacíficas de solução do conflito haviam sido experimentadas e se a guerra podia ser suspensa e adiada:

> Confesso que depois destes primeiros dias eu também não estou tranquilo. Mas estaríamos mais tranquilos no caso oposto? Difícil dar hoje uma resposta porque ainda não é possível prever se serão cumpridas as condições necessárias para que o uso da força possa ser conforme ao objetivo e, portanto, útil, isto é, definitivamente o mal menor: circunscrito no espaço e limitado no tempo.
>
> Mas um ponto deve ficar bem assentado: renunciar à força em certos casos não significa excluir a força, mas unicamente favorecer a força do opressor.[20]

---

18 Ferraresi, Guerra "giusta", incontro tra intellettuali e Bobbio, *Corriere della Sera*, 31 jan. 1991.

19 Cf. *L'Unità*, 22 jan. 1991.

20 Ibid.

AUTOBIOGRAFIA 241

Foram dias de intensa atividade. Depois do lançamento de mísseis iraquianos em território israelense, fui convidado a proferir um discurso na Sinagoga de Turim, com Alessandro Galante Garrone e o prefeito Valerio Zanone. Escrevi diversos artigos no *La Stampa*: em um dos últimos citei um relatório de Amnesty International a respeito do tratamento de crianças sob a ditadura de Saddam Hussein (*Iraq: Children, Innocent Victims of Political Repression* [Iraque: Crianças, vítimas inocentes da repressão política], 1989). Queria argumentar que a guerra, vencido o ultimato, fora uma escolha trágica, mas que a tragédia, na nação iraquiana, começara havia muito tempo. Meu artigo foi seguido por uma nobre carta sobre os direitos do homem de Ennio De Giorgi, ilustre matemático da Escola Normal Superior de Pisa e membro da Accademia dei Lincei: "Mesmo os povos que, por seu infortúnio (e talvez também por nossas negligências e cumplicidades passadas), estão submetidos a regimes que não respeitam os direitos humanos devem ser sempre considerados amigos a salvar e não inimigos a destruir". Em minha resposta, lembrei que o problema dos direitos do homem está ligado ao da paz: "*Inter arma silent leges*. Durante a guerra, o direito se cala". E, no entanto, também me perguntava se não se devia invocar um limite moral a fim de que quem escolhera a guerra como *extrema ratio* não a continuasse com tanta impiedade.

Minha última intervenção sobre o tema da paz foi uma palestra sobre a situação da ONU, realizada por iniciativa de Ernesto Olivero, no Sermig de Turim, em 18 de setembro de 1995.[21] A questão fundamental que propus dizia respeito à reforma da Organização cinquenta anos depois de seu surgimento. Parti da óbvia observação de que o Conselho de Segurança, órgão diretivo da instituição, ainda é composto pelos cinco vencedores da Segunda Guerra Mundial, Estados Unidos, União Soviética, Inglaterra, França e China, quando a União Soviética já não existe mais e a China de 1945 era

---

21 Bobbio abriu um ciclo de palestras organizadas pelo Sermig [Servizio Missionario Giovani], em concomitância com a campanha "Contra o grito da guerra, grite paz conosco" (cf. *La Stampa*, 19 set. 1995).

aquela que hoje está reduzida a Taiwan. Ao mesmo tempo, entre as grandes potências mundiais de hoje, duas fazem parte daquelas que foram derrotadas: Alemanha e Japão. Constatei que as reformas fundamentais hoje exigidas são duas e podem ser resumidas brevemente nesta fórmula: mais poder e mais democracia. Mas são exigências contraditórias, quando, ao contrário, o processo de mais fortalecimento e o de mais democracia deveriam caminhar *pari passu*. Mais poder significa que as Nações Unidas deveriam possuir em medida muito maior os dois instrumentos de domínio que todo Estado possui, a força militar e a capacidade de impor tributos. Mas seja em relação ao primeiro, após o fracasso das intervenções dos "capacetes azuis" na Somália e na Iugoslávia, seja em relação à quantidade de recursos à disposição da Organização para executar as próprias tarefas, os poderes da ONU nesses últimos anos não aumentaram de modo algum, mas tendem a diminuir.

Mais democracia significa duas coisas: mais Estados democráticos no conjunto do sistema internacional e mais avançada democratização das regras com que são tomadas as decisões finais por parte dos órgãos diretivos. Mas até agora o número dos Estados não democráticos é superior ao dos democráticos, apesar de uma tendência favorável à diminuição desse desequilíbrio. De resto, o caráter mais ou menos democrático do Estado não é critério para ser admitido como membro da Organização, sendo suficiente que o sujeito requerente seja um Estado no sentido jurídico e formal da palavra com base no princípio de efetividade, isto é, na capacidade de exercer com continuidade e sucesso o poder efetivo sobre um território, independentemente do fato de que esse poder seja exercido de modo democrático ou autocrático.

Quanto à democratização de todo·o sistema, ela não se completará nunca enquanto não for abolido o direito de veto das grandes potências. Ainda hoje é enorme a diferença entre o poder decisório do Conselho de Segurança, do qual participa um número limitadíssimo de Estados, apesar de recentemente aumentado, e o poder da Assembleia de todos os Estados-membros, ainda por cima tornada cada vez mais ingovernável à medida que o número des-

AUTOBIOGRAFIA **243**

tes aumentou (no momento da fundação, eram 51 e agora quase quadruplicaram).

Concluí dizendo que minha preferência pelo pacifismo institucional não me impedia de ver suas dificuldades, que foram postas em particular relevo no estudo de Danilo Zolo, *Cosmopolis. La prospettiva del governo mondiale* [Cosmópolis. A perspectiva do governo mundial] (Milão, Feltrinelli, 1995), e, portanto, reconhecia a necessidade de não abandonar os caminhos do pacifismo ético-religioso. Este não é de modo algum incompatível com o pacifismo institucional, mas, antes, é seu fundamento moral, como fica claro para todo aquele que ler as palavras do preâmbulo do Estatuto da ONU, no qual se confia a salvação das futuras gerações do flagelo de uma nova guerra à reafirmação da fé "nos direitos fundamentais do homem, na dignidade e no valor da pessoa humana".

VIII
DESPEDIDA

Sou um velho. No final de abril de 1993, Valeria e eu comemoramos as bodas de ouro, hospedados na bela casa com um grande jardim que Marco e Cia possuem em Pino Torinese. Estávamos todos os treze: Luigi e Patrizia, Andrea e Nicoletta, Marco e Cia, e os cinco netinhos, Marco e Tommaso, de Andrea; Simone, Emanuele e Federico, de Marco. Só convidamos os parentes mais chegados e alguns velhos amigos, umas cinquenta pessoas. Nossos filhos fizeram a surpresa de nos oferecer nossos retratos pintados por Stefano Levi della Torre. Coube a mim, puxando uma fita, retirar o pano que os cobria. Disse então uma frase que costumo repetir com frequência: "Quando nos tornamos velhos, contam mais os afetos do que os conceitos".

O último livro que publiquei pela editora Einaudi intitula-se *O tempo da memória*. A cada dia que passa me sinto cada vez mais afastado, distante, desambientado, desenraizado. Tornei-me um velho no sentido pleno da palavra. Um velho que ama refletir sobre o passado, tentando mais fazer um balanço antes do fim, o qual só pode estar perto, do que continuar a mergulhar na batalha política, como fizera nos últimos trinta anos. Isso explica por que *O tempo da memória* não é mais um livro político, mas uma seleção de escritos autobiográficos, surgidos ocasionalmente e precedidos por um ensaio, que dá título ao livro, escrito quando a Faculdade de Ciências Políticas de Sassari quis abrir seu primeiro ano acadêmico atribuindo-me um diploma *honoris causa*. Respondi ao diretor, Virgilio Mura, que era minha intenção realizar a *lectio magistralis* sobre um tema não acadêmico: uma reflexão sobre a velhice, que intitulamos, exatamente, *De senectute*. De fato, passara dos 80 anos e parecia-me ter chegado o momento de começar a refletir sobre uma fase da vida que jamais imaginara alcançar. Desde então, refletir sobre a condição de velho se tornou para mim um exercício cotidiano, quase um hábito, tanto que ao discurso de Sassari se seguiram outras páginas, que formam o núcleo original do livro e em que insisto no tema de que o tempo do velho é o passado.

E o passado revive na memória. O grande patrimônio do velho está no mundo maravilhoso da memória, fonte inexaurível de reflexões sobre nós mesmos, sobre o universo em que vivemos, as pessoas e os eventos que ao longo da vida atraíram nossa atenção. Maravilhoso, este mundo, por causa da quantidade e variedade insuspeitável e incalculável das coisas que estão dentro dele: imagens de rostos desaparecidos há tempos, lugares visitados em anos distantes e jamais revistos, personagens de romances lidos quando éramos adolescentes, fragmentos de poesias aprendidas de cor na escola e nunca mais esquecidas; e quantas cenas de filmes e de peças, e quantas faces de atores e atrizes esquecidas sabe-se lá há quanto tempo, mas sempre prontas para reaparecer no momento em que nos vem o desejo de revê-las e, ao revê-las, experimentamos a mesma emoção da primeira vez; e quantos temas de canções breves, árias de ópera, trechos de sonatas e concertos voltamos a cantarolar dentro de nós mesmos.[1]

---

1 *De senectute e altri scritti autobiografici*, p.49.

AUTOBIOGRAFIA   247

Percebo, no entanto, que deveria pôr em ordem esse patrimônio de lembranças. Infinitas vezes não consigo colocar no lugar justo pessoas e eventos, se bem que ainda tenha boa memória, não tanto para as coisas recentes, que esqueço quase de um dia para o outro, mas para as do passado. Lamento não ter nunca mantido um diário, à parte as anotações dos primeiros anos passados no Senado. Poder consultá-lo hoje me seria muito útil. Todavia, conservei, em uma série de pequenas pastas, notas autobiográficas, citações de livros, apontamentos de trabalho, recortes de jornal e, sobretudo, parte de minha correspondência, inclusive as minutas de muitas cartas. Porque escrevi, e continuo a escrever, cartas. Em minhas cartas, frequentemente não posso deixar de falar de mim e, portanto, elas terminam por ser um diário, ainda que involuntário.

Voltar-se para o passado nasce da consciência de chegar ao fim da viagem. Viagem metafórica no tempo, em que aconteceram muitas viagens reais no espaço. Falei de algumas destas, à Inglaterra, à China, aos países do Leste Europeu. Não posso concluir a narrativa de minha vida sem fazer pelo menos menos uma referência às viagens que nos últimos vinte anos fiz à Espanha e aos países da América Latina, Brasil, Argentina, Chile, Colômbia, nos quais muitas obras minhas foram traduzidas e comentadas.[2] Minhas peregrinações no mundo da cultura ibérica tiveram início com uma conferência, memorável, realizada em 25 de outubro de 1978, em Madri, em uma sala das Cortes a convite do então presidente do grupo parlamentar do PSOE, Gregorio Peces-Barba Martínez, nos dias em que estava em curso a aprovação da nova Constituição espanhola. Falei sobre um tema que então me atraía e era atual também no país que me hospedava: democracia e socialismo. Ao amigo Gregorio, que seria mais tarde presidente das Cortes e agora é reitor da Universidade Carlos III de Madri, dirijo meu agradecimento pelos novos horizontes que me abriu, junto com Elias Diaz e

---

2 Para maiores informações, cf. De Lucas, La influencia de Bobbio em España; e Narducci, La influencia de Bobbio em IberoAmerica. In: VV.AA., *La figura y el pensamiento de Norberto Bobbio*, p.259-82 e 283-308.

248 NORBERTO BOBBIO

Alfonso Ruiz Miguel, ambos da Universidade Autônoma da mesma Madri, e pelo afeto caloroso com que acolheram a Valeria e a mim nas muitas viagens que se sucederam a partir dessa primeira. A velhice é inseparável do sentido de fim. Você, também você, chegou ao encontro da morte. Percebe que não tem mais tanto tempo assim para fazer o balanço de sua vida. Diminui o interesse no futuro. O porvir não mais lhe pertence. Ao contrário, você sente a necessidade de compreender se sua vida teve um sentido, e qual. Esta é a pergunta que conclui longa entrevista publicada na *Nuova Antologia*, por ocasião da *Bibliografia* de meus escritos.[3] No final do colóquio, Pietro Polito, meu entrevistador, pergunta-me se há um fio condutor com o qual encontrar continuidade em uma miríade de eventos aparentemente fragmentários. Respondo que não sei.

Não saberia mesmo dizer se também se pode encontrar uma ordem intrínseca. Como tal, a bibliografia certamente não serve para encontrá-la. A ordem na qual se dispõem os verbetes nesta bibliografia é unicamente formal e extrínseca: cronológica quanto ao conjunto dos verbetes, alfabética dentro da disposição cronológica que é o ano solar. Esses dois critérios servem magnificamente para encontrar um livro ou um opúsculo, mas não servem decerto para saber em qual relação um livro ou um opúsculo se encontra com os outros em termos de conteúdo, ou seja, para passar de uma ordem puramente formal e extrínseca a uma ordem substancial e intrínseca. Útil a analogia com uma grande biblioteca. Ao lado do catálogo de autores por ordem alfabética, existe habitualmente o catálogo por temas: o que os bibliotecários chamam de catálogo por assunto. Quem quiser encontrar o fio condutor na grande biblioteca em que se alinhassem todos os meus textos deveria começar por fazer o catálogo por temas. Mas é preciso reconhecer que a bibliografia como tal é só a condição *sine qua non* para todo e qualquer possível ordenamento ulterior. Quem quiser procurar esse hipotético fio condutor deveria submeter-se ao enorme

---

3 Bobbio; Polito, Dialogo su una vita di studi, *Nuova Antologia*, n.2200.

AUTOBIOGRAFIA **249**

esforço não só de ordenar os verbetes por tema, como de resto o fizeram utilmente, no final do volume, Michelangelo Bovero e Luigi Bonanate, mas também encontrar entre esses temas uma ordem substancial diferente da alfabética com que estão dispostos neste apêndice. Valerá a pena? Só posso dizer-lhe qual é o caminho mais seguro para encontrar o fio condutor. Não asseguro que se consiga encontrá-lo.[4]

A curiosidade de Bobbio pelo passado reflete-se no interesse que demonstrou pelos livros de memória. Entre 1992 e 1993, escreve o prefácio das histórias autobiográficas de três escritores autodidatas publicados por pequenas editoras. Trata-se de *Cucire un motore* [Costurar um motor], coletânea de narrativas de Mario Macagno, um mecânico turinense que combateu na Resistência, apaixonado por paleontologia e alpinismo;[5] de *Domani chissà* [Amanhã quem sabe], recordações, entre 1931 e 1952, de outro ex-operário turinense, Felice Malgaroli, com uma dramática parte central ambientada no *lager* de Mauthausen;[6] e de *Dall'abisso alla vetta* [Do abismo ao topo], história da vida de Antonio Ruju, um sardo nascido em 1911, valoroso guerrilheiro no Piemonte que através de duras experiências passou da negra pobreza à prosperidade.[7] As linhas finais do prefácio a Ruju nos permitem compreender por que Bobbio se ocupou desses textos e aceitou escrever sua apresentação: "Quem tiver em mãos este livro, leia as últimas páginas em que o autor, já perto do derradeiro ponto de chegada, realiza um rápido balanço de toda a vida e redescobre as próprias raízes de camponês e os ensinamentos morais de seu pai, camponês pobre, que, perseguido pelo fascismo como subversivo, jamais abaixou a cabeça".

E não se pode esquecer o prefácio, ainda mais recente (1994), ao livro *Memorie*, do avô Antonio Bobbio, organizado por Cesare Manganelli e publicado pela editora Il Piccolo, de Alexandria (já recordado nas primeiras páginas deste livro). Através do avô, autor por toda a vida de minuciosos diários cotidianos, diligentemente anotados em pequenos cadernos, Bobbio traça uma imagem dos velhos.

---

4 Ibid., p.63.
5 Macagno, *Cucire un motore*.
6 Malgaroli, *Domani chissà*.
7 Ruju, *Dall'abisso alla vetta*.

250 NORBERTO BOBBIO

Meu avô era outra coisa. Tal como o conhecemos, pertence a outra história. Severo, austero, rígido, compassado, com uma perene vocação de pedagogo que de qualquer pequeno fato da vida extrai ensinamentos universais [...]. Era um personagem que, se bem recordo, impunha submissão, incutia respeito: mais uma figura de livro de leitura do que de novelazinha. Era, dizia-se, profundamente religioso, de uma religiosidade tradicional cujo sentido se perdeu completamente em nossa família.[8]

Bobbio também evoca no prefácio vicissitudes familiares do passado, recordando, entre outras coisas, uma troca de cartas com o irmão Antonio durante todo um ano, 1964, em que se divertiram revivendo fatos e incidentes ligados em grande parte ao mundo alexandrino. Antes de morrer, Antonio mandou transcrever estas cartas e as reuniu em dois grandes volumes elegantemente encadernados com um detalhado índice de nomes, dos quais existem alguns exemplares distribuídos no círculo da família.

O crescente desinteresse pelas vicissitudes políticas cotidianas também decorre do fato de que me vi cada vez mais absorvido pelas reflexões sobre os grandes problemas da vida e da morte, do bem e do mal. Já havia alguns anos eu reunira uma série de artigos sobre problemas morais em um pequeno volume, cujo título é dado pelo primeiro desses artigos, "Elogio da serenidade", e em que a virtude da serenidade é interpretada como virtude não política por excelência. Disse que a escolha dessa virtude era uma reação à sociedade violenta em que somos forçados a viver e acrescentei:

Não que seja tão ingênuo a ponto de crer que a história humana tenha sido sempre um idílio: Hegel definiu-a certa vez como "um imenso matadouro". Mas hoje existem os "megatons", e estes são uma novidade absoluta no *destino da terra* (para repetir o título do conhecido livro de Jonathan Schell). [...] O que me aterroriza são esses malditos megatons unidos à vontade de poder que não desa-

---

8 Bobbio, *Memorie*, p.9.

AUTOBIOGRAFIA **251**

pareceu, ao contrário, parece aumentada e levada à perfeição neste século. Mas não existe só a vontade de poder dos grandes. Existe também uma vontade de poder dos pequenos, a do criminoso isolado, do minúsculo grupo terrorista, daquele que lança uma bomba onde há uma multidão a fim de que morra o maior número de pessoas inocentes [...]. Vocês terão compreendido: identifico o sereno com o não violento, a serenidade com a recusa a exercer a violência contra quem quer que seja. A serenidade, portanto, como virtude não política. Ou mesmo, no mundo ensanguentado de ódios dos grandes e pequenos poderosos, como a antítese da política.[9]

Nesse volume, o ensaio que prefiro, inclusive do ponto de vista biográfico, é uma reflexão sobre o problema do mal que me acompanhou por toda a vida. Escrevi:

O Mal tem dois aspectos que, apesar de muitas vezes e nem sempre com razão relacionados, devem ser bem distinguidos. Estes são o Mal ativo e o Mal passivo. O primeiro é aquele que se faz, o segundo é aquele que se sofre. O Mal infligido e o Mal sofrido. No conceito geral do mal compreendemos duas realidades humanas opostas: a perversidade e o sofrimento. Duas figuras paradigmáticas dessas duas faces do mal, Caim e Jó. Quando propomos, como nos propomos neste momento, o problema do mal em geral, nossa mente recorre da mesma maneira a um episódio de violência ou a um de dor: pode-nos ocorrer a imagem tanto de um feroz assassino quanto a de uma mãe que chora. Evocando Sarajevo, desfilam diante de nós as imagens de soldados que disparam e de homens e mulheres que fogem tomados pelo pânico, de carrascos e de vítimas. Essas imagens se alternam, se sobrepõem e continuamente se confundem entre si.

Tentei corrigir o hábito mental que tende a ligar o mal infligido ao mal sofrido como se estivessem em uma relação de interdepen-

---

9 Bobbio, *Elogio della mitezza e altri scritti morali*, p.30-1.

dência, segundo a qual o sofrimento é interpretado como a consequência de uma culpa. Na realidade, o sofrimento pode decorrer de infinitas causas, que nada têm a ver com nossas ações, voluntárias ou involuntárias. Estabelecer um nexo entre sofrimento e culpa é uma solução confortável para as interrogações que a presença do mal suscita, trate-se de doenças ou de catástrofes, de Auschwitz ou de Sarajevo.

Não só não se pode de modo algum demonstrar que por trás de uma pena haja uma culpa, como também sequer demonstrar que na economia geral do universo quem sofra mais seja o malvado. As vicissitudes da história humana estão a demonstrar, para quem as queira observar imparcialmente, exatamente o contrário: o tirano Stálin morre em seu leito, Anne Frank, imagem da inocência, morre em um campo de extermínio. Dos aflitos sempre subiu ao céu a pergunta de Jó: "Por quê?". Existe uma razão pela qual o malvado se salve e o inocente se perca?

Tem sentido propor-nos a pergunta, que, no entanto, naquele dia nos perturbou? Por que, no último momento, um oficial da comitiva de Hitler deslocou por alguns metros, sem saber, a bolsa que continha a bomba que o coronel Von Stauffenberg trouxera consigo para atentar contra a vida de Hitler, e Hitler se salvou e não só não morreu, mas pôde realizar suas vendetas cruéis? Não, não tem sentido nenhum. Esta, também, é uma pergunta sem resposta. Mas desde sempre o homem simples já deu sua resposta: "Neste mundo não existe justiça".[10]

O fim do filósofo "militante" foi consagrado, por assim dizer, pela decisão de suspender a atividade de editorialista que desempenhei durante anos em um grande cotidiano como o *La Stampa*. Escrevi o último artigo político por ocasião do quinquagésimo aniversário da República italiana, em 2 de junho de 1996. Considero-me em tudo e por tudo um homem da Primeira República.

---

10 Ibid., p.209.

AUTOBIOGRAFIA **253**

Mesmo tendo sido sempre hostil ao sistema político que a sustentava – jamais votei na Democracia Cristã –, pertenço em tudo e por tudo àquela época já passada. Não tenho muita confiança no novo pelo novo. Esse "novo", de resto, está representado por Liga Norte e Força Itália, e também pelo ressurgimento de um partido que se considera legítimo herdeiro do fascismo: todos, movimentos que não me são afins. O sistema continuou instável, tanto é verdade que o governo dirigido por Silvio Berlusconi só durou sete meses. Não faço previsão sobre a duração do governo de Prodi surgido das últimas eleições. Mas será que alguém acredita seriamente que esteja destinado a durar por todos os cinco anos da legislatura? Acrescento que os assuntos políticos se tornaram cada vez mais difíceis de decifrar, sobretudo para uma pessoa idosa, cujas ideias, como tenho repetido em todas as minhas lamentações, enrijeceram-se. Compreendo-os cada vez menos ou, talvez, mais exatamente, não tenho mais vontade de compreender.

Por fim, o mal-estar também se deve ao fato de que um dos problemas na ordem do dia é a questão constitucional. Uma questão que não me apaixona porque sou sentimentalmente ligado à Constituição ainda vigente, que foi o primeiro passo decisivo rumo ao renascimento do país depois da derrota. Em minha frieza a respeito da questão constitucional há também uma razão de fundo: não acredito que os problemas principais, afinal problemas velhíssimos que a Itália hoje deve enfrentar, sejam problemas de ordem constitucional. Na realidade, são questões com as quais a Constituição nada tem a ver.

Um dos problemas mais graves é o da administração da justiça, a começar pela justiça civil. As causas, inclusive as mais insignificantes, levam tanto tempo que o cidadão não pode se sentir protegido. E nem falemos da justiça penal. Todos temos sob os olhos o espetáculo sem precedentes, creio, no mundo civilizado, de juízes que se processam uns aos outros.

Um segundo exemplo é oferecido por nosso sistema escolar. Há anos se espera uma reforma da escola média superior, em que os programas ainda são aqueles da Reforma Gentile. É inacreditável o tamanho da incapacidade de nossa classe política para fazer reformas que contam. Se não é capaz de reformar a escola, podemos confiar que seja capaz de reformar a Constituição? Um de meus netos, depois de entrar na universidade, faz três cursos, todos os três em salas de cinema da região. Também nesse caso, a Constituição nada tem a ver.

Para dar um terceiro exemplo, sabemos por quantas dificuldades passa a administração pública, em geral incapaz de oferecer aos cidadãos serviços eficientes e de fazer funcionar como deve a máquina estatal. Quantas vezes discutimos sobre isso? Penso no vazio em que caíram as reformas projetadas por um grande jurista como Massimo Severo Giannini e, nestes últimos tempos, pelo valoroso Sabino Cassese. Será preciso refazer a lei fundamental para melhorar o estado dos serviços públicos?

O único verdadeiro problema constitucional é a estabilidade dos governos, em relação ao qual está se difundindo a estranha ideia de que a única solução seja a de dar vida a uma república presidencial à americana ou à francesa. Mas este é *um* problema, não é *o* problema. Acrescente-se ainda a questão da descentralização, já enfrentada, para dizer a verdade, com a instituição das regiões, que teve um estrondoso insucesso exatamente quanto à limitação do poder central do Estado. Sempre tive a convicção, repito-o mais uma vez, mas bem antes o dissera o velho Montesquieu, de que o fundamento de uma boa república, ainda antes do que boas leis, é a virtude dos cidadãos. Fique bem claro: não hostilizo por princípio a reforma da Constituição. Combato a ilusão constitucionalista segundo a qual, uma vez cancelada a velha Constituição e criada uma Constituição nova em folha, os italianos viverão finalmente felizes e contentes.

Sou filho de um século que talvez vá ser recordado como o mais cruento da história. Minhas lembranças mais distantes remontam à Primeira Guerra Mundial, a qual foi justamente chamada de "inútil carnificina". Todas as três guerras mundiais deste século, aquela contra os impérios centrais, aquela contra nazismo e fascismos e a guerra fria contra os comunismos, combatidas entre países democráticos e autocráticos, viram a vitória da democracia.

A democracia, sim, venceu, mas sua vitória não é definitiva. Em uma visão laica (não mítico-religiosa), liberal e realista (não totalizante e utópica) da história, nada é definitivo. A história humana não só não terminou, como anunciou há alguns anos um historiador americano, mas talvez, a julgar pelo progresso técnico-científico que está transformando radicalmente a possibilidade de comunicação entre todos os homens vivos, mal esteja a começar. Será difícil afirmar que direção está destinada a seguir. Em relação à forma democrática de governo, cuja vitória acabo de celebrar, rumo a uma expansão cada vez maior ou, ao contrário, a uma gradual extinção? No mundo asiático, o qual em uma visão eurocêntrica da história, que remonta ao pensamento grego, foi sempre considerado o mundo do despotismo contraposto ao da liberdade grega, exaltada no célebre epitáfio de Péricles, assomam e adquirem força e consenso formas de governo que nos fazem vir à cabeça o despotismo iluminado das monarquias absolutas do século XVIII, cujo domínio na Europa foi interrompido pelas revoluções americana e francesa e pelo reconhecimento dos direitos do homem, quando se inverteu a antiga relação de primado entre direitos e deveres que caracterizou as épocas precedentes. O homem tem deveres, mas, como pessoa que tem valor em si mesma, independentemente das circunstâncias de tempo e de lugar em que vive, tem antes de mais nada direitos, como o direito à vida, à liberdade (às várias formas de liberdade), à igualdade (pelo menos à igualdade dos pontos de partida). Só lhe podem ser atribuídos deveres tanto em relação aos outros individualmente considerados, quanto em relação à comunidade de que ele mesmo faz parte, na medida em que é, antes de tudo, centro de imputação dos direitos fundamentais. No despotismo iluminado de ontem e hoje, a figura do homem servo, mas feliz, substitui aquela que nos é mais familiar, pela tradição do pensamento grego e cristão, do homem inquieto, mas livre. Ninguém é capaz de prever qual das duas formas de convivência está destinada a prevalecer no futuro próximo.

A época contemporânea, como disse, está marcada pelo progresso técnico-científico cada vez mais rápido, tão rápido que pro-

256 NORBERTO BOBBIO

voca vertigens em um velho como eu, e ao mesmo tempo irresistível e, portanto, irrefreável. Segundo a opinião comum dos cientistas que são seus promotores, também é, até agora, irreversível, à medida que o instrumento novo expulsa o velho e o velho se torna, em brevíssimo lapso de tempo, objeto de museu, seja um máquina de lavar, um automóvel, um computador ou um engenho bélico qualquer. Quanto à progressiva criação de novos instrumentos cada vez mais eficazes, isto é, capazes de alcançar os objetivos propostos, pode-se falar com propriedade de "revolução permanente", entendendo a revolução precisamente no sentido pleno de transformação tão radical que não deixa espaço para a volta do estado de coisas precedente.

No entanto, de revolução permanente não se pode falar com tanta segurança na esfera dos costumes, das relações sociais, das regras de conduta, em que às revoluções podem suceder, e quase sempre sucedem, épocas de restauração, entendida a restauração como o ressurgimento do velho estado de coisas após a exaustão ou a atenuação do espírito inovador. Parece convir à história da sociedade humana em seu conjunto mais a concepção dialética do desenvolvimento, que procede por afirmação e negação, do que aquela, comumente aceita na comunidade científica, da passagem revolucionária de um paradigma para outro.

No discurso proferido em abril de 1995, por ocasião do Prêmio Agnelli para a dimensão ética nas sociedades contemporâneas, eu disse que não se adapta ao progresso moral nenhum dos atributos de aceleração, irrefreabilidade, irreversibilidade, que convêm ao progresso técnico-científico. Forçado a viver em um mundo hostil seja diante das insídias da natureza, seja diante das ofensas de seus semelhantes, o homem tentou torná-lo mais habitável, inventando, por um lado, as artes produtoras de instrumentos destinados a transformar o mundo circundante para tornar possível a sobrevivência, por outro, as regras de conduta voltadas para a disciplina dos comportamentos para tornar possível a convivência. Observei que o mundo da invenção dos instrumentos para controle e domínio da natureza progrediu muito mais rapidamente e com efeitos

AUTOBIOGRAFIA 257

mais perturbadores do que aquele da instituição de regras para controle e domínio do mundo humano. Comparemos, por um lado, uma aldeia tribal com uma metrópole de hoje, com seus arranha-céus, suas ruas que correm paralelas ou se cruzam, os milhares de automóveis que as percorrem, seus complicadíssimos sistemas de iluminação e comunicação. Comparemos, por outro, dessa mesma tribo, o código moral que regula nascimentos, matrimônios e mortes, os principais atos da vida do grupo e também as relações dos indivíduos entre si para a formação, a conservação, a distribuição do poder, com nossos códigos e nossas constituições, os prêmios e as penas, entre as quais ainda vigora a pena de morte, os incentivos para fazer o bem e os desincentivos para fazer o mal. O paralelo oferece, parece-me, uma comprovação histórica do diferente grau de desenvolvimento dos dois sistemas, não só mais rápido o primeiro e mais lento o segundo, mas também irresistível o primeiro, a ponto de continuar a romper as barreiras que o império das regras tentou impor muitas vezes aos inovadores, bem mais resistente o segundo à mudança, por conta de uma maior docilidade da natureza para se submeter ao domínio do homem em relação à do homem para se submeter ao domínio de outro homem.

Também quanto à irreversibilidade, a história humana foi sempre representada como uma sucessão de avanço e decadência, de civilização e barbárie, de mudança e estagnação, de revolução e restauração, de fluxo e repetição. A revolução industrial, com todas as etapas sucessivas que nos induzem a falar de primeira, segunda, terceira revolução industrial, uma encaixada na outra, pode ser comparada a um fluxo contínuo. Ao contrário, a mudança institucional é intermitente. Enquanto o progresso técnico-científico não deixa de suscitar nosso espanto e entusiasmo, ainda que misturados a um sentimento de angústia devido aos efeitos perversos que dele podem derivar, continuamos, na questão do progresso moral, a nos interrogar, exatamente como há mil e 2 mil anos, repetindo ao infinito os mesmos argumentos, colocando-nos sempre as mesmas perguntas sem resposta ou com respostas que não nos aquietam, como se estivéssemos sempre imersos naquilo que os crentes cha-

258 NORBERTO BOBBIO

mam "mistério", os não crentes "problema", do Mal, em seus dois aspectos, para os quais já chamei a atenção, do Mal ativo (a perversidade) e do Mal passivo (o sofrimento).

Uma coisa é o problema, que não hesito em definir dramático, da contradição entre o desenvolvimento da ciência e as grandes interrogações éticas que esse desenvolvimento provoca, entre nossa sabedoria de indagadores do cosmo e nosso analfabetismo moral, outra é encontrar uma solução. A ciência do bem e do mal ainda não foi inventada. Não há problema moral e jurídico, não há problema de regras de comportamento, de disciplina de nossa conduta que não suscite soluções diversas, opostas: basta pensar, para dar os primeiros exemplos que me vêm à cabeça, na licitude ou não do aborto, da pena de morte, dos transplantes de órgãos, da maternidade sub-rogada. O desenvolvimento científico em todos os campos do agir humano cada vez mais frequentemente nos põe diante de novos problemas de escolha entre diferentes soluções, para as quais o novo saber não é capaz de fornecer resposta. E não oferece nenhuma resposta porque as descobertas científicas e as inovações tecnológicas colocam-nos à disposição instrumentos cada vez mais perfeitos para alcançar fins antes desconhecidos, mas não nos dizem nada sobre a bondade ou a maldade intrínseca do fim. Isso depende de juízos morais muitas vezes em conflito uns com os outros segundo as circunstâncias históricas, a condição social de quem os discute, os interesses em jogo entre as partes, as filosofias ou ideologias em que cada qual se inspira. Concluí dizendo:

Devemos reconhecer mais uma vez que nosso senso moral avança, supondo que avance, muito mais lentamente do que o poder econômico, o político, o tecnológico. Todas as nossas proclamações de direitos pertencem ao mundo do ideal, ao mundo do que deveria ser, do que é bom que seja. Mas, olhando ao redor – nossas cada vez mais aperfeiçoadas comunicações de massa, com seus olhos de Argos, todo dia nos permitem dar várias vezes a volta ao mundo –, vemos manchadas de sangue nossas ruas, montes de cadáveres abandonados, populações inteiras expulsas de suas casas, dilaceradas e famintas, crianças macilentas de olhos saltados que jamais sorriram e não conseguem sorrir antes da morte precoce. É bonito, talvez até encorajador, chamar, por analogia com a criação de instrumentos cada vez mais aperfeiçoados, os direitos do homem de uma grande invenção de nossa civilização, mas em relação às invenções técnicas são uma invenção que permanece mais anunciada do que exercida. O *novo éthos mundial dos direitos do homem* só resplandece nas solenes declarações internacionais e nos congressos mundiais que os celebram e doutamente os comentam, mas a essas solenes celebrações, a esses doutos comentários corresponde, na realidade, sua sistemática violação em quase todos os países do mundo (poderíamos talvez dizer *todos*, sem medo de errar), nas relações entre poderosos e fracos, entre ricos e pobres, entre quem sabe e quem não sabe.[11]

O que significa tudo isso para o "futuro da democracia" é uma pergunta de difícil resposta. O século XIX foi chamado, com razão, o século da fé no progresso científico indefinido. A confiança na certeza do progresso nascia da convicção de que progresso científico e progresso moral fossem estreitamente ligados, de que o progresso moral decorresse da difusão cada vez maior do saber, de que o avanço das luzes e o avanço dos costumes caminhassem *pari passu*. Hoje ninguém mais acredita nisso.

Hoje não temos mais aquela segurança. Dessa constatação, ainda que seja só uma hipótese, pode decorrer o renascimento da religiosidade, em todas as suas formas, as nobres e as menos nobres. O pregador religioso oferece uma esperança, tenta ressuscitar aquele deus cuja morte Nietzsche anunciou. Derrota do iluminismo? Sim e não. O processo de secularização – sustentam os neófitos do renascimento religioso – teve como consequência o niilismo, ou seja, a destruição de todos os valores. Mas a reação exasperada dos restauradores religiosos degenera no integrismo de quem transfor-

---

11 Progresso scientifico e progresso morale, texto inédito de discurso, Turim, 7 abr. 1995.

ma um crime em ato lícito ou, antes, obrigatório, elevando um desvalor a valor porque "Deus assim o quer". Por esses dias, alguns rapazes por diversão jogaram pedras de uma ponte de autoestrada e mataram uma jovem, e um grupo de fanáticos islâmicos decapitou cinco moças para punir um povoado que lhes opusera resistência.

A democracia opõe-se a ambos os extremos. Costuma-se contrapor a democracia, do ponto de vista das regras, à anarquia, ou ausência de regras na base, e ao despotismo, ou ausência de regras no vértice. Em relação aos valores, apoia-se em um valor forte, o do indivíduo humano como pessoa, contra o niilismo e, ao mesmo tempo, no respeito recíproco dos indivíduos contra qualquer forma de fanatismo ideológico.

Igualmente incerto é se será benéfico ou maléfico o influxo que pode exercer na democracia o progresso técnico, que coloca nas mãos dos homens instrumentos de transformação e manipulação da natureza e do mundo humano até agora desconhecidos. Por um lado, pode favorecer a vontade de poder; por outro, estimular projetos irrealistas de solução dos problemas sofridos pela humanidade desde as origens de sua história. De resto, como já disse muitas vezes, a história humana, entre salvação e perdição, é ambígua. Nem mesmo sabemos se somos nós os donos de nosso destino.

BIBLIOGRAFIA

AGOSTI, G.; BIANCO, L. *Un'amicizia partigiana*. Intr. de G. De Luna. Turim: Albert Meynier, 1990.

AMENDOLA, G. *Lettere a Milano*. Roma: Riuniti, 1973.

ANTONICELLI, F. *Il soldato di Lambessa*. Roma: Eri, 1956.

ARON, R. *Pace e guerra tra le nazioni*. Milão: Edizioni di Comunità, 1970. [Ed. bras.: *Paz e guerra entre as nações*. São Paulo: WMF Martins Fontes, 2017.]

AVALLE, M. C. (org.). *Da Odessa a Torino*: conversazioni con Marussia Ginzburg. Prefácio de N. Bobbio. Turim: Albert Meynier, 1989.

BAIRATI, P. *Valletta*. Turim: Utet, 1983.

BOBBIO, A. *Memorie*. Org. de C. Manganelli. Prefácio de N. Bobbio. Alexandria: Il Piccolo, 1994.

BOBBIO, N. Ancora dello stalinismo: alcune questioni di teoria. *Nuovi Argomenti*, n.21-22, jul.-out. 1956, p.1-30.

_____. Cinquant'anni dopo. In: CAPITINI, A. *Elementi di un'esperienza religiosa*. Bolonha: Cappelli, 1990.

_____. *Contro i nuovi dispotismi*: Scritti sul berlusconismo. Roma: Dedalo, 2004. [Ed. bras.: *Contra os novos despotismos*: escritos sobre o belusconismo. São Paulo: Editora Unesp, 2016.]

_____. *De senectute e altri scritti autobiografici*. Turim: Einaudi, 1996. [Ed. bras.: *O tempo da memória: De senectute* e outros escritos autobiográficos. Rio de Janeiro: Campus, 1997.]

_____. Democrazia socialista? In: VV. AA., *Omaggio a Nenni, Quaderni di Mondoperaio*. Roma, [s.d.].

BOBBIO, N. *Destra e sinistra*. Roma: Donzelli, 1995. [Ed. bras.: *Direita e esquerda*. São Paulo: Editora Unesp, 2001.]

_____. *Diritto e potere:* Saggi su Kelsen. Nápoles: Edizioni Scientifiche Italiane, 1992. [Ed. bras.: *Direito e poder*. São Paulo: Editora Unesp, 2008.]

_____. *Elogio della mitezza e altri scritti morali*. Milão: Linea d'Ombra, 1994. [Ed. bras.: *Elogio da serenidade:* e outros escritos morais. 2.ed. São Paulo: Editora Unesp, 2011.]

_____. Il Comitato de liberazione della scuola a Torino. In: RAPONI, N. (org.). *Scuola e Resistenza*. Parma: La Pilotta, 1978.

_____. *Il dubbio e la scelta*. Roma: NIS, 1993. [Ed. bras.: *Os intelectuais e o poder*: dúvidas e opções dos homens de cultura na sociedade contemporânea. São Paulo: Editora Unesp, 1997.]

_____. Il pensiero politico di Luigi Einaudi. In: VV. AA. *Luigi Einaudi:* ricordi e testimonianze. Florença: Le Monnier, 1983.

_____. *Il problema della guerra e le vie della pace*. Bolonha: Il Mulino, 1979. [Ed. bras.: *o problema da guerra e as vias da paz*. São Paulo: Editora Unesp, 2003.]

_____. Il senatore Giovanni Agnelli e l'unità europea. *Nuova Antologia*, n.2197, jan.-mar. 1996.

_____. *Il terzo assente*. Turim: Sonda, 1989. [Ed. bras.: *O terceiro ausente*: ensaios e discursos sobre a paz e a guerra. São Paulo: Manole, 2009.]

_____. Introduzione. Tradizione ed eredità del liberalsocialismo. In: BOVERO, M.; MURA, V.; SBARBERI, F. (orgs.). *I dilemmi del liberalsocialismo*. Roma: La Nuova Italia Scientifica, 1994.

_____. *Italia civile*. Florença: Passigli, 1986.

_____. *Italia fedele:* il mondo di Gobetti. Florença: Passigli, 1986.

_____. L'arresto di Martinetti in casa Solari il 15 maggio 1935. *Rivista di Filosofia*, LXXXIV, n.3, dez. 1993.

_____. L'insegnamento di Gioele Solari. In: *Italia civile*. Florença: Passigli, 1986.

_____. *L'utopia capovolta*. Turim: La Stampa, 1990.

_____. La filosofia di Husserl e la tendenza fenomenologica. *Rivista di Filosofia*, XXVI, n.1, jan.-mar. 1935.

_____. *Le ideologie e il potere in crisi*. Florença: Le Monnier, 1981. [Ed. bras.: *A ideologia e o poder em crise*. Brasília: Editora da UnB, 1999.]

_____. Le repliche di un ottuagenario. *Notiziario*. Università degli Studi di Torino: VI, n.6, nov. 1989.

_____. *Lezioni di Filosofia del diritto:* ad uso degli studenti, tenute a Padova nell'anno accademico 1942-43. Turim: Giappichelli, 1946.

BOBBIO, N. Luigi Einaudi federalista. In: VV. AA., *Alle origini dell'europeismo in Piemonte:* la crisi del primo dopoguerra, la cultura politica piemontese e il problema dell'unità europea. Org. de C. Malandrino. Turim: Fondazione Einaudi, 1993.

_____. *Maestri e compagni.* Florença: Passigli, 1984.

_____. *Mezzo secolo:* materiali di Ricerca storica, XI. Anais 1994-1996, Centro Studi Piero Gobetti, Istituto storico della Resistenza del Piemonte, Archivio nazionale cinematografico della Resistenza, Turim.

_____. Pace, concetti, problemi e ideali. *Enciclopedia del Novecento.* Roma: Istituto dell'Enciclopedia italiana, 1989. v.VIII.

Solo una società più libera e avanzata potrà rispettare i diritti dell'uomo. *Resistenza,* XXI, n.12, dez. 1967.

_____. Stalin e la crisi del marxismo. In: *Ripensare il 1956.* Roma: Lerici, 1987.

_____. *Studi sulla teoria generale del diritto.* Turim: Giappichelli, 1955.

_____. Sul fondamento dei diritti dell'uomo. *Rivista Internazionale di Filosofia del Diritto,* XLII, n.2, abr.-jun. 1965.

_____. *Teoría general del derecho.* Bogotá: Temis, 1987.

_____. *Tra due repubbliche.* Roma: Donzelli, 1996.

_____. Un paese tragico. In: *Verso la seconda Repubblica.* Turim: La Stampa, 1997.

_____. *Una guerra giusta?* Veneza: Marsilio, 1991.

_____. Una vecchia amicizia. In: CARBONE, G. (org.). *Le virtù del politico.* Veneza: Marsilio, 1996.

BOBBIO, N.; DE FELICE, R.; RUSCONI, G. E. *Italiani, amici nemici.* Milão: Reset, 1996.

BOBBIO, N.; POLITO, P. Dialogo su una vita di studi. *Nuova Antologia,* n.2200, out.-dez. 1996.

BRESCACIN, P. P. *Umberto Cosmo e la pratica della libertà.* Susegana (Treviso): Arti Grafiche Conegliano, 1995.

CALOGERO, G. *Difesa del liberalsocialismo ed altri scritti politici.* Org. de M. Schiavone; D. Cofrancesco. Milão: Marzorati, 1972.

CALVI, F. *Italie '77:* le Mouvement et les intellectuels. Paris: Seuil, 1977.

CAROCCI, G. *Inchiesta alla Fiat.* Florença: Parenti, 1959.

CATTANEO, C. *Stati Uniti d'Italia.* Org. de N. Bobbio. Turim: Chiantore, 1945.

CHIESURA, G. *La zona immobile.* Forte dei Marmi: Galleria Pegaso, 1994.

_____. *Sicilia 1943.* Palermo: Sellerio, 1993.

264 NORBERTO BOBBIO

CONTE, A. *Filosofia del linguaggio normativo*. v. II, *Studi 1982-1994*. Turim: Giappichelli, 1995.

DE LUCAS, J. La influencia de Bobbio em España. In: VV. AA. *La figura y el pensamiento de Norberto Bobbio*. Instituto de Derechos Humanos Bartolomé De Las Casas, Universidad Carlos III de Madrid. Madri: Boletín Oficial del Estado, 1994.

DE LUNA, G. *Storia del Partito d'Azione*. Milão: Feltrinelli, 1982.

_____. Una cospirazione alla luce del sole. Giustizia e Libertà a Torino negli anni trenta. In: VV. AA. *L'itinerario di Leone Ginzburg*. Org. de N. Tranfaglia. Turim: Bollati Boringhieri, 1996.

DE LUTIIS, G. (org.). *La strage:* l'atto di accusa dei giudici di Bologna 2 agosto 1980. Roma: Riuniti, 1981.

DI NOLFO, E. *La repubblica delle speranze e degli inganni*. Florença: Ponte alle Grazie, 1996.

FARNETI, P. *Diario italiano*. Prefácio de N. Bobbio. Milão: Rizzoli, 1983.

_____. *La democrazia in Italia tra crisi e rivoluzione*. Prefácio de N. Bobbio. Turim: Fondazione Agnelli, 1978.

FERRARESI, F. *Minacce alla democrazia:* la destra radicale e la strategia della tensione in Italia nel dopoguerra. Milão: Feltrinelli, 1995.

FOA, V. *Il cavallo e la torre*. Turim: Einaudi, 1991.

_____. *Questo Novecento*. Turim: Einaudi, 1996.

FORTINI, F. *Asia Maggiore*. Turim: Einaudi, 1956.

GALLI, G. *Ma l'idea non muore:* storia orgogliosa del Socialismo italiano. Milão: Marco Tropea Editore, 1996.

GARIBALDI, L. *Vita e diari di Carlo Alberto Biggini*. Milão: Mursia, 1983.

GINSBORG, P. *Storia d'Italia dal dopoguerra a oggi*. v. II. Turim: Einaudi, 1989.

GOBETTI, A. *Diario partigiano*. Turim: Einaudi, 1956.

GRECO, P. Cronaca del Comitato piemontese di liberazione nazionale, 8 settembre 1943-9 maggio 1945. In: VV. AA. *Aspetti della Resistenza in Piemonte*. Turim: Books Store, 1977.

HOBBES, T. *Elementi filosofici del cittadino*. Org. de N. Bobbio. Turim: Utet, 1948.

MACAGNO, M. *Cucire un motore*. Pollone: Leone & Griffa, 1992.

MALGAROLI, F. *Domani chissà*. Cuneo: L'Arciere, 1992.

MARCHIS, R. *Diario di Carlo Chevallard 1942-45*. Turim: Archivio storico della città di Torino, 1965.

AUTOBIOGRAFIA **265**

MENEGHETTI, E. L'opera civile di Egidio Meneghetti. In: *Poesia e prose*. Vicenza: Neri Pozza, 1963.

MONTI, A. *I miei conti con la scuola*. Turim: Einaudi, 1965.

NARDUCCI, A. S. La influencia de Bobbio em IberoAmerica. In: VV. AA. *La figura y el pensamiento de Norberto Bobbio*. Instituto de Derechos Humanos Bartolomé De Las Casas, Universidad Carlos III de Madrid. Madri: Boletín Oficial del Estado, 1994.

PAPUZZI, A. Entrevista de Bobbio, Democrazia minima. In: VV. AA. *Che leggere? Lo scaffale del buon democratico*. Roma-Nápoles: Theoria, 1995.

_____. *Il mondo contro*. Turim: I Libri de La Stampa, 1996.

_____. *Il provocatore*. Turim: Einaudi, 1976.

_____. *Ci fu un tempo:* ricordi fotografici di Franco Antonicelli. Turim: Regione Piemonte, 1977.

PAVONE, C. *Una guerra civile*. Turim: Bollati Boringhieri, 1991.

PEDONE, F. (org.). *Socialismo e democrazia:* rileggendo Lelio Basso. Atas do encontro "Rileggendo Lelio Basso: socialismo e democracia oggi", realizado em Milão, em 28 nov. 1988. Concorezzo (Mi): Ronchi Editore, 1992.

PORTINARO, P. P. *La crisi dello jus publicum europaeum:* saggio su Carl Schmitt. Milão: Edizioni di Comunità, 1982.

PUGNO, E.; GARAVINI, S. *Gli anni duri alla Fiat*. Turim: Einaudi, 1974.

ROSSELLI, C. Per l'unificazione politica del proletariato italiano. In: CASUCCI, C. (org.). *Scritti dell'esilio*. Turim: Einaudi, 1992. III. Il partito comunista (1937).

RUJU, A. *Dall'abisso alla vetta*. Turim: Genesi, 1993.

RUSSELL, B. *The Autobiography of Bertrand Russell, 1914-1944*. Londres: George Allen and Unwin, 1969. v.II.

RYLE, G. *Lo spirito come comportamento*. Turim: Einaudi, 1955.

SALVATORELLI, L.; MIRA, G. *Storia d'Italia nel periodo fascista*. Turim: Einaudi, 1964.

SBARBERI, F. *Liberté et egalité:* la formation de la théorie démocratique chez Bobbio. *Archives de Philosophie*, tomo 57. Paris: Beuchesne Editeur, 1994.

SCHUMPETER, J. A. *Capitalismo, socialismo e democrazia*. Milão: Edizioni di Comunità, 1955. [Ed. bras.: *Capitalismo, socialismo e democracia*. São Paulo: Editora Unesp, 2017.]

SCOPPOLA, P. *La repubblica dei partiti*. Bolonha: Il Mulino, 1991.

266 NORBERTO BOBBIO

VACCARINO, G.; ROCCIA, R. *Torino in guerra tra cronaca e memoria.* Turim: Archivio storico della città di Torino, 1965.

VENEZIANI, M. *Sinistra e destra: risposta a Norberto Bobbio.* Florença: Vallecchi, 1995.

VON PUFENDORF, S. *Princìpi di diritto naturale.* Org. de N. Bobbio. Turim: Paravia, 1943.

VV. AA. *Pannunzio e i "Il Mondo".* Turim: Albert Meynier, 1988.

_____. *Il sistema politico italiano tra crisi e innovazione.* Intr. de N. Bobbio. Milão: Franco Angeli, 1984.

_____. *La giraffa e il liocorno:* il Pci dagli anni '70 al nuovo decennio. Milão: Franco Angeli, 1983.

_____. *Memoria, mito, storia.* Turim: Arquivo Nacional Cinematográfico da Resistência e Região Piemonte, 1994.

ZANGRANDI, R. *Il lungo viaggio attraverso il fascismo.* Milão: Feltrinelli, 1964.

ZINI, Z. *Pagine di vita torinese:* note del Diario (1894-1937). Turim: Centro Studi Piemontesi, 1981.

_____. *Pagine di vita torinese*: la tragedia del proletariato in Italia (Diario 1914-1926). v.I. Milão: Feltrinelli, 1973.

ÍNDICE ONOMÁSTICO

A

Abbagnano, Nicola, 81, 136
Accame, Falco, 165
Agnelli, Gianni, 176
Agnelli, Giovanni, 234 (15n)
Ago, Roberto, 62, 92, 219
Agosti, Giorgio, 21, 31, 80, 87
Ajello, Nello, 36 (25n), 129
Alasia, Gianni, 162
Alberoni, Francesco, 160
Allason, Ugo, 22 (12n)
Almirante, Giorgio, 98
Amato, Giuliano, 195, 197 (28n), 209
Ambrosini, Gaspare, 92
Amendola, Giorgio, 65-6, 79, 125-6
Amendola, Giovanni, 55
Amodei, Fausto, 216
Anders, Günther, 217, 219
Andreatta, Beniamino, 158-9
Andreis, Mario, 21, 27, 79
Andreolli, Tarcisio, 160
Angioletti, Giovanni Battista, 11
Antolisei, Francesco, 135

Antonelli, Paolo, 131
Antonicelli, Franco, 15 (6n), 20-1, 24-6, 28, 31-2, 35, 38, 46, 79, 107, 109-11, 116
Ardigò, Roberto, 9
Aristarco, Guido, 47
Aristóteles, 137, 170
Aron, Raymond, 232
Arpesani, Giustino, 66
Artom, Emanuele, 17, 38
Asso B, veja Basso, Lelio
Astaldi, M. Luisa, 230 (12n)
Autant-Lara, Claude, 221

B

Babel, Antony, 99-100
Badaloni, Nicola, 203
Badoglio, Pietro, 64-5
Bairati, Pietro, 172 (3n)
Balbo, Felice, 17
Balzac, Honoré de, 12, 138
Banfi, Antonio, 23
Barattieri di San Pietro, Ludovico, 21, 33

Barbaro, Umberto, 110, 115
Bardanzellu, Giorgio, 14
Baretti, Giuseppe, 9, 12
Baruffa, *veja* Veratti, Roberto
Bassani, Giorgio, 47
Basso, Lelio, 65-6, 162, 183 (13n), 187-8, 229, 230 (12n)
Bauer, Riccardo, 95
Beauvoir, Simone de, 113
Becque, Henry, 72
Benda, Julien, 100-1, 196
Bergami, Giancarlo, 15 (6n)
Berlanda, Franco, 111
Berlinguer, Enrico, 128, 194
Berlusconi, Silvio, 207, 211-2, 253
Bernardi, Aurelio, 139
Bernari, Carlo, 110-1
Bertolucci, Attilio, 47
Betti, Nadia, 223 (5n)
Bianchi Bandinelli, Ranuccio, 108
Bianco, Dante Livio, 21, 31, 88
Biggini, Carlo Alberto, 57, 61-2
Bigiaretti, Libero, 230 (12n)
Bizet, Georges, 112
Blanc, Giuseppe, 20
Bo, Carlo, 129, 201- 2
Boato, Marco, 161
Bobbio, Andrea (filho de Norberto), 84, 134, 245
Bobbio, Antonio (avô de Norberto), 9, 249
Bobbio, Antonio (irmão de Norberto), 10, 250
Bobbio, Emanuele (neta de Norberto), 245
Bobbio, Federico (neto de Norberto), 245
Bobbio, Luigi (filho de Norberto), 67, 75, 84, 157, 162, 245

Bobbio, Marco (filho de Norberto), 134, 245
Bobbio, Simone (neta de Norberto), 245
Bobbio, Tommaso (neto de Norberto), 245
Bobbio, Valentino (tio de Norberto), 33, 40-1
Bocca, Giorgio, 36, 196
Boldrini, Marcello, 158-9
Bonanate, Luigi, 249
Bonazzi, Renzo, 230 (12n)
Bosetti, Giancarlo, 78 (30n), 214
Bottai, Giuseppe, 39-40, 42, 57
Bovero, Michelangelo, 170, 249
Brejnev, Leonid Ilitch, 157
Brentano, Bettina, 22
Brescacin, Pier Paolo, 15 (5n)
Brodolini, Giacomo, 175
Brosio, Manlio, 125
Buda, Agostino, 46
Buzano, Piero, 136
Buzzati Traverso, Adriano, 229, 231

C

Cabiati, Attilio, 234 (15n)
Cabras, Giovanni, 81
Cacciari, Massimo, 240
Cafagna, Luciano, 127, 195
Calamandrei, Ada, 113
Calamandrei, Franco, 113
Calamandrei, Piero, 47, 50, 86, 95, 97, 107, 109-11, 113, 119
Calchi Novati, Giampaolo, 197 (28n)
Calogero, Guido, 45-7, 49-52, 95
Calvino, Italo, 216
Camaino, *veja* Tino, Adolfo
Campagnolo, Umberto, 99-100
Campanella, Tommaso, 62, 90 (9n), 148, 161

AUTOBIOGRAFIA **269**

Campetti, Loris, 239
Capitini, Aldo, 45-8, 49 (5n), 51,
    216, 218, 230
Capograssi, Giuseppe, 202
Capra Bobbio, Patrizia (nora de Norberto), 245
Carbone, G., 63 (20n)
Carità, Mario, 55, 68
Carle, Giuseppe, 12
Carocci, Alberto, 120, 175, 222
Carocci, Giampiero, 172 (4n)
Carpitella, Diego, 230
Carrino, Agostino, 147
Casalegno, Carlo, 167, 203
Castaldo, Sergio, 166
Casucci, Costanzo, 106 (2n)
Cattaneo, Carlo, 89-90
Cavalieri, Luigi, 230 (12n)
Cavallera, Vindice, 28, 31
Caviglia, Norberto (primo de Norberto), 20
Caviglia, Rosa (mãe de Norberto), 9,
    25
Cecchi, Emilio, 9, 163
Cerroni, Umberto, 204
Chabod, Federico, 66
Chessa, Pasquale, 78 (30n)
Chevallard, Carlo, 73-4
Chiang Kai-shek, 110, 114
Chiarelli, Luigi, 12
Chiaromonte, Nicola, 119
Chiesura, Giorgio, 131-2
Chiomenti, Pasquale, 92
Churchill, Winston, 92, 98
Cian, Vittorio, 15
Ciano, Galeazzo, 69
Codegone, Cesare, 136
Codignola, Tristano, 47, 86, 230
    (12n)
Coen, Federico, 190, 195

Cofrancesco, Dino, 50 (6n)
Colletti, Lucio, 197 (28)
Colombo, Arturo, 51
Colonnetti, Gustavo, 31, 220, 230
    (12n)
Conte, Amedeo, 138-40
Corbino, Epicarmo, 107
Corinaldi, Lia, 75
Cosattini, Alberto, 73
Cosattini, Luigi, 55-6, 70-1, 73
Cosmo, Umberto, 15
Cossiga, Francesco, 201-2
Cotta, Sergio, 145
Cottino, Gastone, 95, 239-40
Cova, Ercole (sogro de Norberto),
    62, 75
Cova Ago, Luciana (cunhada de
    Norberto), 62
Cova Bobbio, Valeria (esposa de Norberto), 62, 67, 69, 84, 93, 134, 200,
    245, 248
Craveri, Piero, 197 (28n)
Craxi, Bettino, 190-1, 194-200, 207,
    209-10
Crisafulli, Vezio, 92
Croce, Benedetto, 9, 11-2, 20, 32, 36,
    48, 93-4, 98, 101, 169
Curcio, Renato, 161

D

D'Isola, Leletta, 80
De Bono, Emilio, 40-1, 69
De Bosio, Gianfranco, 68
De Felice, Renzo, 77, 78 (30n)
De Filippo, Eduardo, 201
De Gasperi, Alcide, 84, 88, 89 (7n),
    98, 176
De Giorgi, Ennio, 241
De Giovanni, Biagio, 203
De Lorenzo, Giovanni, 125

270 NORBERTO BOBBIO

De Lucas, J., 247 (3n)
De Luna, Giovanni, 24 (15n), 31 (22n), 37, 52, 86
De Lutiis, Giuseppe, 166 (35n)
De Marchi, Ernesto, 95
De Martino, Francesco, 177, 186-7, 190, 195
De Michelis, Gianni, 195
De Rossi, Laura, 162
De Ruggiero, Guido, 48, 87, 94
Debenedetti, Santorre, 63
Dekobra, Maurice, 21
Del Fra, Lino, 230 (12n)
Del Noce, Augusto, 206
Della Volpe, Galvano, 99, 108-9, 213
Delle Piane, Mario, 47
Descartes, René, 36, 112
Dewey, John, 118
Di Bernardo, Giuliano, 162
Di Fenizio, Ferdinando, 136
Di Nolfo, Ennio, 86
Diaz, Elias, 247
Dolci, Danilo, 230
Donini, Ambrogio, 230 (12n)
Donoso Cortés, Juan, 152
Donzelli, Carmine, 237
Dorso, Guido, 89
Dostoiévski, Fiódor, 13, 101
Duverger, Maurice, 169, 191

E

Eatherly, Claude, 219
Einaudi, Giulio, 17, 28, 35, 46, 62, 97, 163
Einaudi, Luigi, 20, 88, 90, 97, 141, 169, 233-4
Einstein, Albert, 223, 229
Engels, Friedrich, 121
Enriquez Agnoletti, Enzo, 47, 230
Esposito, Carlo, 61, 67

F

Fabre, Giorgio, 35
Fanfani, Amintore, 201
Farneti, Paolo, 169, 204
Fedele, Pietro, 15
Ferrabino, Aldo, 57
Ferraresi, Franco, 165, 239, 240 (18n)
Ferrari, Giuseppe, 201
Ferrarotti, Franco, 204
Ferrer, Francisco, 8
Fichte, Johann Gottlieb, 90 (9n), 117
Filmer, Robert, 148-9
Fiore, Tommaso, 47
Firpo, Luigi, 95, 145, 209
Fisichella, Domenico, 204
Flaubert, Gustave, 13, 101
Foa, Vittorio, 17, 22, 24-6, 28, 31, 37, 46, 67, 89, 162, 177, 183 (13n), 202
Fogazzaro, *veja* Gallarati Scotti, Tommaso Fulco
Formichi, Carlo, 11
Forte, Francesco, 200
Fortini, Franco, 110-11, 112 (6n), 115-6, 124-5, 216
Fossati, Luigi, 28
Frank, Anne, 252
Frassati, Alfredo, 15
Frola, Eugenio, 136
Fubini, Mario, 90
Fung Yu-lan, 118

G

Galante Garrone, Alessandro, 21, 79, 87, 230 (12n), 241
Galasso, Giuseppe, 204
Gallarati Scotti, Tommaso Fulco, 65-6
Galli della Loggia, Ernesto, 207 (30n), 213

Galli, Giorgio, 190 (20n)
Gallo, Marcello, 203
Garavini, Sergio, 171
García Máynez, Eduardo, 138-9
Garibaldi, Luciano, 62
Garin, Eugenio, 36
Garneri, Giuseppe, 79
Garosci, Aldo, 21, 27, 178, 184
Gatta, Bruno, 41 (32n)
Gaulle, Charles de, 79
Gentile, Giovanni, 49, 57, 61
Géraldy, Paul, 12
Germano Antonicelli, Renata, 32
Germano, Annibale, 26, 32
Gerratana, Valentino, 124
Geymonat, Ludovico, 22, 46, 136
Giacci, Bruno, 230 (12n)
Giannini, Massimo Severo, 254
Gide, André, 101, 106
Gilioli, Alessandro, 213
Ginsborg, Paul, 86, 158
Ginzburg, Leone, 16-9, 21, 23-5, 27, 34, 46
Ginzburg, Natalia, 27, 206
Ginzburg, Nicola, 16
Giolitti, Antonio, 63, 182, 195, 204
Giua, Michele, 28
Giua, Renzo, 17, 27
Giuriolo, Antonio, 69-70, 72-3
Gnoli, Antonio, 147
Gobetti, Ada, 80
Gobetti, Carla, 216
Gobetti, Piero, 8-9, 16, 21, 29, 45, 48, 53, 80, 87, 126, 145, 183, 188
Gogol, Nikolai, 19
Gonella, Guido, 96
Gorbachev, Mikhail, 236
Goria, Giulio, 193 (23n)
Gorresio, Vittorio, 196
Gozzano, Guido, 11

Gramatica, Emma, 8
Gramsci, Antonio, 15, 193
Grandi, Dino, 61
Greco, Paolo, 79-80, 135
Grilli, Giovanni, 66
Grosso, Giuseppe, 75, 135
Grotius, Hugo, 141
Guaita, Giovanni, 38
Guglielminetti, Andrea, 79
Guillain, Robert, 119
Guizot, François, 90 (9n)
Guttuso, Renato, 45, 216
Guzzo, Augusto, 81

H

Hazard, Paul, 99
Hegel, Georg Wilhelm Friedrich, 117, 129, 141, 143, 180, 250
Hitler, Adolf, 51, 77-8, 92-3, 105, 252
Hobbes, Thomas, 96, 143, 145-8, 150-1, 153, 155, 220, 235-6
Hu Feng, 115
Hume, David, 117
Hussein, Saddam, 237-8, 241
Husserl, Edmund, 22-3, 28

I

Iacini, Stefano, 66
Ingrao, Pietro, 128, 204

J

Jannaccone, Pasquale, 141
Jaspers, Karl, 22, 99
Jemolo, Arturo Carlo, 216

K

Kafka, Franz, 101
Kant, Immanuel, 117, 136, 141, 218, 233

272 NORBERTO BOBBIO

Kao Kang, 115-6
Kelsen, Hans, 22, 91, 99, 143-5
Kessler, Bruno, 160-1
Khruschev, Nikita Sergeivitch, 110, 120, 124-5
Klug, Ulrich, 138

L

La Malfa, Ugo, 55-6, 86, 204
La Palombara, Joseph, 197
La Pira, Giorgio, 230 (12n)
Laski, Harold J., 93, 105
Laterza, Vito, 230 (12n)
Lattes, Dante, 12
Lattes, Giorgina, 24
Lenin, Nikolai, *pseudônimo de* Vladimir Ilitch Ulianov, 106, 122, 125, 187
Leone, Giovanni, 39
Leoni, Bruno, 136
Levi Della Torre, Stefano, 245
Levi, Alberto, 25
Levi, Arrigo, 203-4
Levi, Carlo, 28, 31, 229
Levi, Giuseppe, 27
Levi, Mario, 25, 27
Levi, Primo, 133
Libois, Eugenio, 79
Locke, John, 136
Lombardi, Riccardo, 66, 190-1, 195
Lombardo Radice, Lucio, 204
Lombroso, Cesare, 9
Loria, Achille, 141
Lukács, György, 99
Luporini, Cesare, 45, 47, 230 (12n), 240
Lussu, Emilio, 86, 183 (13n), 229
Luxemburgo, Rosa, 187-8
Luzzatti, Piero, 25
Luzzatto, Lucio, 230

M

Macagno, Mario, 249
Maccanico, Antonio, 201
Maccario Bobbio, Nicoletta (nora de Norberto), 245
Maistre, Joseph de, 90 (9n), 222
Malaparte, Curzio, *pseudônimo de* Kurt Erich Suckert, 8
Malgaroli, Felice, 249
Malraux, André, 47
Malvezzi, Piero, 110
Manca, Enrico, 191
Mancini, Giacomo, 190-1, 195
Manganelli, Cesare, 9, 249
Mann, Thomas, 13, 101
Manzù, Giacomo, 229, 230 (12n)
Mao Tse-tung, 110, 114, 119, 157, 162
Maquiavel, Nicolau, 122, 193
Marcenaro, Andrea, 207
Marchesi, Concetto, 53, 61, 66-7, 69-70
Marchis, Riccardo, 73 (28n)
Margaria, Rodolfo, 111
Maria José di Savoia, 99
Martelli, Claudio, 198, 209 (34n)
Martinetti, Piero, 25-6, 28-31, 46
Martini Mauri, Enrico, 74, 172
Martinoli, Gino, 155
Marx, Karl, 152, 170, 194
Maselli, Tina, 230 (12n)
Matteotti, Giacomo, 64
Medici Tornaquinci, Aldobrando, 76
Meneghetti, Egidio, 53-4, 55 (15n), 83-5, 95
Meneghetti, Lina, 54
Meneghetti, Maria, 54
Merleau-Ponty, Maurice, 100
Merzagora, Cesare, 201

AUTOBIOGRAFIA 273

Michelini, Arturo, 98
Mieli, Paolo, 191
Miglio, Gianfranco, 153
Migone, Gian Giacomo, 240
Mila, Massimo, 17-8, 20, 23-4, 28, 31, 35, 87, 106
Milner, G., 132
Mira, Giovanni, 27 (18n), 31 (21n)
Mohler, Armin, 148
Mondadori, Arnoldo, 230 (12n)
Montaigne, Michel Eyquem de, 138
Montale, Eugenio, 9, 168
Montalenti, Giorgio, 79
Montanelli, Giuseppe, 90 (9n)
Montesquieu, Charles Louis de Secondat, barão de La Brède e de, 254
Monti, Augusto, 16-8, 21, 27-8, 31, 46, 80, 125
Morandi, Rodolfo, 79
Moravia, Alberto, 120, 175
Morbelli, Riccardo, 20
Moro, Aldo, 175, 183, 193
Morra di Lavriano, Umberto, 45
Mosca, Gaetano, 143, 169
Muggia, Giulio, 25-6
Mura, Virgilio, 246
Musatti, Cesare, 110-1, 183 (13n)
Mussa Ivaldi, Carlo, 18, 27
Musset, Alfred de, 12
Mussolini, Benito, 20, 31-2, 35-6, 40, 61-2, 64, 78

N

Napolitano, Giorgio, 128
Nenni, Pietro, 162, 175, 177, 183-5, 190
Nicolau II, czar da Rússia, 8
Nietzsche, Friedrich, 11, 259

Nizza, Angelo, 20
Nolte, Ernst, 120
Novelli, Diego, 172
Nuvoli, Prospero, 136

O

Olivero, Ernesto, 241
Omodeo, Adolfo, 48, 87
Opocher, Enrico, 56

P

Paci, Enzo, 47
Paggi, Mario, 91
Pajetta, Gian Carlo, 17, 106, 128-9
Pannunzio, Mario, 176-7
Paonni, Salvatore, 184-5
Papafava dei Carraresi, condes, 53
Papafava dei Carraresi, Novello, 53
Papini, Giovanni, 222
Pareto, Vilfredo, 143
Parri, Ferruccio, 66, 83, 86, 107
Pascal, Blaise, 203
Pasetti Bombardella, Giulio, 132
Passerin d'Entrèves, Alessandro, 148-9, 170, 204
Passoni, Pier Luigi, 80
Pastore, Annibale, 22
Pavese, Cesare, 12, 17, 28, 31, 35
Pavone, Claudio, 78 (30n)
Peces-Barba Martínez, Gregorio, 247
Pedone, Franco, 188 (17n)
Perelli, Alfredo, 28, 31
Perelli, Giannotto, 28, 31
Pérez de Cuellar, Javier, 210 (35n)
Péricles, 255
Perotti, Giuseppe, 74
Persico, Enrico, 136
Pertini, Sandro, 129, 177, 200-3, 209

274 NORBERTO BOBBIO

Petrarca, Francesco, 36
Pighin, Otello, 55, 68
Pinelli, Giuseppe, 164
Pinelli, Tullio, 17
Pintor, Luigi, 197 (28n)
Pinzauti, Mario, 175 (8n)
Piovene, Guido, 215
Pirelli, Giovanni, 110
Polito, Pietro, 201, 248
Polledro, Alfredo, 19
Popper, Karl, 97, 206
Portinaro, Pier Paolo, 154
Preterossi, Geminello, 147 (22n)
Prodi, Romano, 253
Proudhon, Pierre-Joseph, 194
Pushkin, Aleksandr Sergeievitch, 101
Pufendorf, Samuel von, 146
Pugno, Emilio, 171

R

Radbruch, Gustav, 22
Ragghianti, Carlo, 47
Ramanzini, Leopoldo, 55
Raponi, Nicola, 76 (29n)
Ravera, Camilla, 201
Reagan, Ronald, 236
Rensi, Giuseppe, 12
Repaci, Leonida, 53
Revelli, Marco, 37-8, 238
Riedt, Heinz, 133
Ripa di Meana, Carlo, 197 (28n)
Rizzo, Renato, 170 (42n)
Roccia, Rosanna, 73 (28n)
Romano, Silvio, 75, 135
Romualdi, Pino, 98
Rosa, Norberto, 10
Rosmini, Antonio, 141
Rosselli, Carlo, 48, 50, 87, 94, 106

Rossi, Ernesto, 216
Rossi, Pietro, 204
Rossi-Landi, Ferruccio, 95
Rostagno, Mauro, 161
Roveda, Giovanni, 80
Rovero, Metella, 206
Roy, Claude, 116
Ruffini, Francesco, 20, 141
Ruffolo, Giorgio, 195
Ruiz Miguel, Alfonso, 247-8
Ruju, Antonio, 249
Rusconi, Gian Enrico, 78 (30n), 213, 239
Russell, Bertrand, 106, 228-31
Russo, Luigi, 48
Ryle, Gilbert, 95

S

Saba, Umberto, 9
Salvadori, Massimo L., 163 (29n), 197 (28n)
Salvadori, Max, 229
Salvatorelli, Luigi, 27, 31 (21n), 48, 87, 90
Salvemini, Gaetano, 48
Sapegno, Natalino, 163
Saragat, Giuseppe, 177
Sartori, Giovanni, 169, 183
Sartre, Jean-Paul, 100, 110, 113
Savelli, Giulio, 230 (12n)
Savigny, Friedrich Carl von, 141
Scala, Luigi, 27
Scardocchia, Gaetano, 193 (22n), 203
Scarpelli, Uberto, 82, 95, 137
Scheler, Max, 146-7
Schell, Jonathan, 250
Schmitt, Carl, 145-8, 150-3
Schopenhauer, Arthur, 11
Schumpeter, Joseph Alois, 144

AUTOBIOGRAFIA 275

Schuster, Ildefonso, 74
Scialoja, Vittorio, 39
Sciorati, G., 136 (7n)
Scoppola, Pietro, 86
Scremin, Luigi, 39
Segni, Antonio, 125
Segre, Dino, *nome artístico* Pitigrilli, 28
Segre, Sion, 25, 27
Sêneca, Lucius Annaeus, 53
Severino, Emanuele, 164 (31n)
Shaw, George Bernard, 11-2
Shelley, Percy Bysshe, 11-2
Signorile, Claudio, 195-6
Silone, Ignazio, 119
Sogno, Edgardo, 74
Solari, Gioele, 20-1, 24-6, 29-30, 46, 80, 89, 98 (17n), 131, 140-1
Spadolini, Giovanni, 198, 205
Spellanzon, Cesare, 90
Spencer, Herbert, 9
Spinoza, Baruch, 141
Spriano, Paolo, 204
Stálin, Jossif Vissarionovitch Djugatchvili, *dito*, 85, 93, 121, 252
Starace, Achille, 34
Stauffenberg, Claus von, 252
Stella, Albino Ottavio, 14
Stendhal, *pseudônimo* de Henri Beyle, 12-3
Sturzo, Luigi, 183
Sun-Sun-Ku, 12
Sylos Labini, Paolo, 229-30

T

Tácito, 53
Tanassi, Mario, 177
Tino, Adolfo, 63, 65-6
Tirabbasso, 39

Tocqueville, Alexis-Charles-Henri Clérel, visconde de, 148
Tofano, Gilberto, 230 (12n)
Togliatti, Palmiro, 36, 109, 128, 180, 213
Tognoli, Carlo, 200
Tolstói, Liev, 13, 19
Tommasi, Giuseppe, 68
Tommissen, Piet, 147
Toraldo di Francia, Giuliano, 230 (12n)
Tortorella, Aldo, 128, 203
Toso, R., 132
Treccani, Ernesto, 111
Treves, Renato, 21-3, 39, 46, 95, 145
Trombadori, Antonello, 110, 115, 202
Tullio-Altan, Carlo, 204
Turati, Filippo, 183

U

Ugolini, Amedeo, 79
Urbani, Giuliano, 212

V

Vaccarino, Giorgio, 73 (28n)
Vaciago, Marina, 223 (5n)
Valetta, Ippolito, 12
Valiani, Leo, 95, 201-2
Valletta, Vittorio, 74, 176
Valpreda, Pietro, 164
Vassalli, Filippo, 92
Vassalli, Giuliano, 92
Vecchietti, Tullio, 183 (13n)
Veneziani, Marcello, 40-1
Ventura, Angelo, 68 (23n)
Venturi, Franco, 27, 87, 125, 156, 177, 206
Venturi, Lionello, 27-8

Veratti, Roberto, 65-6
Vian, Ignazio, 74
Viano, Carlo Augusto, 95
Villabruna, Bruno, 14
Visalberghi, Aldo, 155
Volpato, Mario, 160
Voltaire, François-Marie Arouet, *dito*, 101

W

Walzer, Michael, 211
Watkins, J. W. N., 235
Webb, Beatrice, 105
Webb, Sidney, 105
Weber, Max, 170

Wick, Giancarlo, 22 (12n)
Wittgenstein, Ludwig, 138, 223
Wright, Georg Henrik von, 138-9

Z

Zaccagnini, Benigno, 204
Zagrebelsky, Gustavo, 142, 197 (28n)
Zangrandi, Ruggero, 47, 52
Zanone, Valerio, 204, 241
Zavattini, Cesare, 229
Zincani, Vito, 166
Zini, Carlo Luigi, 16, 25-6, 28, 46
Zini, Zino, 15-6, 46
Zolo, Danilo, 240, 243
Zorzoli, Giovan Battista, 222

SOBRE O LIVRO
Formato: 14 x 21 cm
Mancha: 23,7 x 42,5 paicas
Tipologia: Horley Old Style 10,5/14
Papel: Off-white 80 g/m² (miolo)
Cartão Supremo 250 g/m² (capa)
1ª edição Editora Unesp: 2017

EQUIPE DE REALIZAÇÃO
Capa
Megaarte Design

Edição de texto
Silvia Massimini Felix (Copidesque)
Tulio Kawata (Revisão)

Editoração eletrônica
Eduardo Seiji Seki

Assistência editorial
Alberto Bononi
Richard Sanches